Pietro Gennaro
Salvatore Ignaccolo

Biografia d'Impresa
Storia d'Italia

Una Storia Internazionale

Rosolini – Torino
Anno 2015

Biografia d'Impresa/Storia d'Italia/An International Story
© **Pietro Gennaro – Salvatore Ignaccolo**
A cura di: Natale Figura
Editore: lulu.com
ISBN: 978-1-326-25130-7
Prima edizione: Giugno 2015

Scritto con le lacrime e il sangue

richiesti agli italiani

e dedicato alle vittime

di tutte le crisi economiche

Pietro Gennaro – Salvatore Ignaccolo

Indice

Introduzione

La presente opera consta di due parti legate a due diversi autori e amici, il primo imprenditore e il secondo ingegnere e insegnante, appartenenti a due diverse generazioni che in seno al sistema Italia poche diversità hanno ravvisato nei decenni. Del resto basta vedere "Casablanca" in DVD, famoso film con Humphrey Bogart e Ingrid Bergman, prodotto nel 1941 e andato nelle sale cinematografiche nel 1942, in piena seconda guerra mondiale di cui il film ne ha l'ambientazione, per costatare quali erano gli sfottò con cui venivano etichettati gli italiani in relazione alla loro efficienza bellica e soprattutto organizzativa. Settant'anni dopo, addirittura, non più nei cinema ma nei consessi internazionali, Capi di Stato come la Cancelliera tedesca Angela Merkel e il Presidente francese Nicolas Sarkozy, esattamente nell'ottobre del 2011, si trovano divertiti a ridacchiare in giustizia o in danno dei nostri leader politici e del loro *"italian style"*; di cui non riusciamo a liberarci. Nulla o poco nei fatti sembra essere cambiato, almeno nella percezione che l'Italia dà di sé.

Tre saranno così le storie che qui verranno raccontate. La prima è quella dell'uomo/imprenditore Pietro Gennaro, da quarant'anni sul mercato con un'azienda produttrice di materie plastiche, fino ai primi anni del duemila. Egli stesso ne traccia la biografia nelle pagine del libro collegando le annualità della produzione alle difficoltà individuali dell'uomo, che di anno in anno provava a organizzare gli approvvigionamenti, affatto aiutato dallo Stato: e tantomeno dalle banche, queste ultime più interessate all'anatocismo. Esperienza tecnica e umana sono state quindi richiamate in questa prima parte dal suo autore, assieme a tanti preziosi consigli per i più giovani in animo d'impresa.

Tuttavia la "biografia d'impresa" o la "storia d'impresa" (da cui il titolo del libro) è una disciplina che nasce negli Stati Uniti nel 1927 in ambito universitario, ed è volta all'analisi critica di approfondimento delle forme di sviluppo, e delle strategie aziendali, in un dato territorio. Tra i fondatori vi fu Norman S. B. Gras, propenso all'impiego di una metodologia di tipo induttivo, fondata sull'elaborazione delle biografie degli imprenditori e delle storie aziendali. Solo dopo la raccolta di una larga massa di *case studies* da parte degli studiosi, si sarebbero potute sviluppare generalizzazioni di tipo teorico. Approccio che risultò però limitato, in quanto non considerava le scienze sociali. Ancor oggi, quindi, essa è una disciplina aperta e in evoluzione, tuttavia utile a far comprendere una buona parte dei temi riguardanti l'evoluzione dell'economia, con possibili digressioni sulle Istituzioni, sulla Storia e sulla Cultura dei popoli, e quindi sui relativi Sistemi Sociali: perché tutti elementi collegati in modo diretto al processo d'industrializzazione.

Dette disgressioni sono state qui affrontate nella seconda parte del libro a cura di Salvatore Ignaccolo, quasi come un racconto romanzato, inglobando anche elementi di psicologia comportamentale manifestatisi in carico a quei politici italiani che hanno influenzato la storia della nostra nazione (da cui il secondo titolo "Storia d'Italia"), quest'ultima da sempre inserita in un contesto europeo e internazionale. Basti pensare alle "leggi ad personam" o "ad amicum" per capire che, anche se il *case study* aziendale preso in esame nella prima parte del libro è stato unico, purtroppo i case studies legati alla bassa qualità dei nostri leader politici degli ultimi vent'anni sono risultati elevati, e bastevoli per individuare i molti elementi di fallimento del sistema nazione.

Difatti non a caso l'ISU italiano (indice di sviluppo umano) dal 2005 a oggi è crollato dal 17° posto al 26° posto della

8

classifica mondiale, indipendentemente dalla crisi economica e dal PIL nazionale, mentre quello della Germania è stabile tra il 5° e il 6° posto. L'ISU, detto anche HDI – Human Development Index - è un indice formulato su scala internazionale che mette al centro di ogni sviluppo, anche in termini di PIL nazionali, la pura crescita umana del singolo individuo in una data nazione; cosa che in Italia non avviene e lo si vede sia con il calo delle nascite sia con la sparizione della classe media, nonché con la mala-distribuzione della ricchezza. Il 50% circa della ricchezza nazionale è in mano al 10% delle famiglie, mentre un altro 50% circa delle famiglie detiene solo il 10% della ricchezza nazionale. In questo modo la nazione involve, invecchiando pian piano. Ecco che, nonostante non si possa dare un prezzo alla politica (il suo valore è inestimabile), sono invece valutabili la bassa efficienza e la scarsa levatura morale dei suoi rappresentanti, in termini di perdite economiche e collasso dell'ISU (come fatto all'interno del libro).

Da qui altri dati aggiornati relativi a Francia e Germania, unitamente al confronto comportamentale tra i leader odierni e quelli passati, da Pertini a Craxi o a Berlinguer, faranno capire al lettore del come e del perché la cosiddetta "Casta" sia oggi divenuta "Feccia", almeno tecnicamente, nulla producendo se non catastrofi. Si è arrivati anche a non saper eleggere un Presidente della Repubblica e a scomodare ultraottantenni con un secondo mandato, divenendo tutti vittime di una vera e propria "Delinquenza Culturale" della classe dirigente. In tal senso l'analisi dell'autore non concede sconti: analizza fatti e dichiarazioni che si riferiscono a ciascuna azione partitica e individuale, andando dritta e spedita alla ricerca delle logiche recondite che ci hanno condotto dal fallimento del Berlusconismo (difatti il centrodestra di oggi non esiste) all'avvento del Renzismo (e forse di una Terza Repubblica), senza omissioni d'onestà intellettuale com'è da farsi in questi casi.

Sempre nella seconda parte del libro si dipana poi una terza storia, quella dell'Europa nel suo contesto internazionale, sullo spunto del discorso di Renzi durante l'insediamento italiano alla Presidenza del Semestre Europeo (2014).

Saranno esaminate le odierne logiche di mercato anche in relazione ai fatti del <datagate>, con dei commenti a quell' "Anima Europea" citata da Renzi e da ricercare da parte dei vari Stati dell'UE, ma tradita fin nella culla dai suoi alleati USA e UK, i quali continuano a spiare tutta Europa, compresi i cellulari di Cancellieri e Capi di Stato. Quest'ultimi nulla sanno operare sembrando di fatto paralizzati, salvo poi scoprirsi che altri studi autorevoli europei, citati dall'autore e tratti dal report del WEF (World Economic Forum sull'Outlook Global Agenda), confermano i disastri cagionati da insane e immobili leadership anche a livello globale.

La riflessione, dunque, esaminato l'Ambiente e agognato lo Sviluppo Umano, riterrà fondamentale il ruolo della Cultura all'interno degli Stati (motivandone i perché), la quale sembra invece avere smarrito il suo sano compito fin dai tempi della Scuola di Atene, lasciando posto alle crisi economiche create ad arte e "fotocopia" delle precedenti. Ecco che oltre all'ambito nazionale, come esposto dall'autore, la Cultura dovrà muoversi anche in un ambiente internazionale univoco, così come esige l'inarrestabile Globalizzazione, soprattutto in ambito etico-economico. Movimento che potrà avvenire solamente con il favore di buoni e onesti commerci lungo una "Nuova Via della Seta", al fine di una maggiore stabilità e sicurezza internazionale, minate ancor oggi dal gioco delle lobbie, a partire dal Medioriente.

Sono difatti noti i nomi di società e petrolieri sauditi, pubblicati dalle maggiori testate giornalistiche di tutto il mondo, che hanno finanziato movimenti militari come ISIS e altri affini, i cui capitali sono però collegati a società occidentali. Ecco che il Capitalismo, compreso quello statunitense, dovrà divenire più solidale (Equi-Capitalismo), rifondandosi in estensione con l'ampliamento degli obiettivi dei commerci: tradizionalmente legati al necessario utile d'impresa, ma non ancora allo Sviluppo Umano – ISU. Così come è stato fondato e agisce, il capitalismo è oggi sottilmente criminoso negli effetti, come chiarito dagli autori in ben precisi ambiti.

Non a caso nel febbraio 2015 anche Papa Francesco ha voluto dichiarare che "*questa economia uccide*", muovendosi per annullare il segreto bancario in capo allo IOR (banca vaticana), non senza presagire da lì a pochi giorni, durante una sua visita in Messico, un'inquietante breve durata del suo Pontificato. Papa Francesco teme davvero per la sua vita?

L'opera, in tal senso, è di sicuro interesse poiché ha raccolto e riordinato fatti nazionali e internazionali nel lungo periodo, come anche dichiarazioni e conferenze stampa dei più noti uomini di potere del mondo, svelandone i retroscena meno conosciuti. Lo scopo è stato quello di realizzare una rilettura univoca degli eventi, orientata alla concreta attuazione (più che motivata nella narrazione) di quel bene comune chiamato Democrazia: un bene ancora in evoluzione, da implementare e proteggere da chi muove affinché rimanga un "frutto immaturo".

Dott.ssa Maria Ruffinengo

11

Biografia d'Impresa

< Pietro Gennaro >

Premessa

L'idea di scrivere sulla mia azienda nasce in occasione della presentazione ufficiale del mio primo libro autobiografico, *<Un Pioniere a Rosolini>*, fatta ai ragazzi maturandi del "Liceo Scientifico Archimede" di Rosolini (Siracusa). Tra i Relatori presenti la professoressa Maria Di Noto e l'ingegnere Salvatore Ignaccolo, i quali, facendomi riflettere su alcuni aspetti economici e sociali del nostro territorio, mi hanno poi indotto a ideare questa *<Biografia d'Impresa>*: opera funzionale alla seconda parte del presente libro e sequel dell'opera autobiografica sopracitata. Ecco che entrambi sono ambientate nella mia Rosolini, un paese rurale della Provincia di Siracusa dove adulti e bambini, per un tempo, hanno vissuto sotto i bombardamenti prima e nella povertà poi.

Così questa è la storia reale relativa a fatti, pensieri, sensazioni, ambizioni, delusioni e traguardi, dello scrivente imprenditore Pietro Gennaro oggi settantenne, primogenito di cinque figli di genitori contadini, il quale in un periodo storico travagliato della sua città ha avuto l'ardire di realizzare, in un piccolo centro di circa ventimila abitanti, una "fabbrichetta" ultramoderna a ciclo continuo e automatico, volta alla trasformazione delle materie plastiche e denominata "La. Res. - Lavorazione Resine".

Per quel lettore che non avesse letto il libro <Un Pioniere a Rosolini> è qui doveroso ribadire, brevemente, che il medesimo Pietro Gennaro nasce a Rosolini nel 1943 durante la fine della seconda guerra mondiale. Cresce e frequenta l'asilo delle suore di sant'Anna, istituto sostenuto dalla Croce Rossa e da altri Enti di beneficenza. In quel periodo la sua cittadina ha ancora le strade sterrate e nelle case manca l'acqua corrente, e l'energia elettrica.

Compiuti i quattordici anni, uscendo dal cinema dove lavora come aiutante operatore cinematografico, una vera illuminazione lo fa decidere su quale doveva essere il proprio futuro. Un manifesto della Scuola Professionale Industriale di Modica (RG), lì appena attaccato ai muri delle case, lo rapisce e lo consegna a nuovi sogni: contro la volontà del padre. Essendo però privo di disponibilità economiche e dell'aiuto morale e materiale del padre, che lo vorrebbe in campagna a lavorare, Pietro s'incammina a piedi verso Modica per l'iscrizione scolastica, ricevendo l'aiuto di alcuni parenti.

Nell'anno 1957, finalmente, frequenta l'Istituto e per farlo si alza di buon'ora tutte le mattine per salire sulla Littorina delle ore 5:50, che collega i Comuni di Ispica, Pozzallo, Sampieri, Scicli e Modica.

La Littorina

Un giro tortuoso rispetto alla possibilità odierne e spesso i soldi che ha per il "panino" sono da lui impegnati, oltre che per il viaggio, anche per una rivista di elettronica. Uno studio extrascolastico, questo, poiché Pietro è iscritto al corso di elettrotecnica. Lavoretti ed espedienti, dunque, assieme all'aiuto economico saltuario dello zio prete nella città di Avola, gli consentono di seguire bene gli studi ma, anche in ragione della sopravvenuta malattia della madre, Pietro decide di conseguire solo la qualifica professionale triennale e non il diploma, pur frequentando contemporaneamente le classi successive con il supporto dei suoi professori.

Conseguita la "qualifica" Pietro prova subito a lavorare, ma deve anche partire per espletare il servizio militare di leva. A quei tempi per gli studenti come Pietro, fortunatamente, era possibile svolgere un servizio civile alternativo presso la Siemens in Germania; una sorta di apprendistato. Pietro è accettato e in seguito al tirocinio viene assunto dalla Siemens a Dusseldorf. Lì vive e si mantiene, ma non è in grado di mandare soldi a casa come vorrebbe. Così si licenzia e parte per Frankfurt, alla ricerca di un nuovo lavoro più redditizio e stimolante. Per una settimana, in attesa di entrare in contatto con la nuova società, si adatta a fare il "barbone" dormendo alla stazione di Frankfurt.

Finalmente il contatto arriva ed è assunto in una nuova società d'impiantistica industriale, dove trova nuovi amici, nuove esperienze e nuovi guai: tra questi il muro di Berlino, la polizia che spara, una disavventura con dei neonazisti e altro ancora. Ora, però, è in grado di spedire soldi a casa e di vivere una vita più soddisfacente. Conosce anche delle ragazze tedesche, ma non dimentica la sua amata terra. Rientra quindi in Sicilia e inizia a lavorare in proprio, applicando quanto ha appreso all'estero e sposandosi con Maria Giusto.

Nel mondo è il 1968. Inizia la contestazione giovanile contro la "società di massa" e il "conformismo", ma Pietro lavora. Fa la sua rivoluzione culturale con altri mezzi e in altri campi, avendo ora una famiglia e studiando ancora in proprio. Conseguentemente iniziano per lui ad arrivare le prime soddisfazioni vere. È subito assunto dalla Montedison (Eni) e diventa, dopo alcuni mesi di gavetta, responsabile dei servizi elettrici dell'intera area di Priolo. Apprende anche, durante i turni di notte quando è in servizio di reperibilità, le conoscenze tecniche relative al trattamento del polietilene che, ristudiando in proprio, approfondisce con l'intenzione di farsi una cultura sulla trasformazione e la lavorazione di quell'innovativo prodotto.

Decide poi di dimettersi per applicare autonomamente le conoscenze acquisite su altri versanti. Così nel 1973, il trentenne Pietro riesce a costruire il suo capannone industriale e poi la sua villetta, a questo annessa. Lavora anche come libero professionista per l'Enel e per la Panelli Pompe Sommerse, per altri cinque anni. La sua inventiva e la sua preparazione lo porteranno a ottenere un brevetto per l'invenzione industriale N°1203163.

Quanto sopra riportato è un abstract del libro <*Un Pioniere a Rosolini*>, dove altro è riportato sulle avventurose vicissitudini dell'uomo Pietro Gennaro. A seguire, invece, sarà riportata la biografia della La. Res. e le constatazioni del suo amministratore (io).

Uno sguardo d'insieme

Le origini dell'arretratezza di alcune delle regioni del Sud, come Puglia, Calabria e Sicilia, trovano radici nelle loro condizioni fisico-geografiche rispetto al territorio nazionale e al continente europeo, ma anche in alcune vicende storiche risalenti alla dominazione spagnola. I numerosi studi meridionalistici derivati, però, risultano anacronistici per la nostra storia d'impresa (impiantata in piena globalizzazione), anche se il fine di chi scrive non è certo quello di negare la realtà descritta in precedenti studi, per molti aspetti rimasta pure immutata, se non peggiorata. È tuttavia necessario definire qui un punto di partenza per l'osservazione della realtà odierna, fornendo nuovi strumenti e ponendo problemi che la tradizione degli studi sul Mezzogiorno non ha forse voluto trattare. Vediamo quali.

La storia d'impresa, in generale, è la storia economica di crescita e di successo (e a volte anche d'insuccesso) di un'impresa inserita in un contesto socio-culturale ed economico, ma anche di una *comunità d'individui* (titolare e lavoratori) che condividono un periodo più o meno lungo del proprio percorso di vita, fatto di attese, speranze e ambizioni, legati allo stesso processo d'industrializzazione.

Della singola impresa si ricostruisce il profilo economico di successo relativizzandolo alla Regione dove nasce e opera (con un proprio retroterra culturale), raffrontandolo alle statistiche della contabilità pubblica nazionale attraverso l'esame di atti e documentazioni di più imprese simili, per poi ricostruire i meccanismi di sviluppo del territorio in esame (ma anche di sottosviluppo), perché le imprese ne costituiscono un ragguardevole asse portante.

Nell'analisi documentale, la storia d'impresa deve trarre origine da un interesse specifico. La domanda principe da porsi è "*quali molle (motivazioni) e risorse hanno spinto un uomo, o un gruppo, a intraprendere una determinata avventura economica verso un'area geografica talvolta ignota, o poco incline a determinate novità? E quali modi di pensare e di progettare sono stati utilizzati*"?

Un imprenditore, oltre ad avere l'*impresa* nel suo DNA, deve avere anche un cuore, come tutti, e deve essere portato a creare benessere e sviluppo socio-economico nella terra natia: per sé e per i suoi collaboratori, con tutte le conseguenze di vario genere che ne possono derivare. L'imprenditore deve essere lungimirante non solo nello sviluppare il prodotto, ma anche nel saper gestire la sua azienda con armonia verso i clienti e i collaboratori. Importante e vitale è non trascurare gli studi di settore, tenere d'occhio la contabilità, avere le competenze per crearsi una rete commerciale, creare un archivio storico e non delegare la propria storia d'impresa ad altri, o alla fine delle carriere.

Per creare dunque un'impresa, specialmente al Sud, non occorre disporre solo di progetti innovativi (oggi di *start up*), ma occorre soprattutto che l'imprenditore si circondi di persone capaci nel portare avanti un progetto imprenditoriale. Si può attestare benissimo che l'affermazione di un'impresa dipende in larga misura dalle capacità dell'imprenditore e del suo staff (se ce n'è uno), oltreché dalle regole del mercato. Alcune di queste capacità (o attitudini) riguardano: la propensione al rischio, la creatività, la rapidità decisionale, la capacità tecnico-professionale, la tenacia, la passione, l'ambizione. L'attitudine al rischio, poi, deve essere correlata alla capacità del soggetto imprenditore di poter influenzare positivamente, e a proprio favore, eventi e accadimenti.

Non meno importante per l'imprenditore deve essere la capacità di coordinare i vari fattori produttivi, avendo una visione d'insieme dell'impresa e dell'azienda (che sono due entità a sé, anche se correlate). Al buon esito di un'operazione di avviamento di una nuova attività dell'impresa concorrono diversi elementi che costituiscono e caratterizzano la formula imprenditoriale.

L'imprenditore deve essere in grado di concepire una formula competitiva e vincente, adattandola a nuove condizioni del mercato e in funzione degli sviluppi della tecnologia. Egli deve credere più nella crescita duratura del valore dell'impresa che nella redditività a breve. Molti sono i flop registrati nei primi anni di vita di un'impresa a causa di neo-imprenditori incapaci di gestire al meglio un'attività imprenditoriale.

Per un'impresa in fase d'avvio, la figura dell'imprenditore è centrale ai fini dell'orientamento del progetto d'investimento; si può sostenere che per una buona riuscita di un'attività imprenditoriale l'unica certezza risiede nella storia personale dell'imprenditore.

Uno degli aspetti più importanti per un'impresa nascente consiste nella definizione della strategia per entrare nel mercato e competere; strategia che è strettamente correlata ai contenuti d'innovazione dei prodotti o dei processi della nuova impresa. Tale strategia deve consentire di superare le difficoltà derivanti dall'impatto con il mercato e la concorrenza, ponendo le basi per acquisire dei vantaggi competitivi sostenibili nel lungo termine.

Nel caso in cui l'impresa disponga di un'innovazione tecnologica che possa creare un nuovo mercato, o differenziarne uno esistente, l'imprenditore potrà adottare una strategia *offensiva o difensiva*, entrando nel mercato come pioniere e centellinando l'ingresso altrui fino al momento in cui si sarà sviluppata una domanda consistente.

L'impresa che entra per prima in un dato mercato acquisisce immediatamente dei vantaggi competitivi, accentrando a sé segmenti di mercato meno sensibili alla variazione del prezzo e scegliendosi i canali di distribuzione migliori, stipulando accordi con i fornitori in modo tale da creare delle barriere per l'entrata nel mercato di altre imprese concorrenziali.

L'impresa, in effetti, punta alla propria supremazia sul mercato facendo leva su una struttura caratterizzata da creatività, propensione al rischio e capacità di anticipare le esigenze dei clienti. Tale strategia, *offensiva*, richiede un marcato orientamento alla Ricerca e Sviluppo, come pure al Marketing, allo scopo di promuovere nuovi prodotti/servizi e sensibilizzare i clienti alla propria innovativa offerta. Strategia che può consentire di raggiungere una posizione dominante nel mercato di riferimento, purché si persegua un vantaggio competitivo sostenibile nel tempo, come quello di appagare bisogni insoddisfatti o soddisfare in modo diverso bisogni esistenti.

Entrare per primi significa accumulare esperienza in termini di processi produttivi, con conseguente riduzione dei costi di produzione e miglioramento delle prestazioni del prodotto. Se il nuovo prodotto/servizio soddisfa i consumatori, l'impresa può anche applicare prezzi più elevati, benché tale approccio possa attirare nel mercato nuovi concorrenti prima che l'innovatore si sia sufficientemente affermato. Per il pioniere è importante prevedere e difendersi dalle strategie d'imitazione (*strategia difensiva*).

I brevetti sono un mezzo per ottenere tale risultato, ma è talora opportuno adottare una politica d'innovazione continua che sconfessi *l'obsolescenza volontaria* dei propri prodotti. Nel caso in cui le barriere all'imitazione siano basse e il pioniere abbia la certezza che l'innovazione verrà prima o poi imitata, se non addirittura superata, può altresì monetizzare il vantaggio acquisito attraverso accordi di licenza da concedere ad altri soggetti.

Pochi sono gli innovatori e molti gli imitatori, in quanto la strategia dell'imitazione presenta minori rischi rispetto a quella della pura innovazione. Gli imitatori possono avvantaggiarsi nel non essere i primi a debuttare; essi sfruttano l'esperienza del pioniere, trovano un mercato già pronto, conoscono le reazioni dei clienti al nuovo prodotto e, individuando gli errori commessi dal pioniere, possono migliorare le prestazioni del proprio prodotto. Agli imitatori è comunque sconsigliabile lo scontro diretto con il leader, essendo invece preferibile competere selettivamente su segmenti di mercato caratterizzati da minor concorrenza.

L'impresa che non ha una struttura di ricerca e sviluppo può acquisire tecnologia attraverso le licenze, focalizzando il proprio vantaggio competitivo sui costi e realizzando economie di scala. Gli imitatori possono talvolta adottare una strategia di "imitazione creativa", copiando in modo originale qualcosa d'esistente, interpretandone *meglio* dell'ideatore il senso innovativo. Per attuare tale strategia occorre avere una valida struttura di ricerca e sviluppo che analizzi i prodotti concorrenti e apporti loro quelle modifiche necessarie per migliorarne le prestazioni e il design, o per abbassarne i costi di produzione.

Nel caso d'innovazioni a rapida obsolescenza, poiché il pioniere abbandonerà in ritardo il frutto della propria ricerca avendovi investito tempo e risorse, e cercando di rivitalizzarla per continuare a sfruttarla (perdendo probabilmente terreno rispetto alle imprese entrate in concorrenza con tecnologie alternative), è bene che tali imitatori siano dotati di un elevato grado di flessibilità e reattività nella progettazione e nel marketing, che dovranno tenere sempre ben presenti.

Ritornando al Pioniere, questi può erroneamente "affezionarsi" alla propria tecnologia d'impianto, tendendo a realizzare economie di scala piuttosto che a competere con una nuova tecnologia. Oppure può difatti decidere di attuare una strategia "duale": in altre parole continuare a rispondere alle esigenze attuali del mercato e contemporaneamente studiare il lancio di un nuovo prodotto o servizio, evitando il rischio che si possano generare conflitti all'interno dell'azienda tra chi è impegnato nella ricerca e sviluppo di nuovi prodotti e chi è impegnato nella commercializzazione di quelli esistenti. La mancata focalizzazione su una delle due direttrici può anche dare luogo a una dispersione delle energie.

L'imprenditore in PMI (piccola e media impresa), ancora (imitatore o pioniere che sia), deve fare attenzione alle grandi società che operano in settori *capital intensive*, con una leva operativa alta a causa dei rilevanti costi fissi derivanti dagli investimenti effettuati. Si parla di aziende di capitali: di quelle S.p.A. che hanno l'esigenza di servire mercati ampi, vendendo elevate quantità di prodotti. La loro redditività futura potrà crescere rapidamente a discapito del piccolo e medio imprenditore, riuscendo esse a ripartire i costi fissi su un maggior numero di prodotti. Per tali imprese le economie di scala si potrebbero riflettere anche sui costi d'acquisto e distribuzione.

La possibilità di ripetere più volte una stessa attività consente, attraverso l'effetto dell'apprendimento, l'aumento della produttività nel tempo e di ridurre i costi di produzione. Gli effetti della curva d'esperienza si sommano alle economie di scala, contribuendo a ridurre i costi di produzione, raddoppiando i volumi prodotti. Per le piccole imprese, con una leva operativa bassa, la strategia più efficace può consistere nell'evitare attriti con le grosse aziende e proporre collaborazioni (per esempio il conto lavorazione).

Ove ciò non fosse possibile, è opportuno puntare sulla differenziazione del prodotto/servizio conquistando nicchie di mercato caratterizzate da prezzi più elevati, piuttosto che su una strategia di volumi. I consumatori poco sensibili al prezzo richiedono, d'altronde, prestazioni elevate e chi opera in tali mercati deve prestare massima attenzione all'innovazione e alla qualità del servizio. Nelle fasi iniziali, quindi, pare anche opportuno focalizzare le proprie risorse e i propri sforzi su mercati di nicchia, anche per evitare di esporsi agli attacchi su vasta scala da parte di concorrenti già presenti in mercato, pur senza rinunciare definitivamente a mire espansive.

Nelle prime fasi di vita della piccola impresa, in particolare, l'imprenditore si troverà sempre di fronte alla scelta tra investire all'interno capitali che non ha o ricorrere a sub-fornitori. Infatti può succedere, quando il volume delle vendite lentamente cresce, di affidare a terzi una parte della produzione, riducendo i capitali necessari per l'ampliamento dell'impresa e rendendo la struttura più elastica. Questo ricorso a capacità produttive terze può essere ipotizzabile per fronteggiare picchi di domanda, nei casi in cui la tecnologia utilizzata abbia un ciclo di vita ridotto. È però necessario che il prodotto acquistato dai terzi sia standard o che non possa essere realizzato all'interno con costi minori.

Investire in capacità produttiva propria è comunque preferibile quando l'innovazione origini un know-how che possa rappresentare una barriera alle conoscenze altrui, e costituire strategia offensiva.

L'esternalizzazione (ricorso a terzi) è poi sconsigliabile quando i livelli della domanda sono prevedibili o il controllo di qualità assume un'importanza fondamentale. In ogni caso le scelte in merito al grado possono essere adottate pro-tempore e limitate alle prime fasi di vita dell'impresa. Tale decisione rientra nella scelta della dimensione ottimale dell'impresa e dovrebbe ispirarsi al criterio della flessibilità; meglio dotarsi di una struttura iniziale ridotta, con possibilità fisiologica d'ampliamento futuro, che partire con una struttura troppo ampia rispetto alle necessità iniziali, con il pericolo di un ridimensionamento futuro di carattere patologico.

Gli studiosi in animo di storia d'impresa, nel valutare le imprese, tengono conto degli elementi sopra indicati privilegiando le imprese di successo; quelle che hanno costituito e che ancora oggi costituiscono un punto di riferimento in un determinato settore, e che continuano a sussistere e operare conservando al loro interno il necessario materiale d'archivio. Mentre si sono trascurate le imprese che non hanno avuto successo e che sono sparite. Così se si vogliono capire le cause di fallimento di queste, fatto non indifferente, è necessario uno studio diverso, praticamente d'inchiesta e multidisciplinare, e non solo d'analisi economica. Cosa che in Italia non si fa ancora, se non in alcune Regioni più lungimiranti e nemmeno in tutti i settori.

Altra assente dagli studi accademici è la storia d'impresa delle piccole imprese (sia di successo che di fallimento), tra cui anche quelle a conduzione familiare, considerata una *microstoria* meno importante rispetto ai grandi aggregati della storia economica, delegabile alle sole statistiche. Non è però difficile dimostrare che ciò non è vero. Infatti accedendo agli archivi di una grande impresa, ammesso che ciò fosse possibile, ci accorgeremmo che la grande impresa intrattiene rapporti anche con le imprese minori: che sono cellule significative del nostro sistema economico.

Addirittura e spesso, le imprese più grandi arrivano a negare l'esistenza di loro veri e propri archivi, eccetto quelli detenuti per obblighi fiscali e/o legati a specifici contenziosi con fornitori e clienti; di conseguenza desumere dati anche per le imprese più piccole risulta quasi impossibile. Raramente l'inesistenza di archivi è reale fin dal principio. Un'impresa è *votata al profitto*, lo si sa, e l'archivio, una volta cessata una determinata attività, cessa la sua funzione di supporto, essendo distrutto per "paure fiscali" dovute all'altissima tassazione del fisco italiano, o solo per liberare spazio all'interno dei locali aziendali.

Accanto a questo tipo d'imprese poco attente, abbiamo purtroppo anche aziende che non nascono per produrre, ma solo per intascare finanziamenti, proprio quei finanziamenti negati alle piccole imprese, soprattutto individuali, per poi chiudere i battenti dopo qualche anno, lasciando capannoni vuoti e famiglie allo sbando.

Ecco che la Biografia d'Impresa fatta come si deve costituirebbe una fonte di sapere utilissima, non solo per capire il livello tecnologico e socio-economico raggiunto dalle imprese (anche piccole) nelle zone in studio, ma anche per riflettere sul progresso e sul falso progresso, elaborandosi informazioni utili ai più giovani per l'associazionismo efficace, utile al loro futuro, e senza vampirizzare il sistema. È auspicabile, dunque, che in seno alle proprie imprese i giovani producano gli archivi necessari alle future generazioni, come fonte di nuove storie d'impresa. Creare biografie d'imprese, in poche parole, è un utile passaggio di testimone tra vecchio e nuovo che, oltre ai libri contabili, i diari, gli scritti e gli epistolari, non deve mai mancare.

Concessione del Credito

comportamenti abusivi e responsabilità delle Banche per capire le logiche e le resistenze che può incontrare chi vuol fare impresa, specialmente nel Sud dell'Italia

In Sicilia succedeva e succede anche questo. Da sempre considerata una regione arretrata e bisognosa di modernità, il suo riscatto è stato ricercato legando lo sviluppo grandi e inquinanti industrie petrolchimiche, prima delle quali nulla sarebbe esistito. In realtà dei modelli basati sulla piccola e media impresa, sia industriale sia manifatturiera, e soprattutto turistica, con l'implemento dell'esistente e la bonifica delle zone petrolchimiche, cambierebbero il volto dell'isola. Oggi i poli industriali, addirittura, non danno più lavoro come in passato, e gran parte di questi sono utilizzati come depositi per imprese internazionali.

Un modello economico non è un'intuizione, ma è un progetto di sviluppo che un governo, regionale in primis e nazionale poi, dovrebbe organizzare con lungimiranza e senza corruzioni. Ebbene in Sicilia è mancato proprio il supporto del governo, relativamente al medio-piccolo. Napoleone Bonaparte sosteneva che *"quando uno Stato dipende per il denaro dai banchieri, sono quest'ultimi a comandare e non i capi dello Stato. La mano che dà sta sopra di quella che prende. I finanziamenti sono privi di patriottismo e di decoro"*. Ciò significa assenza delle Istituzioni. Quando poi quest'assenza, in passato, ha cagionato danni seri nei vari settori, anche minori, è iniziata la politica dei contributi a pioggia, per tentare di risollevarsi, che ha però significato la ulteriore rinuncia a qualsiasi politica dell'orientamento delle imprese e dell'innovazione dei processi. E spesso anche i finanziamenti a pioggia erano solo di legge, e mai attuabili concretamente.

Anche le piccole imprese hanno necessità di finanziamenti, anche solo per innovare un macchinario particolarmente costoso. Le istituzioni, a tal proposito, hanno sostenuto di aver costruito consorzi ad hoc e favorito associazioni imprenditoriali, dimensionati addirittura sul territorio e sul prodotto: ma spesso prima che questi divengano operativi passa così tanto tempo, da perdersi preziosi sbocchi produttivi presso i nascenti nuovi mercati e conseguenti nuovi posti di lavoro.

Così, parlando di finanziamenti e di banche (l'unico canale da non poter non scegliere), il pensiero corre subito a tre ipotesi-limite sulla responsabilità del sistema bancario, sia nei confronti dell'impresa affidata sia dei terzi. In particolare:

- Responsabilità nei confronti dell'impresa per la revoca improvvisa dell'affidamento normalmente concesso;
- Responsabilità nei confronti dell'impresa affidata e dei terzi per aver continuato a concedere credito a imprese in crisi, consentendone la sopravvivenza "artificiosa" (magari sol perché "raccomandate politicamente");
- Responsabilità nei confronti dell'impresa affidata per mancato adeguamento di un finanziamento (rivelatosi insufficiente in vista di un determinato programma economico), dopo aver tollerato la frequenza degli sconfinamenti.

Dette fattispecie presentano un denominatore comune: quello della più che sicura possibilità d'imputare solo all'imprenditore, a titolo di rischio d'impresa e di responsabilità sulla vita della collettività, le conseguenze del dissesto aziendale. In realtà spesso provocato solo dall'esercizio di un potere discrezionale nella concessione del credito poco sobrio, da parte degli istituti bancari. La crisi economica del 2007 lo dimostra.

Alcuni anni orsono, le associazioni di piccoli imprenditori hanno voluto tracciare delle note in proposito, giungendo alla conclusione che sarebbero state poco attuabili le ipotesi di responsabilità del sistema bancario, in virtù del complesso sistema di norme, regolamenti e prassi, a garanzia e privilegio del <soggetto banca> rispetto alle aziende.

Il dissesto di alcune aziende causato dalle banche in passato, specialmente nel nostro Sud negli anni '80, ha cagionato la perdita di ricchezza nel territorio e la perdita di posti di lavoro. Oggi ne piangiamo le conseguenze, aggravate dalla crisi economica.

Ma ancora, la questione dell'eventuale responsabilità della banca, per il dissesto provocato sia dal rifiuto di credito sia dall'improvvisa interruzione del credito, si presenta sotto alcuni aspetti analoga a quella della responsabilità della banca per la concessione abusiva di credito (reato penale, a differenza dei casi precedenti). Infatti, alcune banche locali operavano il credito (e forse lo fanno ancora) in due modi diversi e contemporanei; quello dichiarato contrattualmente e quello in nero, per non pagare il corrispettivo di tasse e sfuggire al controllo della Banca d'Italia (oggi in via di smantellamento).

Il comportamento della banca, nel primo caso, può essere esaminato sotto il profilo della responsabilità contrattuale, mentre l'eventuale responsabilità da concessione "abusiva" di credito offre, diversamente, spunti d'analisi sotto il profilo dell'illecito extracontrattuale, con riguardo a gravi danni subiti dalle imprese in conseguenza dell'eventuale richiesta di un immediato rientro, in caso di sospetta ispezione.

In quest'ultimo caso, l'ipotesi di responsabilità dell'ente creditizio per inadempimento nei confronti dell'imprenditore, privato indebitamente dell'affidamento, deve essere analizzato non solo sotto il profilo della rigorosa definizione dei termini del rapporto contrattuale, ma soprattutto sotto quello più ampio del penale (come già detto). Inoltre, nessuna condizione contrattuale poteva farsi valere negli anni '70 e '80 per quando riguarda l'applicazione del tasso d'interesse passivo e le commissioni sul massimo scoperto. In quegli anni, il tasso d'interesse passivo sui C/C arrivava a toccare l'assurda percentuale del 27% (a volte anche del 32%), con capitalizzazione trimestrale. *"Prendere o lasciare"* intimava la banca, *motivo per cui l'imprenditore Pietro Gennaro ha più volte reagito sbattendo anch'egli, come si suole dire, la porta in faccia alle banche.*

"Sanguisughe" erano le banche e, come si suole dire, "tenevano forte il coltello dalla parte del manico". Se l'azienda si ribellava citando il termine di *anatocismo,* non curanti delle perdite e dei sacrifici dell'imprenditore, dei danni alla sua famiglia e della perdita di posti di lavoro, la banca iniziava spedita la sua procedura; e di conseguenza si avviava anche il calvario della malcapitata azienda.

La La.Res. nasce, consapevolmente, in questo contesto e territorio. *Una Cattedrale nel deserto,* come ho amato definirla, e altro che <Accordi di Basilea>. Nel 1988, nel 2004 e nel 2006, però, detti accordi internazionali del G10 hanno dato risposte che in precedenza potevano sembrare utopiche. Le banche hanno dovuto cambiare atteggiamento applicando procedure più trasparenti. Questi accordi hanno in pratica migliorato l'efficienza e la stabilità del sistema, rafforzando i risultati economici sia delle imprese sia degli istituti bancari.

Nessun agio ha avuto dunque il sottoscritto imprenditore nel fare impresa; anzi, per via di questo vecchio ordine delle cose, non sempre la storia socio-economica della mia azienda è riuscita a cogliere una certa qualità dello sviluppo, che invece avrebbe trovato altrove. Però Pietro (io) è rimasto ugualmente soddisfatto per aver contribuito a far crescere la sua amata Rosolini, portandola laddove, senza il suo coraggio e senza la sua determinazione, da sola non sarebbe mai potuta arrivare.

« Per lo scrivente, tutto quanto esposto è frutto di esperienza fatta sul campo e a proprie spese ».

L'idea della Fabbrica

Nell'anno 1978, mentre eseguo dei lavori presso un Supermercato, osservo che quasi tutti i prodotti esposti negli scaffali sono confezionati con del film di plastica (pellicola) e che c'è un enorme consumo di buste in plastica per la spesa, denominate Shoppers.

Dopo aver preso contatti con alcune aziende del settore, parto per Milano, Busto Arsizio e Olgiate Olona, in provincia di Varese, dove visito alcune fabbriche producenti macchinari per la lavorazione delle materie plastiche.

Il titolare di una di queste fabbriche, il Signor Bernocchi Italo, persona anziana ed esperta, intuisce il mio desiderio di fare impresa; così m'invita a pranzo e in quell'occasione mi propone, giusto come mio inizio, un impianto rimesso a nuovo e completo di tutti i macchinari per la produzione delle buste della spesa e dei vari imballaggi, a un prezzo notevolmente favorevole rispetto al nuovo.

Valuto buona l'occasione offertami e, tra un boccone e l'altro, blocco l'affare depositando un assegno come caparra, di un importo significativo. Organizzo poi il trasporto dei macchinari, l'adeguamento del mio capannone e il montaggio dell'impianto, che eseguii io stesso.

Ancora trentunenne, inizio la mia nuova e grande avventura: realizzare nella mia Città di Rosolini quella che per molti poteva sembrare una *Cattedrale nel deserto*. In altre parole una Fabbrica per la trasformazione a ciclo continuo (H24) delle materie plastiche, che denomino **La.Res.** (**La**vorazione **Res**ine), creandone il marchio. Insomma, *un cuore tecnologico pulsante notte e giorno*, cosa straordinaria per una cittadina a tendenza esclusivamente agricola.

Marchio Aziendale

La fabbrica incominciò a produrre imballaggi industriali per gli alimenti e il famoso "shopper" (la busta per la spesa con e senza stampa pubblicitaria); cavallo di battaglia. Dopo qualche anno, però, devo rinnovare gli impianti per potenziare la produzione, dovendo fornire nuovi prodotti alla Grande Distribuzione, nei settori dell'Industria, dell'Artigianato e dell'Agricoltura intensiva.

CAMERA DI COMMERCIO INDUSTRIA ARTIGIANATO ED AGRICOLTURA
SIRACUSA

Il Segretario Generale della Camera di Commercio Industria Artigianato ed Agricoltura di Siracusa

Vista la Legge 25 luglio 1956, N. 860;

Visto il D. P. R. 23 ottobre 1956, N. 1202;

Visto gli atti della Commissione Provinciale dell'Artigianato istituita a norma della Legge predetta:

CERTIFICA

che ___GENNARO PIETRO_____ nato a ___ROSOLINI_____

il ___22/4/43_____ esercente in ____, ROSOLINI_____

Via ___S. S. 115_____ n. _____ l'attività

di ___LAVORAZIONE RESINE_____ risulta iscritto al N. 1769/G.

dell'Albo delle Imprese Artigiane della Provincia di Siracusa dal ___26/9/73___

Codice fiscale: GNN PTR 43D22 H574A

Si rilascia la presente a richiesta dell'interessato.

Siracusa, ___13/4/79_____

CANCELLAZIONE AVVENUTA
IL 31-12-2006

Repert. al N. __965_____

Diritti di segreteria	L. 2.500
Diritti di urgenza	L.
	L.
Totale riscossi	L. 2.500

Certificato d'Iscrizione alla Camera di Commercio

32

Nel 1980, su conferimento della Camera di Commercio, ricevo l'Oscar Internazionale per le attività Economiche, invero assegnato alla mia La.Res..

Consegna dell'Oscar

Il conto lavorazione

A Ragusa, nella Zona Industriale, nello stesso periodo della La.Res. nasce un'altra fabbrica: una S.p.A. i cui responsabili, informati dell'esistenza a Rosolini di una piccola azienda individuale operante nello stesso settore, anziché entrare in competizione preferiscono programmare un incontro e raggiungermi per un'intesa.

33

Già nel 1980 la La.Res., oltre al sacchetto per la spesa e imballaggi vari, produce come prima azienda assoluta nel meridione la "pacciamatura", un tipo di foglia agricola forata di colore nero avvolta in bobine, utilizzata per la coltivazione delle primizie.

Il sottoscritto intuisce che l'interesse della S.p.A. ragusana è rivolto all'impianto per la foglia agricola; infatti dall'incontro nasce un accordo formale in tale direzione, che chiamai scherzosamente l'accordo tra il topolino e l'elefante.

Ora la La.Res. doveva produrre la foglia agricola e i sacchi industriali, soli ed esclusivamente per la società ragusana. Questi dovevano fornire la materia prima, targhe personalizzate e tutto l'occorrente, provvedendo anche al ritiro dello scarto di lavorazione. Sostanzialmente si concretò quello che in un piccolo centro come Rosolini era impensabile e tanto meno comprensibile; un vero e proprio conto lavorazione, che qualificò professionalmente ed economicamente ancor più la mia ditta La.Res..

A volte i ragusani chiesero al sottoscritto anche consigli e aiuti tecnici, che fui orgogliosamente pronto a fornire, anche con l'intervento pratico personale di tecnico impiantista. Inoltre in quel periodo accettai un'altra proposta di conto lavorazione da parte di una diversa S.p.A. a partecipazione Regionale, tramite la quale fui fornitore del Comune di Palermo e di Catania per sacchi stampati volti alla raccolta N.U. ad uso familiare, con laccetto di chiusura e scritta bianca personalizzante, realizzati con materia prima vergine.

Ma ancora, ottenni anche un'importante commessa di lavoro da parte della Regione Sicilia, Assessorato Agricoltura e Foreste, per la fornitura di tutte le Fitocelle (piccoli sacchetti di colore nero forati) per la semina delle piantine, stampate con il logo della Forestale per singolo settore, luogo e provincia, al fine del rimboschimento regionale. Nel 1987 comprai il primo computer per l'azienda.

Senza alcun interesse economico e personale, collaborai tra l'altro con l'Università di Catania nella ricerca di sistemi e nuovi prodotti per le future Coltivazioni Idroponiche, i cui prototipi furono realizzati nella mia azienda.

Devo anche dire che, ogni qualvolta comprai un nuovo impianto o macchinario, ero pronto a modificarlo per migliorare la produzione; modifiche che poi, puntualmente, i costruttori con cui ho intrecciato rapporti sono stati pronti a copiare. Peccato, avrei potuto brevettare dell'altro!

Cronistoria dell'Azienda La.Res.

L'adeguamento del mio capannone inizia nei primi mesi del 1978. Segue il montaggio dei macchinari, degli impianti elettrici, telefonici, idrici e antincendio, nonché della cabina di trasformazione e di quanto predisposto per la produzione.

I primi macchinari non sono nuovi ma "rimessi a nuovo", e composti da: un estrusore (Bandera Uniblok diametro 45), una sacchettatrice o saldatrice (Meccart da 600 mm.), una fustella (Comat pneumatica), un compressore (Ceccato da 250 litri) e accessori vari. (VEDI Foto. 1/a, 1/b, 1/c.).

Fig. 1/a – Saldatrice Meccart e Fustella

Fig.1/b –Estrusore Bandera Uniblok 45

Fig. 1/c – Estrusore Meccanica Alto Milanese da 60

L'azienda inizia a produrre, timidamente, nel mese di Aprile del 1979. Quasi subito entra a regime. Trovai, a dire il vero, anche qualche difficoltà per la mentalità dei miei collaboratori; compaesani non inclini a effettuare le turnazioni perché abituati a lavorare nei campi o in edilizia, o nelle botteghe artigiane. Quasi tutte le notti dovevo ricoprire io il terzo turno, oltre all'immancabile presenza durante l'intera giornata. Infatti, spesso con una scusa, colui che fosse in calendario per il terzo turno si assentava.

Nonostante tutte le difficoltà, arrivai a competere con una grossa azienda sita nella zona Industriale di Catania, che produceva anch'essa borse della spesa e imballaggi di plastica. Riuscii a fornire, addirittura, buste anche a questa ultima Società. L'impianto però, dopo qualche anno, doveva essere necessariamente potenziato e aggiornato alle nuove produzioni. Non ebbi scelta: o la chiusura dopo qualche anno ancora o il normale processo di aggiornamento della filiera con l'acquisto di altri macchinari, così da competere sul mercato.

Nell'anno 1981 acquistai un nuovo macchinario. Fu una saldatrice o sacchettatrice (Elettropneumatica) della Comat.; un macchinario elettronico e modernissimo, atto a produrre sacchi di grandi dimensioni da 1.100 mm; l'unico esistente dalla Toscana in giù, con le sue caratteristiche e dimensioni. (VEDI Fig. 2/a e 2/b)

Fig. 2/a – Saldatrice Comat in fase di produzione

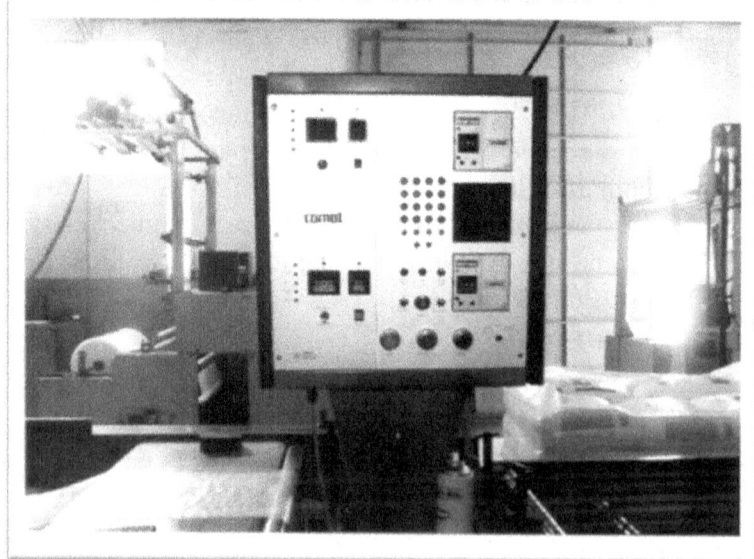

Fig. 2/b – Saldatrice Comat in fase di produzione

Nell'anno 1982 acquistai invece un nuovo impianto per la produzione della foglia agricola normale e forata, e altro. Il nuovo impianto entra in produzione nel 1983. Si trattò, questa volta, di un impianto di ultima generazione; (estrusore della Meccanica Alto Milanese del diametro 80, testa rotante, due filiere e il castello alto m. 12. (VEDI Fig. 3/a, 3/b e 3/c.)

Fig. 3/a – Una parte d'insieme dell'impianto

Fig. 3/b – Impianto Meccanica Alto Milanese da 80

Fig. 3/c – Saldatrice Arvor più stampa in fase di produzione

L'azienda entra a regime e crea occupazione stabile per nove persone; compresi io e mia moglie. A seguire sono riportati i grafici sulla produzione, anno per anno. Si produce con regolarità fino all'anno 1984. Nel 1985, come si può notare dal relativo grafico, l'azienda subisce un calo della produzione per mancanza di materia prima. Infatti l'ENI, produttore e fornitore monopolista del polietilene, subisce un enorme incendio all'impianto Priolo. Nonostante gli impianti di Porto Marghera e di Gela producessero polietilene, non della stessa qualità di quello di Priolo, l'ENI non è in grado di soddisfare le richieste. Le scorte diminuiscono e si prevede un ulteriore calo della produzione per i prossimi anni.

Così per onorare e soddisfare le commesse dei miei clienti, non senza difficoltà, riesco ad approvvigionare in Israele qualche carico di polietilene da 27 tonnellate cadauno, da lì inviato per mare fino al porto di Gioia Tauro e poi su gomma fino a Rosolini. Dette difficoltà mi fanno capire che occorre trovare anche un'alternativa: ovvero utilizzare lo scarto prodotto nelle lavorazioni, rigenerandolo tramite un apposito macchinario.

Inoltre, costruisco con la mia inventiva e le mie mani un impianto per la produzione di "Manichette forate" per l'irrigazione a risparmio d'acqua, *quindi a risparmio energetico,* atto ad irrigare le colture in campo aperto, come anche nei tunnel e nelle serre, per le primizie e le coltivazioni intensive. (VEDI Fig. 4)

Fig. 4 – Impianto (costruito da Pietro)
per produrre la Manichetta

Dal 1987 (vedi grafico) l'azienda subisce un nuovo calo della produzione a causa della mia ridotta presenza per via di un grave incidente sul lavoro, cosa che ha comportato una certa disorganizzazione nella produzione.

Dal 1988, come da grafico, l'azienda torna a produrre nuovamente al meglio. Infatti l'ENI, dopo avere riattivato gli impianti di polietilene di Priolo, inizia di nuovo a fornire la materia prima con regolarità.

Dal 1989 l'azienda non produce più Shoppers. Lo Stato impone ai fabbricanti di questo prodotto una tassa sulla fabbricazione. Il sottoscritto, prontamente, riesce a vendere la linea di produzione, dovendo anche rinunciare per iscritto a detta produzione.

Dal 1994 l'azienda subisce un calo della produzione. Il 4 Aprile dello stesso anno l'Enel, tramite i suoi dipendenti, esegue a Rosolini e nei paesi limitrofi una serie di verifiche e controlli ai misuratori elettrici delle utenze artigianali, commerciali e agricole, *riscontrando* una serie di anomalie ai contatori. Ciò mette in crisi alcune aziende, portandole anche alla chiusura delle attività.

Alcuni funzionari dell'Enel, conoscendo la mia bravura e competenza tecnica, eseguono una verifica anche ai miei contatori di fornitura, ipotizzando, *a priori e a torto,* una manomissione dei misuratori a quel tempo meccanici. Decidono quindi arbitrariamente d'interrompere la fornitura di energia elettrica, di rimuovere i misuratori e di risolvere unilateralmente il contratto di fornitura, come già fatto con altre utenze locali.

In sostanza, dovetti comprare subito un gruppo elettrogeno di grossa potenza per alimentare gli impianti e continuare a produrre, con le difficoltà del caso. Denunciai però penalmente l'Enel, citandola in giudizio e chiedendo al Giudice l'immediata riattivazione della fornitura elettrica.

Dopo due anni d'attesa e di lavoro con il gruppo elettrogeno, con altissimi costi di gestione, per Ordine della Magistratura e con Decreto d'Urgenza la fornitura dell'energia elettrica mi fu riattivata. Fui scagionato dall'accusa di manomissione ai misuratori, mentre la mia richiesta di risarcimento per gli ingenti danni subiti ha seguito il suo corso in Tribunale, con un nulla di fatto. I sacrosanti diritti del cittadino riguardo "danno emergente e lucro cessante" non sono stati riconosciuti al sottoscritto, perché dall'altra parte vi era un ente pubblico.

Come volevasi dimostrare il cittadino è fatto per subire il potere, nonostante da qualche anno altre leggi lo equiparino, in termini di diritti, in tutto e per tutto alla pari della pubblica amministrazione o di ogni altro ente. Non mi resta che appellarmi alla Corte Europea. Ci penserò.

L'autoproduzione forzata dell'energia elettrica di quel periodo creò in azienda una mancanza di liquidità per l'acquisto di materia prima, che si è poi ripercossa negli anni successivi sulla produzione e quindi sulle vendite. Le banche facevano orecchi da mercante. Così, pur di mantenere i bilanci della mia azienda sotto controllo e in attivo, con non pochi sacrifici riesco a pagare salari, contributi, consumi e tasse, regolarmente, eliminando però un turno di lavoro nell'H24.

Come se non bastasse, nel Gennaio del 1997 l'ordine degli eventi mi portò ad accusare un'importante crisi respiratoria causata dallo stress, dall'inquinamento all'Eni (dove avevo lavorato ai miei inizi) e anche, diciamola tutta, dal mio vizio del fumo di sigaretta (banale tabagismo). Dopo un ricovero d'urgenza la diagnosi non lascia dubbi: si tratta di Bronco Pneumopatia Cronica Ostruttiva di grado severo. Non potevo più stare lontano dall'ossigeno e neanche minimamente affaticarmi. Niente più fabbrica, anche se Qualcuno lassù in alto, credevo, mi volesse del bene (l'avevo scampata).

Fortunatamente ebbi anche il totale sostegno di mia moglie Maria per tutto ciò che ella poteva fare: l'azienda doveva andare avanti in ogni caso e per qualche anno la sua presenza in fabbrica e la mia in ufficio, o da casa, risultò vincente nel risolvere i problemi, sia di produzione sia tecnici. Alcune volte al manifestarsi di un guasto ai macchinari lei lo fa riparare anche da persone poco competenti, per necessità, ma sotto le sue e mie direttive.

Dal 1999, invece, con lo zainetto dell'ossigeno attaccato, nuovamente ricomincio a gestire in prima persona l'azienda. Era dal 1998 che l'azienda non produceva più Manichetta. Ora lo scarto di lavorazione è rimesso in circolo per produrre sacchi per la raccolta differenziata.

Ho gestito la mia La.Res. dall'aprile del 1979 fino al 31 dicembre del 2006 quando, per motivi di salute e per raggiunti limiti di età, ho deciso di chiudere la mia Partita Iva e di cedere l'azienda a mio figlio Emanuele (Elio). Quest'ultimo rinomina poi l'azienda in Eco-Lares.

Tutti i risultati dell'azienda sono riportati nei grafici gestionali, produttivi e commerciali a seguire; anno per anno e prodotto per prodotto, dalla prima all'ultima consegna.

Prima consegna

Si riporta l'analisi dal primo anno e cioè dalla fine di Aprile del 1979. Infatti è in questo mese che l'azienda effettua la sua prima fornitura (come si evince dal primo Documento; Bolla di Accompagnamento n° 01 datata 30-Aprile-1979), a carico del "Panificio Dell' Ali Giuseppe di Rosolini". (VEDI Fig. 5)

47

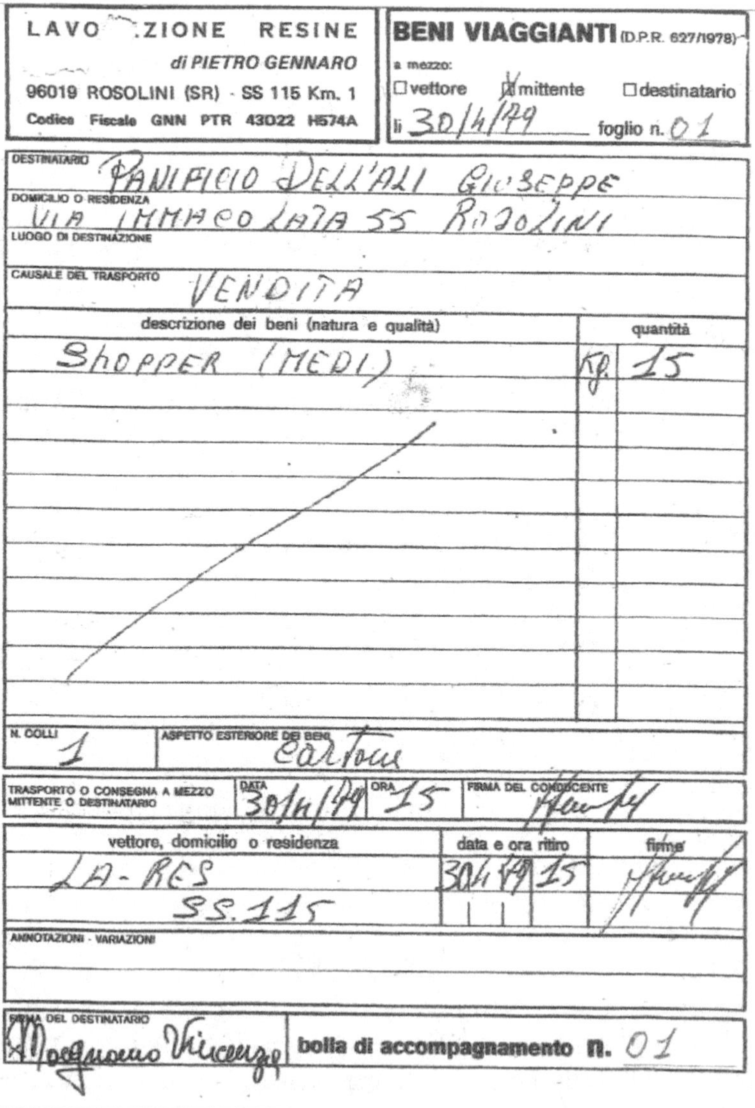

LAVO .ZIONE RESINE
di PIETRO GENNARO
96019 ROSOLINI (SR) - SS 115 Km. 1
Codice Fiscale GNN PTR 43D22 H574A

BENI VIAGGIANTI (D.P.R. 627/1978)
a mezzo: ☐ vettore ☒ mittente ☐ destinatario
lì 30/4/79 foglio n. 01

DESTINATARIO PANIFICIO DELL'ALI GIUSEPPE
DOMICILIO O RESIDENZA VIA IMMACOLATA 55 ROSOLINI
LUOGO DI DESTINAZIONE
CAUSALE DEL TRASPORTO VENDITA

descrizione dei beni (natura e qualità)		quantità
SHOPPER (MEDI)	Kg.	15

N. COLLI 1 — ASPETTO ESTERIORE DEI BENI Cartone

TRASPORTO O CONSEGNA A MEZZO MITTENTE O DESTINATARIO — DATA 30/4/79 — ORA 15 — FIRMA DEL CONDUCENTE

vettore, domicilio o residenza	data e ora ritiro	firme
LA-RES SS.115	30/4/79 15	

ANNOTAZIONI - VARIAZIONI

FIRMA DEL DESTINATARIO Magnano Vincenzo — bolla di accompagnamento n. 01

Fig. 5 - Prima Bolla

Andamento della produzione

dal 01-Aprile1979 al 31-Dicembre 2006.

Anno 1979

Durante l'anno 1979, l'azienda ha prodotto e venduto merce per Kg. 59.267,6; composta da:
- Shoppers stampati e non, pari a Kg. 25.825,5
- Sacchi industriali e per alimenti, pari a Kg. 28.173,2
- Buste stamp. per boutique, pari a Kg. 5.268,9
(VEDI FIG. 6)

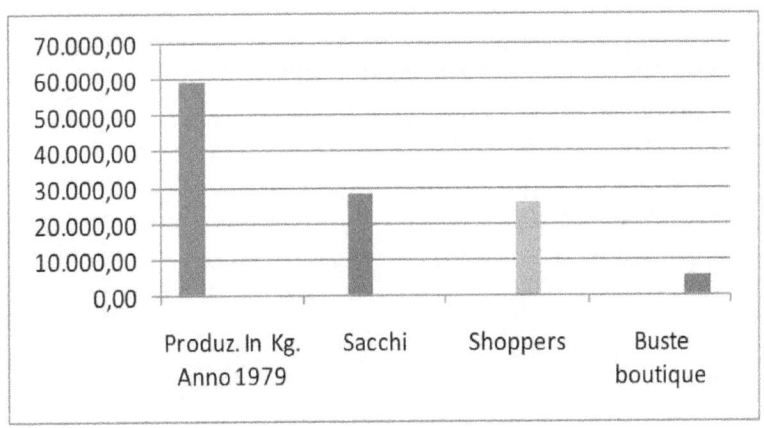

Fig. 6

Analisi primo Anno

Da questa prima analisi si capisce che l'azienda, (nata come una Cattedrale nel deserto) in effetti risulta essere un *cuoricino che pulsa notte e giorno, al ritmo di un atleta.* Incoraggiato dai primi risultati, mi carico di una straordinaria volontà, tale da sentirmi pronto a superare qualsiasi sfida.

Anno 1980

Durante l'anno 1980, l'azienda ha prodotto e venduto merce per Kg. 159.699,4; composta da:
- Shoppers stampati e non, pari a Kg.108.570,6
- Sacchi industriali e per alimenti, pari a Kg. 48.966,4
- Prodotti vari, pari a Kg 2.162,4.
(VEDI Fig. 7)

Fig. 7

Anno 1981

Durante l'anno 1981, l'azienda ha prodotto e venduto merce per Kg. 129.470,2; composta da:
- Shoppers stampati e non, pari a Kg. 61.418,6
- Sacchi industriali e per alimenti, pari a Kg. 57.969,7
- Prodotti vari, pari a Kg. 10.081,9.
(VEDI FIG. 8)

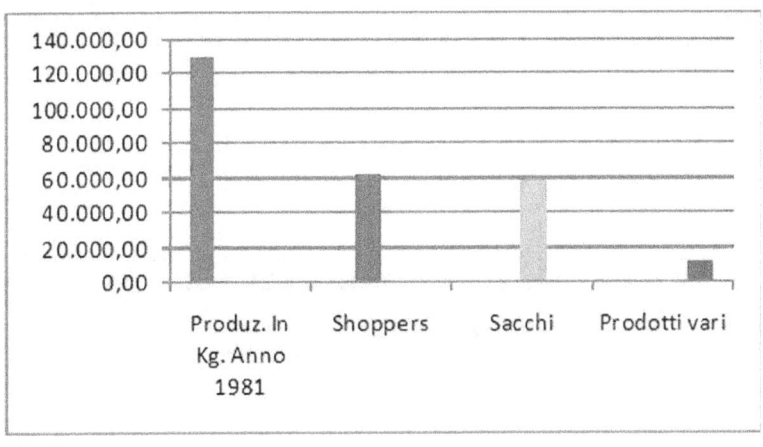

Fig. 8

Anno 1982

Durante l'anno 1982, l'azienda ha prodotto e venduto merce per Kg. 157.261,5; composta da:
- Shoppers stampati e non, pari a Kg. 60.812,9
- Sacchi industriali e per alimenti, pari a Kg. 91.588,8
- Prodotti vari, pari a Kg. 4.859,8.
(VEDI Fig. 9)

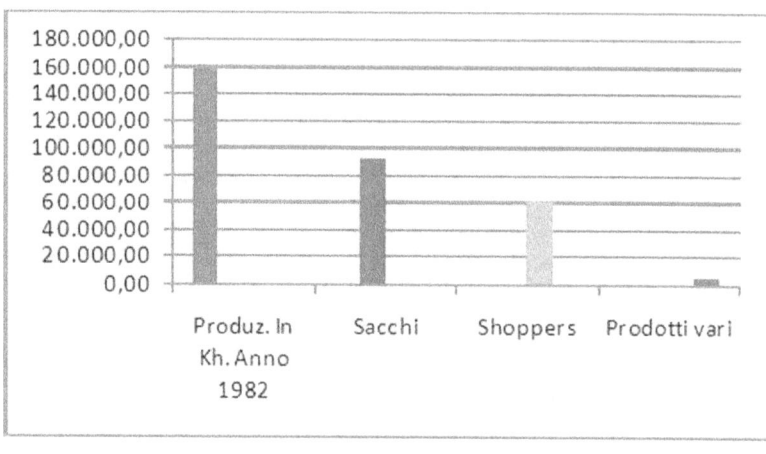

Fig. 9

Anno 1983

Durante l'anno 1983, l'azienda ha prodotto e venduto merce per Kg. 272.404,2; composta da:
- Foglia Agricola per agricoltura intensiva, pari a Kg. 106.080,7
- Shoppers stampati e non, pari a Kg. 62.629,4
- Sacchi industriali e per alimenti, pari a Kg. 83.462,9
- Prodotti vari, pari a Kg. 20.231,2.
(VEDI FIG. 10)

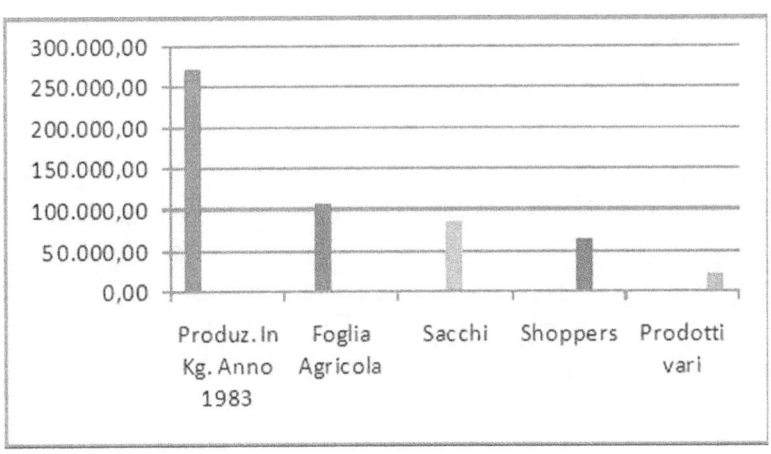

Fig. 10

Anno 1984

Durante l'anno 1984, l'azienda ha prodotto e venduto merce per Kg. 352.242,7; composta da:
- Foglia Agricola per agricoltura intens., pari a Kg. 136.193,5
- Shoppers stampati e non, pari a Kg. 30.574
- Sacchi industriali e per alimenti, pari a Kg. 129.988
- Prodotti vari, pari a Kg. 55.467,2.
(VEDI Fig. 11)

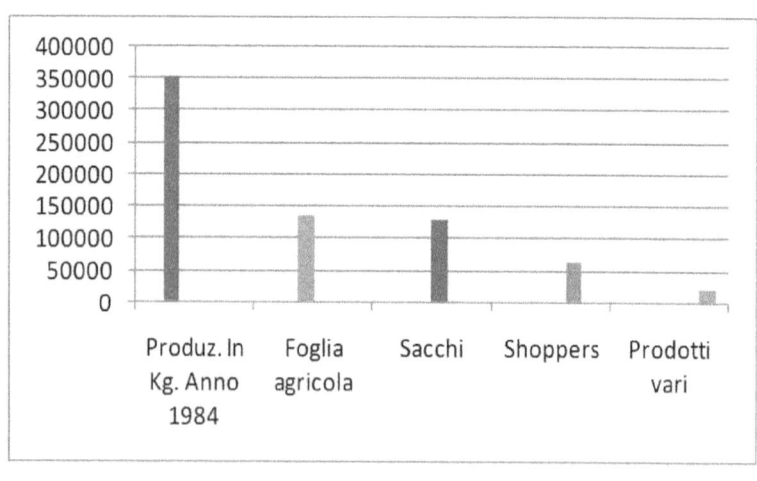

Fig. 11

Anno 1985

Durante l'anno 1985, l'azienda ha prodotto e venduto merce per Kg. 206.795,1; composta da:
- Foglia Agricola per agricoltura intens., pari a Kg. 105.512,6
- Shoppers stampati e non, pari a Kg. 10.239,2
- Sacchi industriali e per alimenti, pari a Kg. 41.413,4
- Manichetta per irrigazione per agricoltura intens., pari a Kg. 11.349
- Prodotti vari, pari a Kg. 38.280,9.
(VEDI Fig. 12)

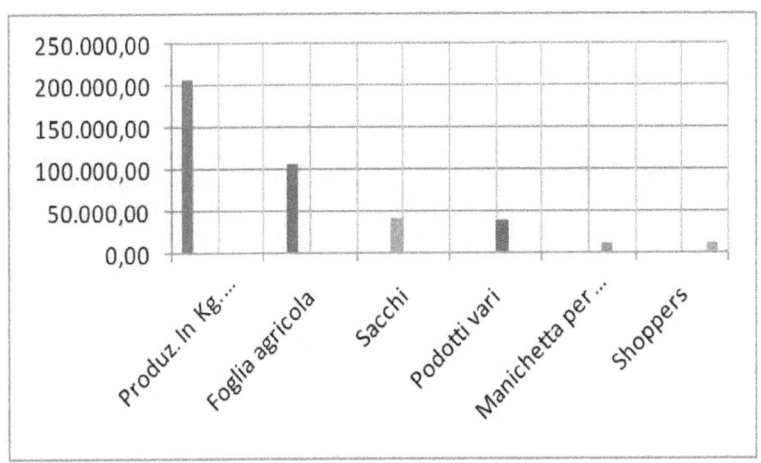

Fig. 12

55

Anno 1986

Durante l'anno 1986, l'azienda ha prodotto e venduto merce per Kg. 167.101,8; composta da:
- Foglia Agricola per agricoltura intens., pari a Kg. 2.922
- Shoppers stampati e non, pari a Kg. 4.960
- Sacchi industriali e per alimenti, pari a Kg. 149.393,8
- Manichetta per irrigazione Agricoltura intens., pari a Kg. 3.681,3
- Prodotti vari, pari a Kg. 6.144,7.
(VEDI Fig. 13)

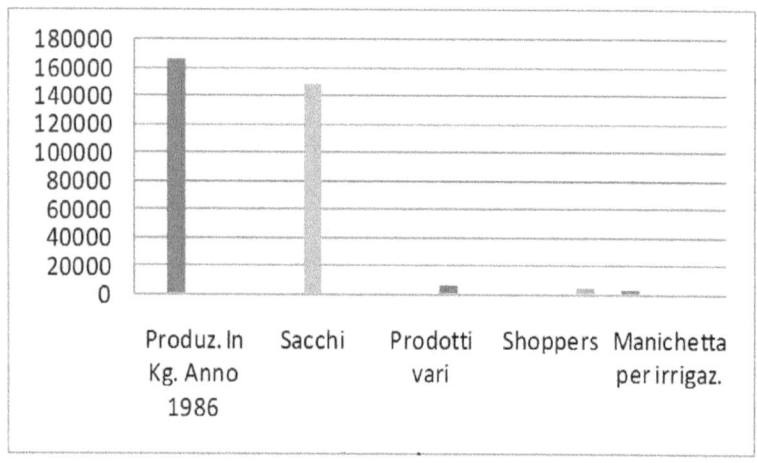

Fig. 13

Anno 1987

Durante l'anno 1987, l'azienda ha prodotto e venduto merce per Kg. 105.142,2; composta da:
- Foglia Agricola per agricoltura intensiva, pari a Kg. 15.958,8
- Shoppers stampati e non, pari a Kg. 11.220
- Sacchi industriali e per alimenti, pari a Kg. 73.613,5
- Manichetta per irrigazione agricoltura intensiva, pari a Kg.887
- Prodotti vari, pari a Kg. 3.468,9.
(VEDI Fig. 14)

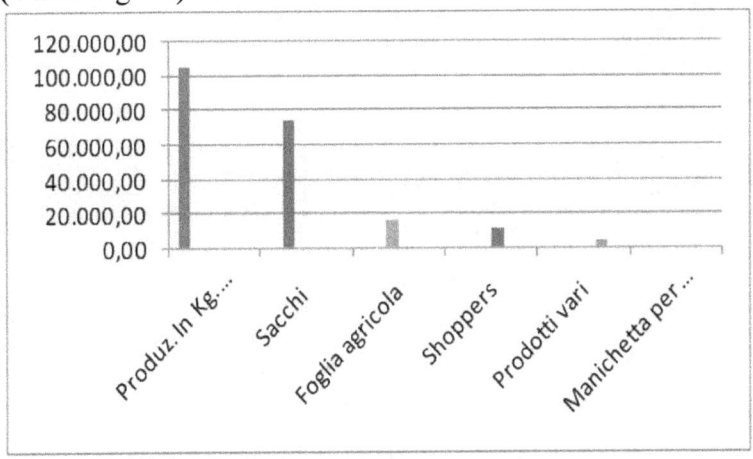

Fig. 14

Anno 1988

Durante l'anno 1988, l'azienda ha prodotto e venduto merce per Kg. 335.627,5; composta da:
- Foglia Agricola per agricoltura intens., pari a Kg.146.751,3
- Shoppers stampati e non, pari a Kg. 38.210
- Sacchi industriali e per alimenti, pari a Kg. 127.308,4
- Manichetta per irrigazione e prodotti vari, pari a Kg. 20.802
- Prodotti vari, pari a Kg. 2.555,8.
(VEDI Fig. 15)

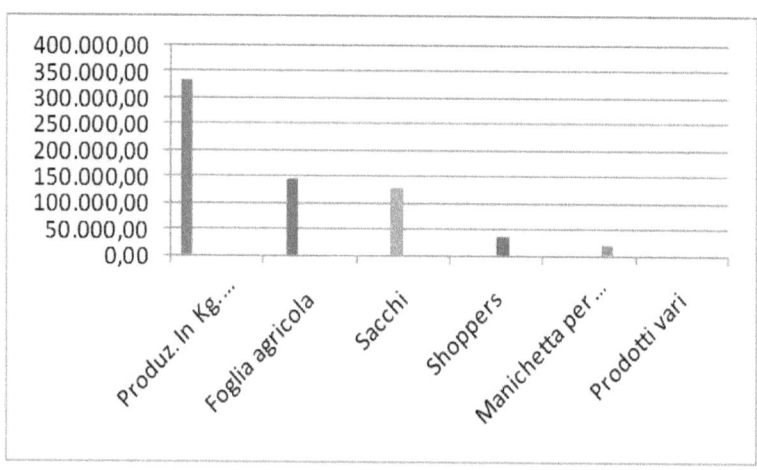

Fig. 15

Anno 1989

Durante l'anno 1989, l'azienda ha prodotto e venduto merce per Kg. 367.662,6; composta da:
- Foglia Agricola per agricoltura intens., pari a Kg. 214.695,5
- Sacchi industriali e per alimenti, pari a Kg. 93.239,7
- Manichetta per irrigazione e prodotti vari, pari a Kg. 57.171,6 - Prodotti vari, pari a Kg. 2.555,8.
(VEDI Fig. 16)

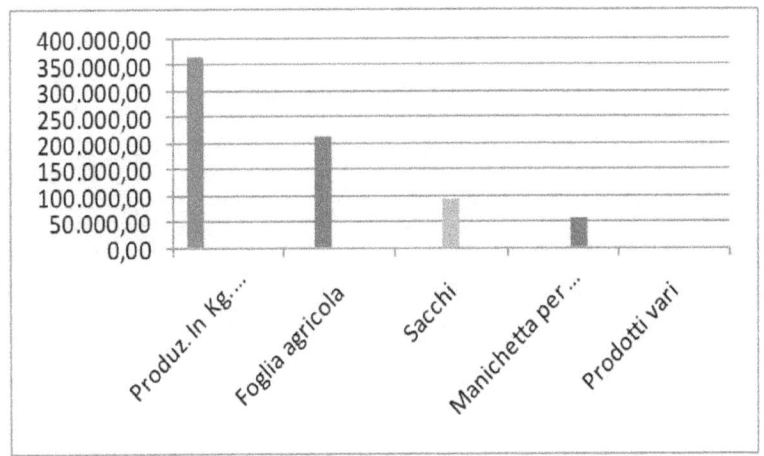

Fig. 16

59

Anno 1990

Durante l'anno 1990, l'azienda ha prodotto e venduto merce per Kg. 414.487,3; composta da:
- Foglia Agricola per agricoltura intensiva, pari a Kg. 166.040. - Sacchi industriali e per alimenti, pari a Kg. 171.981,8
- Manichetta per irrigazione e prodotti vari, pari a Kg. 65.501
- Prodotti vari, pari a Kg. 10.964,5.
(VEDI Fig. 17)

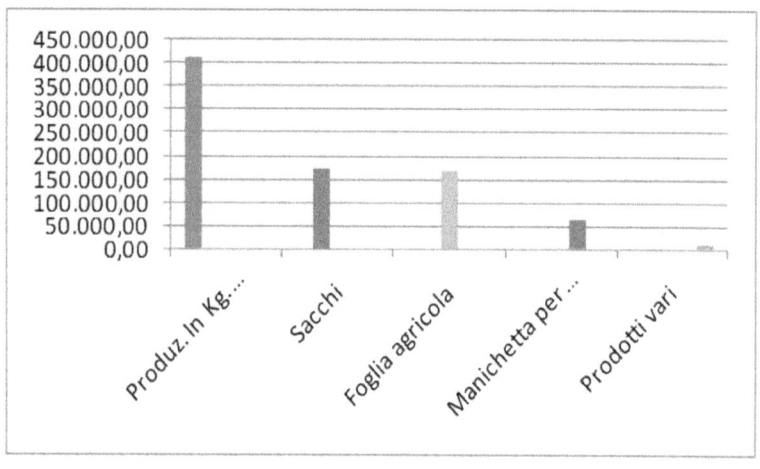

Fig. 17

Anno 1991

Durante l'anno 1991, l'azienda ha prodotto e venduto merce per Kg. 350.526,1; formata da:
- Foglia Agricola per agricoltura intens., pari a Kg. 105.952,9
- Sacchi industriali e per alimenti, pari a Kg. 216.451,7
- Manichetta per irrigazione e prodotti vari, pari a Kg.15.839,5
- Prodotti vari, pari a Kg. 12.282.
(VEDI Fig. 18)

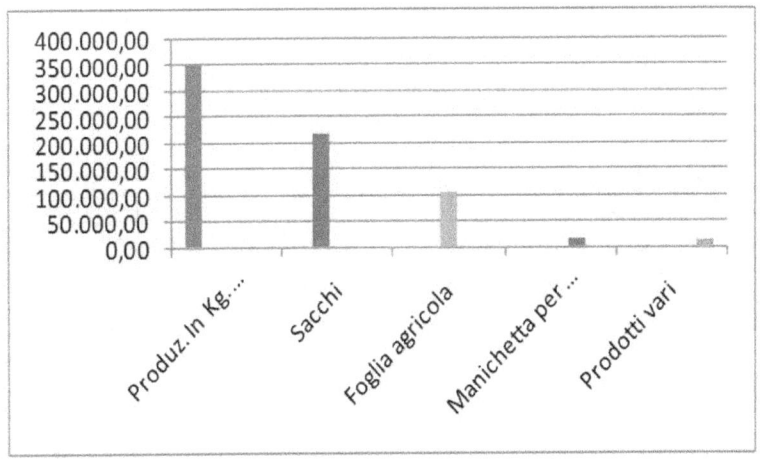

Fig. 18

Anno 1992

Durante l'anno 1992, l'azienda ha prodotto e venduto merce per Kg. 392.082,1; formata da:
- Foglia Agricola per agricoltura intens., pari a Kg. 165.141,5
- Sacchi industriali e per alimenti, pari a Kg. 197.988,7
- Manichetta per irrigazione, pari a Kg. 10.885,4
- Prodotti vari, pari a Kg. 18.066,5.
(VEDI Fig. 19)

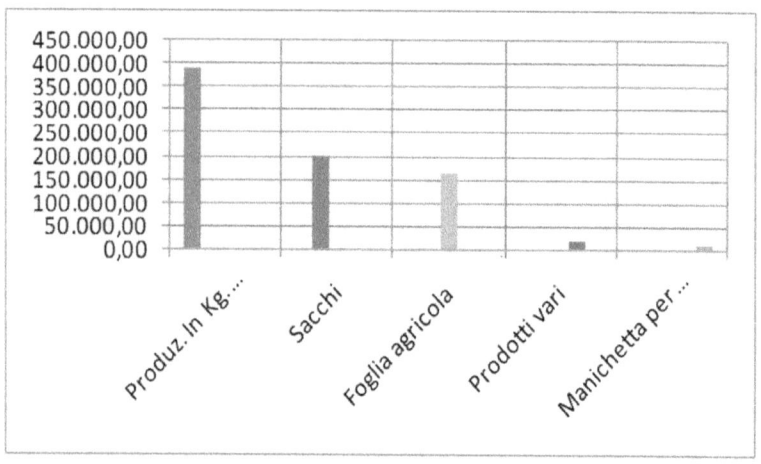

Fig. 19

Anno 1993

Durante l'anno 1993, l'azienda ha prodotto e venduto merce per Kg. 307.259,9; formata da:
- Foglia Agricola per agricoltura intensiva, pari a Kg. 124.521
- Sacchi industriali e per alimenti, pari a Kg. 144.479,7
- Manichetta per irrigazione e prodotti vari, pari a Kg. 22.676,7
- Prodotti vari, pari a Kg. 15.582,5.
(VEDI Fig. 20)

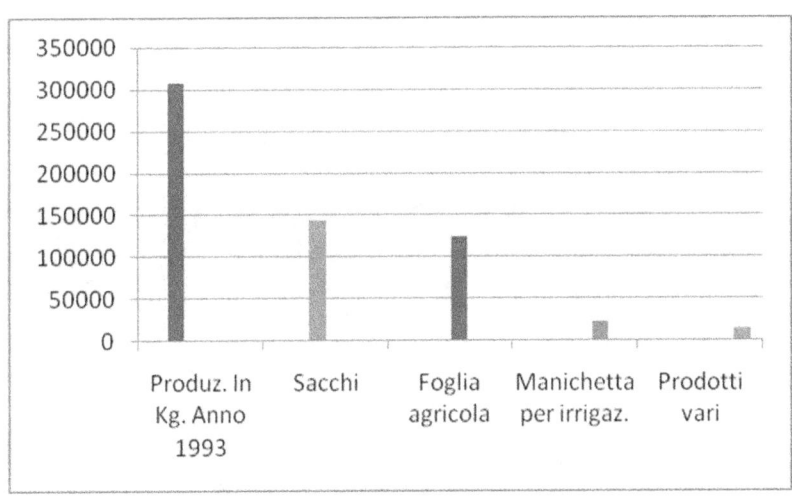

Fig. 20

Anno 1994

Durante l'anno 1994, l'azienda ha prodotto e venduto merce per Kg. 258.956; formata da:
- Foglia Agricola per agricoltura intens., pari a Kg. 110.491,5
- Sacchi industriali e per alimenti, pari a Kg. 109.697,6
- Manichetta per irrigazione e prodotti vari, pari a Kg. 28.376,9
- Prodotti vari, pari a Kg. 10.390.
(VEDI Fig. 21)

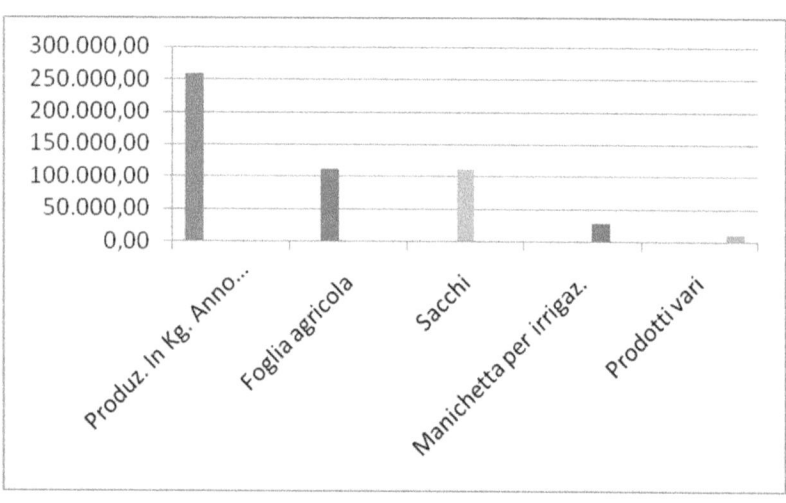

Fig. 21

Anno 1995

Durante l'anno 1995, l'azienda, nonostante è alimentata dal gruppo elettrogeno e un turno in meno, ha prodotto e venduto merce per Kg. 286.746; formata da:
- Foglia Agricola per agricoltura intens., pari a Kg. 133.577,3
- Sacchi industriali e per alimenti, pari a Kg. 118.415,7
- Manichetta per irrigazione e prodotti vari, pari a Kg. 23.095,5
- Prodotti vari, pari a Kg. 11.657,5.
(VEDI Fig. 22)

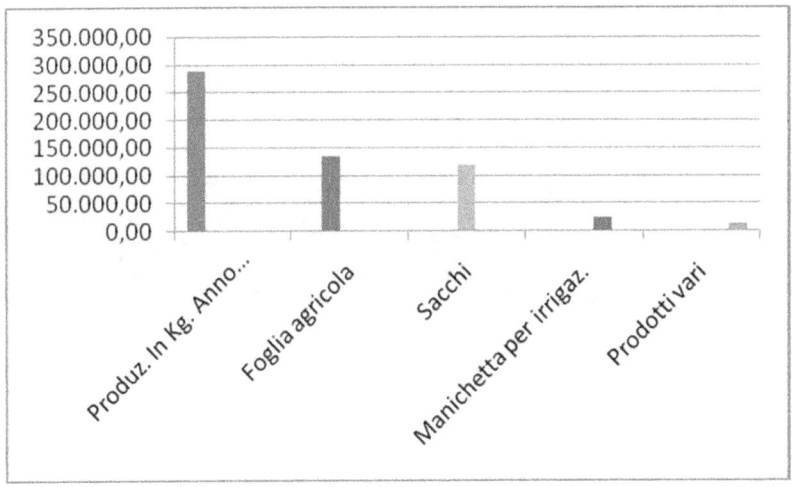

Fig. 22

Anno 1996

Durante l'anno 1996, l'azienda, nonostante è alimentata dal gruppo elettrogeno e un turno in meno, ha prodotto e venduto merce per Kg. 246.047,4; formata da:
- Foglia Agricola per agricoltura intensiva, pari a Kg. 109.910
- Sacchi industriali e per alimenti, pari a Kg. 109.837,3
- Manichetta per irrigazione, pari a Kg. 14.980
- Prodotti vari, pari a Kg. 11.320,1.
(VEDI Fig. 23)

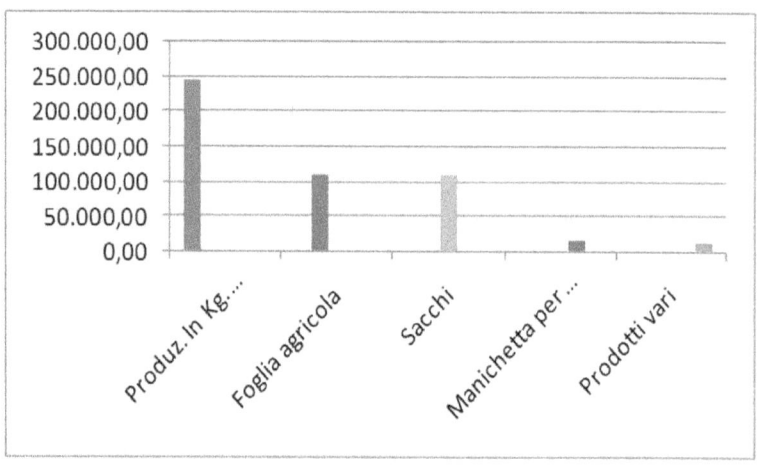

Fig. 23

Anno 1997

Durante l'anno 1997, l'azienda alimentata dall'Enel, ha prodotto e venduto merce per Kg. 195.617,2; formata da:
- Foglia Agricola per agricoltura intensiva, pari a Kg. 77.413
- Sacchi industriali e per alimenti, pari a Kg. 88.376,2
- Manichetta per irrigazione, pari a Kg. 16.955,5
- Prodotti vari, pari a Kg. 12.872,5.
(VEDI Fig. 24)

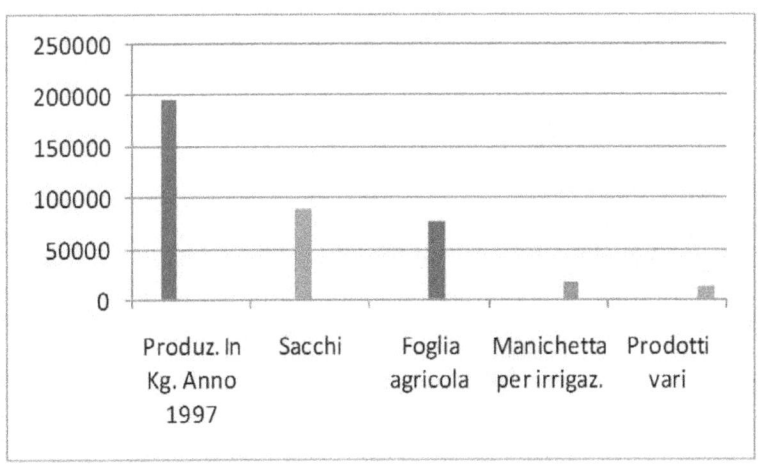

Fig. 24

Anno 1998

Durante l'anno 1998, l'azienda ha prodotto e venduto merce per Kg. 146.162,; formata da:
- Foglia Agricola per agricoltura intensiva, pari a Kg. 24.928,0
- Sacchi industriali e per alimenti, pari a Kg. 95.811,5
- Prodotti vari, pari a Kg. 25.422,5.
(VEDI Fig. 25)

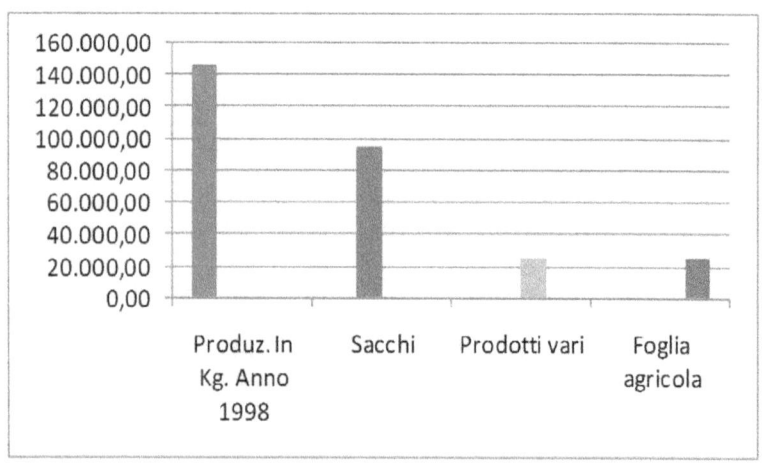

Fig. 25

Anno 1999

Durante l'anno 1999, l'azienda ha prodotto e venduto merce per Kg. 237.386,7; formata da:
- Foglia Agricola per agricoltura intensiva, pari a Kg. 17.804,5 - Sacchi industriali e per alimenti, pari a Kg. 197.988,7
-Manichetta per irrigazione e prodotti vari, pari a Kg. 17.804,5
- Prodotti vari, pari a Kg. 3.789.
(VEDI Fig. 26)

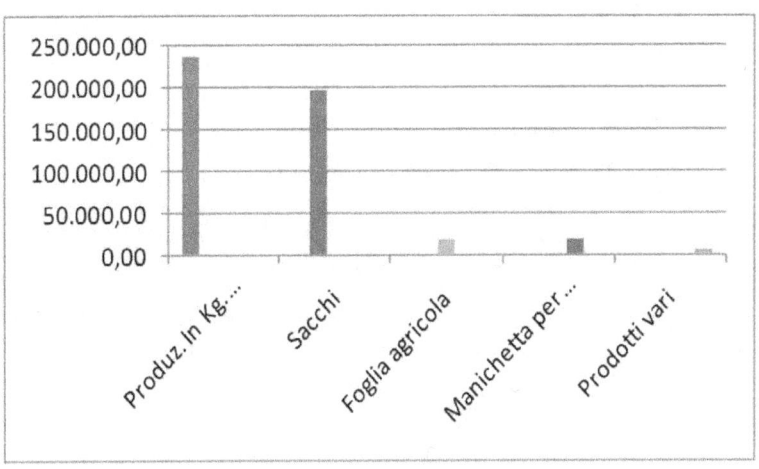

Fig. 26

Anno 2000

Durante l'anno 2000, l'azienda ha prodotto e venduto merce per Kg. 116.383,3; formata da:
- Foglia Agricola per agricoltura intensiva, pari a Kg. 36.612,2
- Sacchi industriali e per alimenti, pari a Kg. 61.610,1
- Prodotti vari, pari a Kg. 18.161,00. (VEDI Fig. 27)

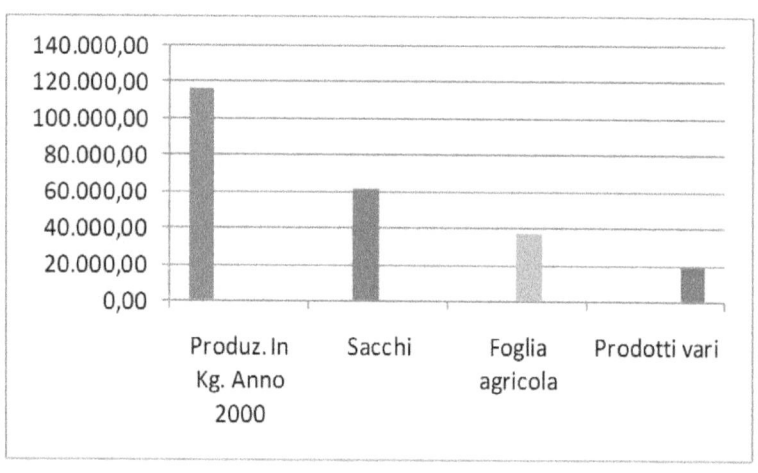

Fig. 27

Anno 2001

Durante l'anno 2001, l'azienda ha prodotto e venduto merce per Kg. 160.207,2; formata da:
- Foglia Agricola per agricoltura intensiva, pari a Kg. 50.090,7 - Sacchi industriali e per alimenti, pari a Kg. 104.256,5
- Prodotti vari, pari a Kg. 5.860,00.
(VEDI Fig. 28)

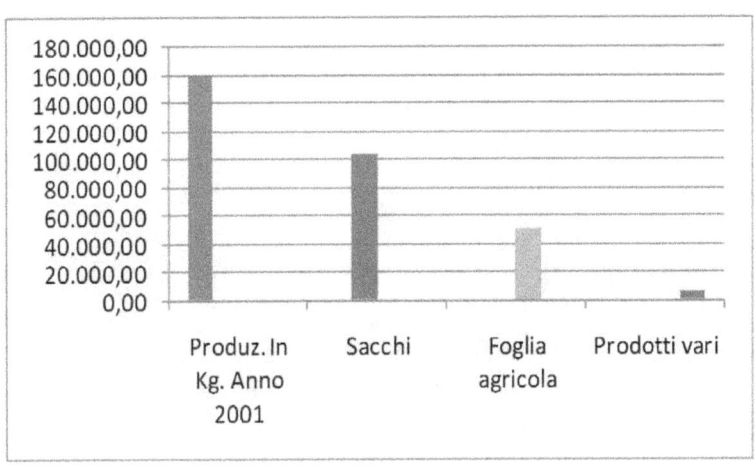

Fig. 28

71

Anno 2002

Durante l'anno 2002, l'azienda ha prodotto e venduto merce
per Kg. 160.119,2; formata da:
- Foglia Agricola per agricoltura intensiva, pari a Kg.
55.000,7 - Sacchi industriali e per alimenti, pari a Kg.
105.258,5
- Prodotti vari, pari a Kg. 9.860,00.
(VEDI Fig. 29)

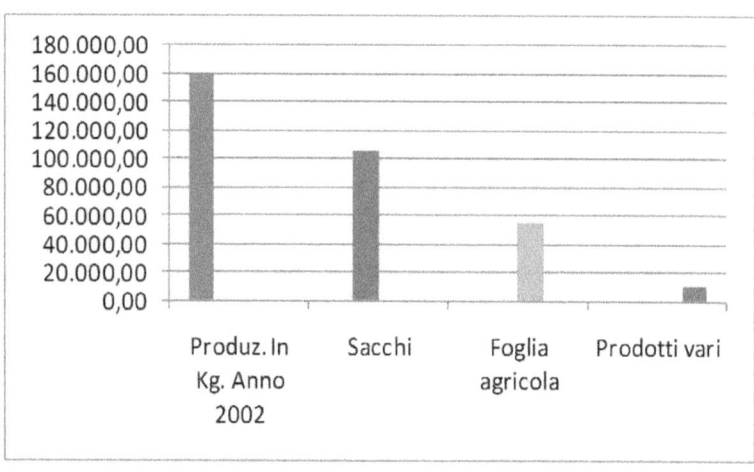

Fig. 29

Anno 2003

Durante l'anno 2003, l'azienda ha prodotto e venduto merce per Kg. 166.780,9; formata da:
- Tubolare per agricoltura intensiva, pari a Kg. 50.500,7
- Sacchi industriali e per alimenti, pari a Kg. 110.280,2
- Prodotti vari, pari a Kg. 6.000,00.
(VEDI Fig. 30)

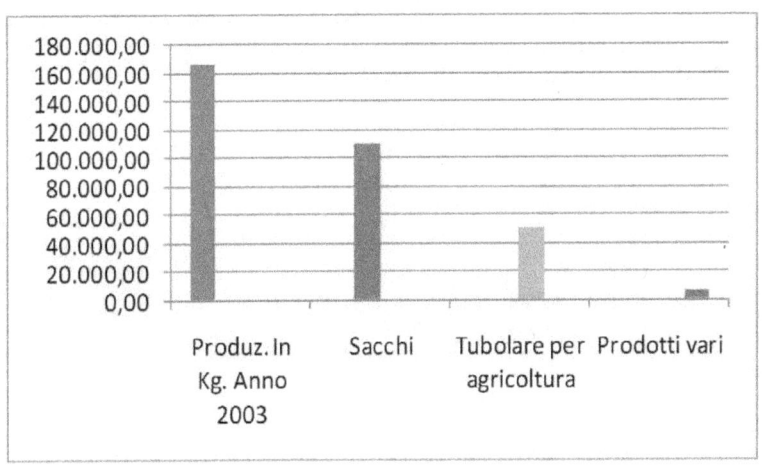

Fig. 30

Anno 2004

Durante l'anno 2004, l'azienda ha prodotto e venduto merce per Kg. 158.981,2; formata da:
- Sacchi industriali e per alimenti, pari a Kg. 130.180,5
- Tubolare per agricoltura intensiva, pari a Kg. 20.180,5
- Prodotti vari, pari a Kg. 8.520,2.
(VEDI Fig. 31)

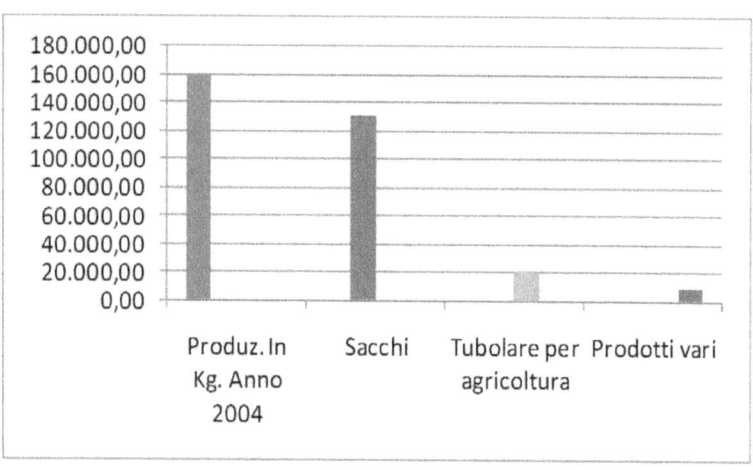

Fig. 31

Anno 2005

Durante l'anno 2005, l'azienda ha prodotto e venduto merce per Kg. 150.272,6; formata da:
- Sacchi industriali e per alimenti, pari a Kg. 125.520,4
- Tubolare per agricoltura intensiva, pari a Kg. 15.252,4
- Prodotti vari, pari a Kg. 9.500,0.
(VEDI Fig. 32)

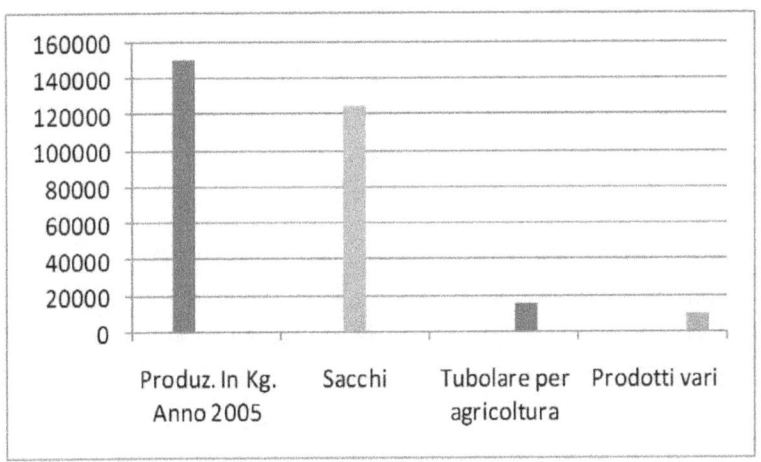

Fig. 32

Anno 2006

Durante il 2006, ultimo anno, l'azienda ha prodotto e venduto merce per Kg. 137.144,3; formata da:
- Tubolare per agricoltura intensiva, pari a Kg. 11.512,5
- Sacchi industriali e per alimenti, pari a Kg. 118.380,5
- Prodotti vari, pari a Kg. 7.251,3.
(VEDI Fig. 33)

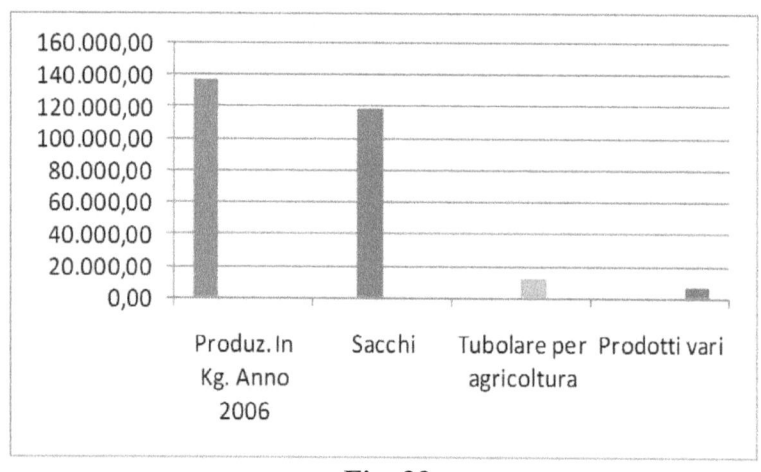

Fig. 33

Ultima consegna

Con l'ultima Fattura sotto riportata (VEDI Fig. 34), datata 31 Dicembre 2006 e facente riferimento al Documento di Trasporto a mezzo vettore n° 065 del 07 Dicembre 2006, a carico della Si.Sac. S.p.A., Pietro Gennaro passa al figlio Elio le consegne della La.Res..

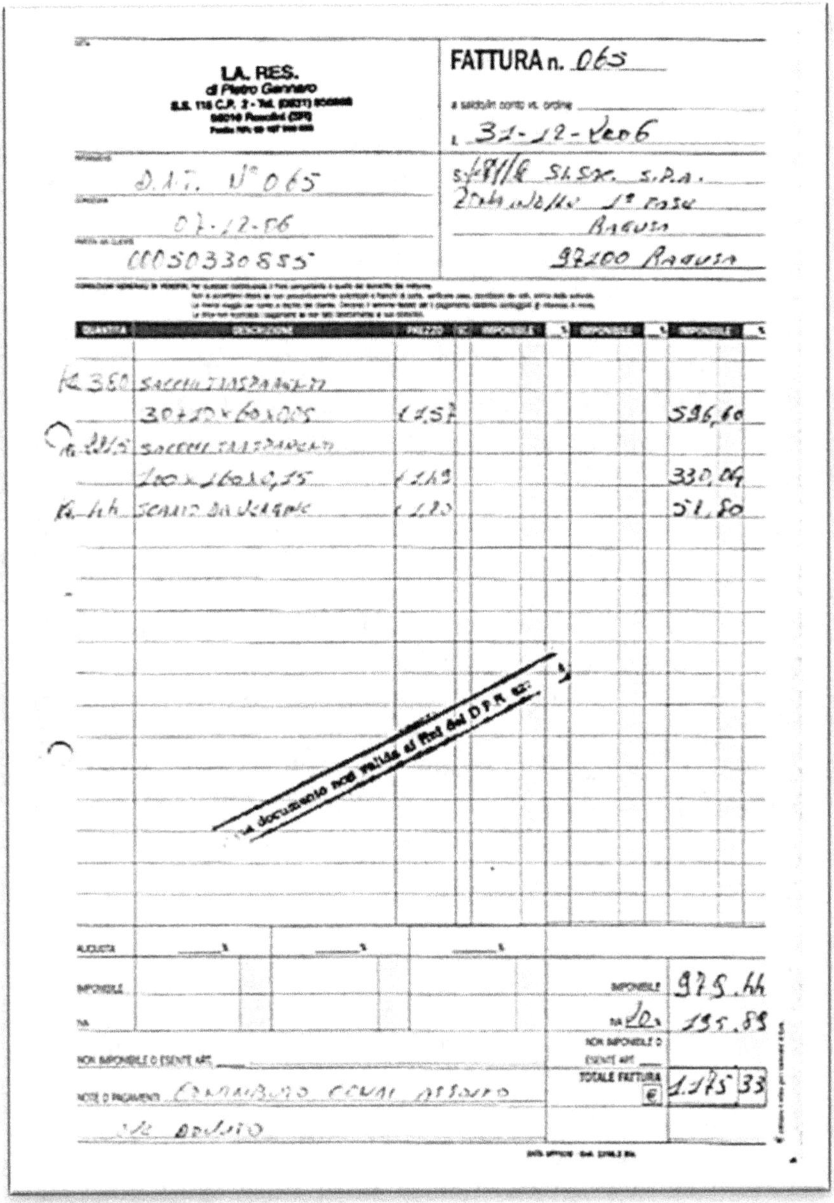

LA. RES.
di Pietro Gennaro

FATTURA n. 065

31-12-2006

D.d.T. N° 065

07-12-06

00050330855

Sig. SI.SA.C. S.p.A.
Zona Ind.le 1° Fase
Ragusa
97100 Ragusa

QUANTITÀ	DESCRIZIONE	PREZZO	IMPONIBILE
Kg 380	Sacchi trasparenti 30+20x60x0,05	€ 1,57	596,60
Kg 228,5	Sacchi trasparenti 100x160x0,15	€ 1,45	330,04
Kg 44	Scarto da ...	€ 1,20	51,80

IMPONIBILE 979,44

IVA 20% 195,89

TOTALE FATTURA € 1.175,33

NOTE O PAGAMENTI: Contributo CONAI assolto ove dovuto

documento non valido ai fini del D.P.R. 633

Fig. 34

Cessione dell'azienda da padre a figlio

Oggi è di grande attualità e urgenza per i titolari di aziende fondate negli anni 60 e 70 il passaggio generazionale delle imprese. E in modo particolare, in ciò sono coinvolte le imprese a conduzione familiare, anche queste colonna portante del sistema economico italiano, sia del Nord sia del Sud d'Italia.

Il giovane futuro imprenditore, per poter intraprendere con successo la sua avventura, ha innanzitutto bisogno di scoprire la propria personale imprenditorialità: che sarà determinante per la proficua prosecuzione dell'attività aziendale. Detto nuovo imprenditore, in genere il figlio/a dell'imprenditore, per consolidare il passaggio ereditario e per far crescere l'azienda trasformandola in propria, nella quasi totalità dei casi non può dare continuità al modello aziendale precedente così come fu concepito; deve invece mettere in campo la sua visione programmatica e attuare una sua nuova strategia, la quale con ali nuove e moderne, pur dando continuità ai trascorsi successi, deve condurre l'azienda verso concrete possibilità di mercato, anche diversi da quelli già tracciati.

I giovani e la successione d'impresa

È sicuramente importante per i giovani neo-imprenditori aver respirato "l'aria del rischio" fin da giovanissimi; quel clima tipico (anche se non scontato) delle famiglie d'imprenditori, dove aleggia di fondo un ottimismo unisono alla capacità di trovare con caparbietà ed entusiasmo una via d'uscita, una soluzione nuova ed efficace, ai problemi dell'azienda.

Oggi si cerca di porre sempre più attenzione allo sviluppo dell'imprenditoria giovanile, anche nel Sud. Ciò è testimoniato dalle diverse iniziative lanciate dalle Camere di Commercio, come per esempio l'Incubatore d'Impresa. Cosicché l'imprenditoria giovanile è del tutto cambiata: una volta si costruiva l'esperienza nell'azienda di famiglia, oggi lo scambio di idee e informazioni può avvenire anche online, attraverso dei forum dedicati a giovani imprenditori operanti anche in campi molto diversi, ma che possono in realtà avere e condividere obbiettivi comuni.

Mettere a disposizione le proprie conoscenze ed esperienze economiche è un'utile cosa, anche per riconoscere le opportunità che accomunano i diversi settori economici e cercare una risposta trasversale nuova ai problemi di sempre (non relativi alla produzione, perché ognuno mantiene i propri segreti).

Nell'era della globalizzazione, la modifica degli equilibri del mercato mondiale, le nuove tecnologie e l'importanza delle strutture di rete, richiedono competenze che i giovani hanno e che sono lontane per i vecchi imprenditori.

Diversamente i giovani hanno la necessità di ottenere al minimo per l'azienda quell'equilibrio economico raggiunto dal predecessore/fondatore e ricercare nuovi orizzonti di continuità per l'impresa.

Il passaggio generazionale e la trasmissione d'impresa, in successione e continuità d'impresa, sono tutti termini più o meno felici per indicare quel momento della vita di un'azienda in cui il titolare deve iniziare a pensare al futuro della sua azienda e su chi la condurrà, per non vanificare la propria vita e quella dei dipendenti.

Come già detto, spesso il successore designato è il figlio e il passaggio delle consegne non è cosa facile né breve. Raramente, poi, magari per fatti tragici, avviene che il figlio sostituisce tout court il padre nella conduzione dell'impresa. Nella maggior parte dei casi padre e figlio vivono un lungo periodo "spalla a spalla" (come nel mio caso) nella gestione dell'azienda e successivamente, a seconda dei diversi atteggiamenti reciproci, si possono avere diversi esiti del processo di trasmissione d'impresa.

La successione semplice, invece, è quella tipica di un padre titolare con orientamento strategico al breve termine e scarsa consapevolezza del problema; restio a delegare l'attività al figlio. Quindi, un imprenditore che non ha ancora accettato l'idea della successione, forse spaventato in maniera più o meno consapevole da quel vuoto esistenziale che si aprirà dopo il suo ritiro. È il caso di quell'imprenditore che ha creato l'azienda dal nulla, di cui sa tutto e che in fondo non considera gli altri alla sua altezza.

Le statistiche dimostrano che ha più probabilità di sopravvivere un'azienda che ha saputo gestire una successione rispetto ad un'azienda nuova. Infatti, il 95% delle aziende gestite in successione sopravvive, mentre per le nuove aziende la probabilità scende al 75%.

Conclusioni

Questa mia prima parte di storia vuole essere, nel mio piccolo, un atto dovuto alla collettività come imprenditore. Consegnando i dati biografici d'impresa della mia *La.Res.*. Poi, come già citato in premessa, questo è anche il sequel del libro <*Un Pioniere a Rosolini*>, dove tanto altro è riportato sulla mia esperienza personale e sugli altri protagonisti di molte mie altre vicende: con gioie, sacrifici, frustrazioni e soddisfazioni.

Ma è soprattutto una testimonianza, sull'assenza delle istituzioni nel territorio (o se si vuole, è la testimonianza di una presenza inefficace delle istituzioni in certi ambiti), come è pure la testimonianza di una scarsa finezza e sensibilità degli istituti bancari.

In tal senso, quanto da me scritto è anche e soprattutto parte funzionale a quanto verrà nelle prossime pagine, con le quali si metterà a nudo il fare criminoso di alcune lobbie internazionali e le loro combutte con le caste politiche (a base di minacce e ricatti, e quando va bene di sola corruzione). Tutto ciò mina i tanti buoni propositi che i giovani possono nutrire oggi nel fare impresa, seppur coadiuvati e agevolati dal progresso tecnologico.

Anzi, detto fare lobbista (autoritario, antidemocratico e crisaiolo) ne minaccia direttamente il futuro, così che parlarne è un primo passo per non subire le stesse ripetute crisi, almeno appieno. Il mondo cambia ed evolve, anche nel bene, ma su questo orizzonte troppo lentamente.

Con queste righe, quindi, noi autori ci auspichiamo di aver dato la nostra modesta "spintarella" nella direzione giusta, alla quale può unirsi a volontà, in futuro, la condotta, l'attenzione e la lungimiranza, di ogni nostro lettore. Buona riflessione e buona continuazione di lettura.

Rosolini, 19/02/2014

Pietro Gennaro – Salvatore Ignaccolo

Storia d'Italia e oltre

< *Salvatore Ignaccolo* >

Ognuno è artefice del proprio destino?

"*Ognuno è artefice del proprio destino*" è un comune modo di dire ancora in voga ai giorni nostri. Esso è stato usato da Pietro Gennaro nel suo libro <Un Pioniere a Rosolini> presentato in più occasioni assieme al sottoscritto, da cui si prende ora spunto per esaminare, contestualmente all'uomo Pietro Gennaro e alle sue vicissitudini, i cardini <Ambiente Cultura Sviluppo> e le reciproche connessioni, così da sincretizzarli nel nostro territorio.

Il detto, è utile affermare, proviene dall'antica locuzione latina *Faber est suae quisque fortunae* attribuita a Sallustio, la quale più che al destino o alla fortuna fa riferimento al concetto di "sorte"; dunque "ciascuno è artefice della propria sorte". A questa interpretazione, similmente, si è allineato in <Biografia d'Impresa> pure Pietro Gennaro, ma con delle particolari accezioni: perché fra le righe della stessa egli narra di un "Qualcuno lassù" venuto in suo aiuto nei momenti più difficili, confermandosi un uomo di fede. Magari di una fede personalizzata, chi può dirlo, proprio con i suoi principi del fare impresa. Egli però asserisce, indirettamente, che ciascuno nei momenti importanti non è solo, avendo quel "Qualcuno lassù: cioè che "ciascuno non è il solo artefice della propria sorte".

Nei fatti Pietro è così: gli piace innovare e brevettare proficue invenzioni, come porre accezioni anche alle locuzioni latine o alle frasi fatte. Per chi lo conosce, poi, non può dirsi che egli sia uomo di mezze misure o ambiguità, e che sicuramente ha avuto fede quando ha intrapreso la sua attività. Non solo fede in se stesso e in quel "Qualcuno lassù", ma anche nell'ambiente in cui intendeva operare: certo che quella "cattedrale nel deserto" che si apprestava ad impiantare in un piccolo centro, metafora della sua azienda, avrebbe fin da subito attirato la giusta attenzione, adducendo dell'acqua laddove ne mancava. La domanda di materie plastiche (tra cui gli shoppers), infatti, era già nata in altre parti del mondo e quella piccola cattedrale, per chi viveva nel deserto come lui, se non competitiva appieno nelle grandi produzioni lo sarebbe certamente diventata nella distribuzione.

Tuttavia come si evince dai suoi due scritti, l'ambiente ha spesso intaccato, smussato, ridotto e/o deluso, lo slancio giovanile di Pietro fin da subito, come anche in seguito, nonostante la sua pienezza d'imprenditore. Intatte sono però rimaste la sua tenacia e la sua caparbietà, doti in difetto delle quali in ogni uomo morirebbe anche la speranza, e la fede stessa, se nel proprio percorso di vita assieme a esse fossero stati assenti "l'acume", "la lungimiranza" e "la ponderatezza" nello stringere accordi fra giusti, evitando gli ingiusti e favorendo quindi la "sorte". O forse gli è bastato solo fare ordine nel caos, abbracciando un certo <determinismo positivo>. Deserto per Pietro, così egli ha dovuto costatare, non sarebbe stato benignamente solo l'assenza di concorrenza per una presta nascente domanda locale, ma sarebbero anche state le difficoltà di semina in terra umanamente arida (il deserto umano).

Difatti Pietro, nel presente lavoro, attacca principalmente le banche tacciandole di anatocismo e non trasparenza, sulla scorta della sua, come di molti altri, esperienza lavorativa dagli anni 70 al 2000: che l'hanno visto sbattere e ricevere "porte in faccia", evitare cappi e forme sottili di schiavismo da parte di chi era sì banca ma, si rifletta, anche impresa. L'impresa dei soldi. Sì, che però non vuol dire l'impresa dello sviluppo. Del resto la materia prima per ogni produzione, che siano manufatti di plastica, legno, ferro, eccetera, non è la plastica o il ferro e nemmeno il legno, ma la moneta. Appare quindi ovvio che se questa non gira nulla si produce. Se questa gira poco - si produce poco. Senza fiducia, poi, essa non gira come deve; ma non può esserci fiducia senza regole trasparenti e certe nella loro applicazione, meglio se con procedimenti di qualità certificata in seno a ogni Persona Giuridica e Pubblica Amministrazione.

Oggigiorno molto è cambiato e molto deve ancora cambiare in tal senso, ma non bisogna scordare che dietro qualunque istituzione o impresa possono esserci uomini o pseudo-uomini (o semplici "scimmie egoiste dalle umane sembianze", come spesso io li chiamo), in ogni caso i viventi del momento: uomini in potenza perché preda delle loro passioni e/o pulsioni, in ragione della loro cultura acquisita e rappresentanti la variabile comune ai tre cardini <Ambiente Cultura Sviluppo>.

Solo conoscendo l'Ambiente ed esercitando la Cultura l'uomo potrà produrre Sviluppo, ipotecando il suo futuro. Sembra banale ma non lo è. Diversamente ci si dovrà preparare a vivere nell'incertezza, subendo momenti di caos e conoscendo il disagio, se non la sofferenza tipica delle crisi economiche, con potenziali e conseguenti conflitti bellici. Oggi per motivi commerciali, ad esempio, la crisi Ucraina pone problematiche di tipo bellico in casa europea, in compromissione della sorte di tutti. Ecco che, per quanto detto, non è vero che "ciascuno è artefice della propria sorte" e nemmeno che "ciascuno è artefice della propria sorte se ha un quel Qualcuno lassù": perché non risulta che quel Qualcuno intervenga a richiesta (tipo il Genio della lampada) o ad artificio invocativo e comodo dei mortali, ma è invece vero che ciascuno in questo mondo globalizzato partecipa alla sua sorte, e anche a quella altrui, con ciò che fa o che non fa (ignavia compresa).

Quindi: *"Ognuno è artefice della sorte di molti"*, se non di tutti. Questo è il meccanismo e l'idea che dovrà liberarci dall'Egoismo, perché questo, oggi, è l'ordine delle cose cui anche Sallustio si sarebbe adeguato. O forse lo è sempre stato da quando l'uomo, fin dalla preistoria, ha iniziato a vivere in gruppi. Pietro stesso ha dovuto vagliare bene gli uomini con cui stringere accordi, potendo avere fiducia in loro attraverso la sua esperienza personale di uomo e, in retro-azione, potendo poi tutti assieme favorire la reciproca benigna sorte (almeno fino a un certo punto e senza prevaricare il prossimo).

Nei millenni, com'è noto, dai gruppi sono nate tribù e poi popoli (oggi Stati), ma l'antagonismo egoista nei confronti di altri gruppi è ancora diffuso e lacerante, non essendo chiaro che *"non è l'Uomo ad esistere ma l'Umanità, che è una"*. Del resto chiunque di voi in astrazione volesse mettersi per un momento nei panni di quel Dio creatore di cui molti parlano, onestamente provereste più soddisfazione nel raccontare, tra una birra e l'altra con i vostri Arcangeli, di aver voluto creare fin dall'inizio un'entità molto più complessa e funzionale come l'Umanità, anziché soli Uomini e Donne con capacità riproduttive. O almeno avreste confessato di sperare che il loro libero arbitrio, pur quanto limitato singolarmente, a detta complessità li avrebbe condotti, elevandoli.

L'Ambiente

L'Ambiente è comunemente inteso come la terra o la natura, o con tutto ciò che circonda l'uomo, ma da questo

distinto. In realtà è Ambiente qualunque complesso attivo di elementi capaci di influenzarsi reciprocamente, in fatti e atti influenti nella vita dell'uomo, relativamente a un contesto comune o a una comunità. Un elenco non esaustivo potrebbe essere il seguente:
- Territorio geografico e viabilità (suolo)
- Soprassuolo e sottosuolo
- Patrimonio Agricolo
- Patrimonio Industriale
- Patrimonio Immobiliare
- Patrimonio Commerciale (i mercati)
- Patrimonio Culturale (beni culturali), di Tradizioni e Gastronomico, nonché di successo imprenditoriale (storie d'imprese)
- Patrimonio Associativo o Sociale (associazioni, società, leggi, movimenti e simili)

Difesa e tutela dell'Ambiente significano cura di tutto quanto sopra riportato. L'azienda di Pietro, nella fattispecie, ha costituito patrimonio industriale e culturale a supporto del commercio e delle innovazioni in campo agricolo, favorendo l'occupazione in terra di emigranti. Alcuni mercati da lui frequentati sono stati anche esteri, con "fisiologici" scambi culturali e di know how; quindi non solo commerciali. Era l'alba della geo-economia globalizzata.

La Cultura

Definire la Cultura è meno facile. Ogni tipo di scienza, dalla Sociologia, all'Antropologia, alla Politica, o all'Etica, ne dà una propria definizione. Tra le più in voga:

- Complesso di conoscenze, credenze, arti, morale, diritto, costume e qualsiasi altra capacità e abitudine acquisita dall'uomo giacché membro della società;
- Bagaglio di conoscenze e pratiche fondamentali trasmesse di generazione in generazione;
- Processo di sedimentazione dell'insieme patrimoniale delle esperienze condivise;
- Strumento per la formazione di base e la preparazione al lavoro nell'ordine di una società economica, meritocratica e delle competenze remunerabili;
- Insieme delle cognizioni intellettuali acquisite attraverso lo studio e l'esperienza ambientale, rielaborate in modo soggettivo e autonomo, costituenti la personalità e lo spirito dell'individuo, nonché la coscienza collettiva, fondamentali nello sviluppo della capacità di giudizio e di motivazione;
- Altre.

Da quanto sopra, emergono i concetti di Contemplazione, Identità, Scambio, Condivisione, Trasversalità, Giudizio, Prassi e probabilmente Evoluzione, anche se, invero, il termine "Cultura" proviene dalla parola "culto", che vuol dire "cura verso gli dei" (cioè attenzione, considerazione e rispetto, per il creatore) che, per chi eventualmente crede oppure no, non può non significare anche avere attenzione, considerazione e rispetto, per il creato e per le creature viventi, e per quanto da queste adoperato: cioè per l'Ambiente. Ecco, allora, la stretta connessione tra Cultura e Ambiente: noi.

Tuttavia, oggi più che mai c'è l'esigenza che la Cultura abbandoni la vecchia attitudine alla vita esclusivamente contemplativa (o lirica), protesa alla pura ricerca di elementi di ordine cosiddetto "superiore" (o pseudo-tale), abbracciando invece anche i dintorni della vita attiva. Cioè della vita materiale e pratica, come è anche quella imprenditoriale, un ambito questo non di certo "inferiore" se, giusto per citare Platone, riteniamo che *"mondo delle idee"* e *"mondo sensibile"* siano in congiunzione o in reciproca estensione.

La Cultura, quindi, non deve concentrarsi solo sulle lettere o sulla poesia (o su temi classici), dovendo marciare al ritmo dei tempi ben accompagnando l'uomo nel suo cammino. Essa deve essere ovunque (diversificando gli ambiti) e offerta al meglio, disinteressatamente, con lo scopo di organizzare le diverse conoscenze con le tecniche del *cognitivismo* e del *costruttivismo*. Deve unire le scienze (da quelle tecniche agli studi umanistici) così da portarci al Sapere Umano.

Oggi, diversamente, la Cultura è spesso confusa con l'Arte e, a parte degli aspetti comuni, vi è fra esse una grossa differenza. L'Arte rallegra l'anima, potendola sollevare anche dalla sofferenza, mentre la Cultura è veicolo di libertà; permettendo a ognuno, anche in piccolo e non per forza miracolosamente, d'incidere nella propria vita ricercando e diffondendo giustezza. Infine, la Cultura ci protegge anche dagli inganni un po' di più, in quanto stimola di più il pensiero e solo in parte le emozioni. L'Arte fa invece l'esatto opposto (Platone ne diffidava). La Cultura protegge anche dagli autoinganni; non bisogna scordare che la nostra Mente, spesso, mente. Cultura è quindi anche dominio di sé.

Pietro, parlando di Cultura, senza un alcun interesse economico pronto e garantito, ha saputo collaborare con l'Università di Catania prestandosi alla ricerca di nuovi sistemi e prodotti per le future coltivazioni idroponiche, condividendo il suo know-how e organizzando anche un laboratorio all'interno della sua azienda. In tal senso, come si suole dire, la Cultura non ha prezzo ma sicuramente un valore, non tanto perché è garanzia di un feedback cognitivo per ogni azienda che investe in ricerca (potenziamento del know how e migliore soddisfazione di vecchia e nuova domanda), ma anche perché l'uomo in questione ha saputo dominarsi e scegliere bene, assecondando l'ambiente.

Lo Sviluppo

Per i non addetti ai lavori lo Sviluppo, ancor oggi, è confuso con la Crescita Economica; la quale si riferisce a indicatori specifici come il Reddito Nazionale Reale, il Prodotto Interno Lordo (P.I.L.), o il Reddito Pro-capite.

Quando il P.I.L. di una nazione aumenta, si ha quella che gli economisti chiamano, appunto, "crescita economica". D'altra parte negli anni 50 fu verificato che il termine Sviluppo implica molto più della semplice Crescita Economica e, pur mantenendosi erroneamente per anni la dizione Sviluppo Economico, oggi bisogna fare riferimento ai miglioramenti di altri indicatori specifici, quali:
-    i tassi di alfabetizzazione;
-    i tassi di povertà;
-    il P.I.L.;
-    il lavoro e il tempo libero;
-    la qualità ambientale;
-    la libertà e la giustizia sociale;
-    le ricerche, le scoperte scientifiche, la sanità;
-    la qualità dei trasporti;
-    l'autostima individuale;
-    la speranza di vita.

Spesso lo Sviluppo è indicato con il termine Welfare (stato sociale) ma, come si evince dagli indicatori sopra riportati, esso è un complesso multi-dimensionale che riguarda i miglioramenti del benessere umano non solo come collettività, ma anche come individuo singolo. Un corpo è in salute se lo è ogni sua cellula. Così dagli anni 80 s'iniziò a utilizzare il nuovo concetto di Sviluppo Umano, con successive pubblicazioni a partire dagli anni 90 e la creazione di attinenti indicatori. Oggi si parla (purtroppo poco nei Media) di ISU, indice di sviluppo umano o HDI, Human Development Index, perché in definitiva lo Sviluppo è solo Sviluppo Umano, fino all'ultimo singolo uomo. Anzi, è stato ben chiarito dagli studiosi che se è principalmente di tipo Umano esso può divenire più efficacemente anche di tipo economico, con crescita del PIL e del Welfare.

Questa è la dichiarazione delle Nazioni Unite per lo Sviluppo, tratta dall'Human Development Report – 1990:

People are the real wealth of a nation. The basic objective of development is to create an enabling environmment for people to enjoy large, healthy and creative lives. [...] Human development is a process of enlarging people's choices".

Le persone sono la vera ricchezza di una nazione. L'obiettivo fondamentale di sviluppo è di creare un ambiente che consenta alle persone di godere appieno di una vita sana e creativa. [...] Lo sviluppo umano è un processo di estensione delle scelte e delle possibilità delle persone".

Ne sono nati, in una visione inevitabilmente globalizzata del destino umano, una molteplicità di concetti ancora poco chiari ai più, tra cui:

- la promozione dei diritti umani e l'appoggio alle istituzioni locali, con particolare riguardo al diritto alla convivenza pacifica;
- la difesa dell'ambiente e lo sviluppo sostenibile delle risorse territoriali;

- lo sviluppo dei servizi sanitari e sociali, con attenzione prioritaria ai problemi più diffusi e ai gruppi più vulnerabili;
- il miglioramento dell'educazione della popolazione, con particolare attenzione all'educazione di base, lo sviluppo economico locale, l'alfabetizzazione e l'educazione allo sviluppo;
- la partecipazione democratica, l'equità delle opportunità di sviluppo e d'inserimento nella vita sociale.

Non è assistenzialismo né pietismo, e nemmeno economia: è prendere la vita all'attacco, senza lesinare per aiuti economici o forme estremizzate d'accoglienza (con riferimento agli attuali problemi d'immigrazione clandestina che subisce il nostro territorio), nonostante la realtà delle problematiche. Pensare alle operazioni chirurgiche ai tempi di Re Sole (Luigi XIV di Francia) e alle torture che quest'uomo subiva da parte dei suoi medici, deve fare capire che l'obiettivo nella vita di ciascuno non è essere Re, o ambire alla gestione del potere, ma il solo sviluppo umano.

Pietro, con la sua piccola e modesta "cattedrale nel deserto" a ciclo continuo, ha favorito localmente progresso umano e benessere sia alle aziende fornite sia alla propria famiglia, nonché ai propri dipendenti. Questi ultimi, non avvezzi alla turnazione notturna, strana e inusuale in quel deserto, spesso negavano la loro disponibilità lasciandolo solo nella notte, seppur in compagnia delle sue macchine. Nonostante ciò anche Pietro ha ricevuto dall'ambiente, mantenendo buoni rapporti con i dipendenti in un clima prospero e sereno, degno degli uomini pazienti e quindi forti.

La crisi oggi

Una crisi finanziaria non nasce per caso, ma dopo un lungo periodo di eccessi per una politica monetaria espansionistica, oppure per politiche che conducono a una crescita eccessiva del credito. Charles Kindleberger (economista) costatava: *"Le crisi finanziarie sono associate ai picchi dei cicli economici. Sono il punto culminante di un periodo di espansione e precedono una fase discendente"*. Altri come J.R. Hicks (economista) osservavano: *"Una crisi davvero catastrofica può accadere quando il degrado raggiunge nel profondo il sistema monetario"*. "Titoli spazzatura" e "finanza creativa" hanno oggi fatto dimenticare quello che molte carte costituzionali di nazioni sanciscono, e cioè che uno Stato si fonda sul lavoro e non sulle chiacchiere, o su coinvolgenti fantasie.

Troppa importanza si è data negli anni alla finanza e alle banche quasi come fossero nuova ed esclusiva fonte di salvezza. Esse, proprio perché rivestono un ruolo principe nella vita economica di un sistema ambiente (la moneta come materia prima di cose), godono di regole e tutele tutte speciali trascurandosi l'unica e sola verità: ovvero che la materia prima dello sviluppo è l'uomo (sviluppo umano). Anche perché dietro le Banche, la Finanza e l'Economia, vi sono uomini che vanno sostanzialmente formati, premiati o allontanati per risultato, e valutati in un lungo periodo secondo precise leggi e procedure preordinate. Ma questo non accade.

Tuttavia, per quanto appena detto, sembrerebbe quasi che le crisi siano il semplice prodotto della sottocultura di una élite corrotta di uomini, e che, essendo le crisi periodiche, certe tipologie di uomini non cambiano e non evolvono. Cambierebbero, invece, solo i nomi alle truffe o ai soliti errori. Basta pensare alla crisi del 2007 iniziata con i Mutui Subprime sulla casa, concessi senza richiedere garanzie perché tanto rivenduti in altre obbligazioni ad altri soggetti banca. Ecco che alcune banche iniziarono a fallire, mentre i loro manager cominciarono ad incassare liquidazioni milionarie.

Ma è proprio così? Dietro una crisi c'è sempre la regia di una élite di luridi manager, o magari di qualche setta segreta? Massonerie varie?

Un tempo le crisi portavano a delle guerre in senso classico: con miseria e fame, eserciti e bombardamenti, poi nuovamente miseria e fame, e dopo temporanea stabilità. Oggi sembra proprio, infatti, che i campi di battaglia si siano spostati all'interno dei mercati, con miseria e fame, tumulti e sommosse, suicidi, caduta di leadership politiche, e temporanea stabilità fino alla prossima crisi. Ma per capire bene l'origine intrinseca di tutte le crisi economiche, l'esempio a seguire (uno per tutti) potrà essere illuminante.

Difatti, fu la crisi economica del 1929 che portò Hitler al potere (dopo il carcere), divenendo Cancelliere con elezioni democratiche e poi Presidente per altre vie, quindi infine un perfetto Dittatore. Hitler ebbe un forte consenso popolare e dagli intellettuali era visto come l'uomo giusto. Ma giusto per cosa? Le eccessive sanzioni imposte alla perdente Germania in seguito alla prima Guerra Mondiale, che con difficoltà cercava di risollevarsi, fecero sì che un chilo di pane tedesco fosse barattato con un chilo di marchi in banconote del più grosso taglio, o con un carro ricolmo delle più piccole (iperinflazione).[1]

---

[1] 1 dollaro nel 1921 valeva 65 marchi; nel 1922, 2.420 marchi; nel giugno 1923, 100.000 marchi; nel luglio 1923, 350.000 marchi; nell'agosto 1923, 4.600.000 marchi; nel settembre 1923, 100.000.000 di marchi; nell'ottobre

La sopraggiunta crisi del 1929 nata in America fece il resto, e nessuno in Europa e nel mondo intuì, o volle intuire, nonostante fosse stato anche predetto da J.M. Keynes (padre della Macroeconomia), che alla Germania potesse servire una nuova guerra, o un nuovo pretesto, per liberarsi dallo strangolamento dei vincitori del primo conflitto.

Così, nonostante vi fossero ovunque nel mondo tumulti, moti e sommosse dovute alla stessa fame, i Governi vincitori della Grande Guerra non seppero mettersi nei panni di chi soffriva molto di più la crisi: il popolo tedesco. In Germania la gente moriva di pura fame ogni giorno, più che in altre parti, e le numerose richieste di sconti, dilazioni e simili, sui debiti di guerra, non furono mai accolti: anzi, alcune nazioni come Stati Uniti e Francia fecero più che mai pressione affinché la Germania pagasse i propri debiti. Su questo punto, gli articoli di giornale delle cronache del tempo sono incontrovertibili.

Hitler, da parte sua e di conseguenza, inventa la teoria dello "spazio vitale" per la Germania, iniziando a conquistare i territori circostanti (Austria, Polonia, eccetera) a difesa delle minoranze tedesche lì presenti, ma requisendo di fatto ori e preziosi per la nuova Germania ai non tedeschi, e facendo pure degli schiavi (prigionieri) per il Terzo Reich.

Non è una forzatura, dunque, asserire che <l'Olocausto siamo noi> (tutti) o che forse l'abbiamo dentro (nel DNA). "Dov'era Dio?" chiedeva nel 2009 Papa Benedetto XVI, al secolo Joseph Ratzinger, in un suo discorso ad Auschwitz sull'Olocausto. "Dov'era e dov'è l'uomo?" si chiede qui, "e quand'è che questi vorrà liberarsi del suo egoismo malato e della sua ipocrisia"? Non fu solo il nazismo a cagionare l'Olocausto, ma le cause vanno anche ricercate in ciò che

---

1923, 25.000.000.000 di marchi; nel novembre 1923, 4.200.000.000.000 di marchi.

permise a quel nazismo di espandersi: l'egoismo e l'abitudine alla reciproca vessazione.

E del resto non può esserci nessun Dio laddove pullulano "scimmie egoiste": Capi di Stato e/o banchieri/finanzieri che siano, così come ne pullulava l'Europa di quei tempi, che mal aveva interpretato nelle decadi precedenti gli studi darwiniani su vita e selezione naturale, così da delegare tutto o quasi alla forza, o alla legge del più forte e non del più adatto. Il risultato era il nazionalismo dei governi, più o meno palesato od occulto che fosse, tradito nei primi del '900 dalla disgregante ricerca del profitto a tutti i costi, da parte delle prime lobbie dell'era post-industriale.

La cosiddetta società civile, un secolo fa, era piuttosto tribale e molto poco civile, nonché propensa veramente, come si suole dire, "a fare dell'erba tutto un fascio", per poi fumarselo convinta che i "fasci" fossero una bella cosa. Giusta. E non si andava per sottile: *"Hai dei debiti? Quindi paga! Il debito è ingiusto? Oramai hai firmato!"*. Le Democrazie di un secolo fa, poi, non erano tanto migliori dei regimi totalitari dello stesso tempo. Oggi, diversamente, si fa più attenzione. Non a caso la Grecia ha ricevuto nel 2010 cospicui aiuti economici, non per temute crisi belliche bensì per la tutela dei mercati, essendo il contesto unico e globalizzato (ma si spera anche per un certo rispetto della vita e della dignità umana, e che la vicenda non degeneri).

Anche l'Italia da anni, come altri Stati Europei, riceve degli aiuti economici finalizzati. Nel quinquennio 2008-2013, però, le regioni italiane sono riuscite a spendere (finalizzare) in media solo il 40% di quanto destinato all'Italia. Tant'è che in sede europea si è deciso, per il successivo quinquennio, di dimezzare i fondi per il nostro paese, non potendosi tenere vincolate delle somme di denaro che sistematicamente non vengono utilizzate. La Sicilia, in particolare, in detto quinquennio è riuscita a sfruttare solo il 18% di quanto a essa destinato. Qualora si potesse asserire che in Italia vi sia una classe dirigente la cui <deficienza amministrativa> valga "X", in Sicilia questa varrebbe "2X" (cioè il doppio).[2]

E sempre sulla Sicilia sembrerebbero quasi sensate le irragionevoli affermazioni di noti politici nazionali, i quali, in perenne disputa negli stessi anni col Governo Siciliano di Presidenza Lombardo, hanno voluto asserire in coro frasi del tipo *"la Sicilia sta all'Italia come la Grecia sta all'Europa"*, creando difficoltà e danni alle aziende isolane che, in piena crisi, tentavano di allacciare rapporti economici e di lavoro con l'estero, anche con l'aiuto del Governo Regionale. Dati alla mano, per la cronaca, il Governo Siciliano ha poi dimostrato di non stare né meglio né peggio di tante altre importanti regioni italiane, anche se i dati sullo spreco dei fondi europei di cui sopra sono indice dell'inefficienza generale del sistema Italia e della sua classe dirigente.

Si ritiene sia stata la lotta politica senza quartiere, intrapresa dai partiti d'opposizione nei confronti del Governo Lombardo, a paralizzare oltremodo la Sicilia nel periodo di cui trattasi. Ciò, populismi a parte, è probabile sia avvenuto per soffocare sul nascere l'avvento di un movimento dalle potenzialità simili a quelle della Lega Nord in termini di exploit elettorale, ma anche perché Lombardo intendeva rinnovare, a suo dire, il Sistema Sanitario Siciliano. Non a caso, questo, forse perché molto più in mano alla politica che in altre regioni, è il più carente d'Italia.[3]

---

[2] Gazzetta del Sud del 06/07/2013: Il ministro della Coesione Territoriale Carlo Trigilia afferma: "La Sicilia ha speso solo il 18% dei fondi europei nella programmazione 2007-2013". Sole 24 ore del 04/07/2013: "Sui fondi europei l'Italia resta in ritardo: speso solo il 40%".

[3] Panorama.it del 07-01-2010.

Dunque, senza parafrasare, tribù anziché civiltà, "scimmie guerriere" anziché uomini in seno alle dirigenze, sono fonte primaria di crisi. Eppure i nostri politici sembrano così preparati, così ingamba, così amati dalle folle... E qualcuno lo è veramente. Ma i più di loro amano solo contornarsi di costosi consulenti d'immagine ed esperti in Comunicazione (spin doctor), e meno in Negoziazione e Mediazione, anche perché nemmeno sanno dell'esistenza delle ultime due scienze. Sono più efficienti nella prima e nella battaglia (o ressa da stadio), che poco ha a che fare con le ultime due. Lo troveranno conveniente? Non si sa!

C'è da sapere, invece, che un tempo i politici andavano a scuola dai filosofi (grossomodo ai tempi della Scuola di Atene), e che quest'ultimi li accolsero credendo che anche loro fossero interessati a ricercare la verità. Già, la Verità! Quella cosa che libera e che dovrebbe indicare la via, ma, diversamente, i politici s'interessarono solo alle tecniche di Retorica e Oratoria, inventandosi la Sofistica e l'Eristica (pur senza capirlo), così da imparare a saper convincere e persuadere "portando acqua al proprio mulino" e disseminando il mondo di "cazzate" (la maggior parte di loro). Mica l'acqua provavano a scovarla per tutti! Affatto! Anzi, essi pensarono proprio (e pensano) che ciò non sia possibile, essendo tutte le risorse limitate per accademica definizione, anche se molti studiosi sostengono che le attuali risorse mondiali possano sfamare tutti: basta condividerle senza speculazioni. Ma siccome al peggio non c'è mai fine, con dette tecniche di comunicazione, molto care al Marketing e alla Pubblicità (che sono però cosa diversa), ancora oggi amano incantare le platee servendo loro spazzatura.

Così, *dal sommo esercizio della loro intelligenza, che è però priva di verità e conoscenza, nel fare apoteosi della menzogna, partoriscono l'ignoranza...*

Non sono paroloni. Utilizzando un gergo tecnico, gli *"utili idioti"* sono i loro pilastri. Che poi idioti non sono in senso clinico, ma ciò corrisponde a un preciso modo di fare e di essere di altri "uomini scimmia", con mansione di "cane", che li rende utili alla "ressa partitica": che però i politici amano anche chiamare "lotta politica" anziché "confronto politico". Difatti, in loro la violenza è anche nel linguaggio. "Scenderemo in campo", "sconfiggeremo gli avversari".

Insomma, come già detto, sono soprattutto *"scimmie guerriere"* fuorché uomini in politica, con *"fieri cani al guinzaglio"*. E lottano e si dimenano (politici e utili idioti) anche quando tutto sembra perso. Il loro motto sembrerebbe: "Negare devi se non puoi mentire e mentire devi se non puoi negare", perché tanto l'italiano medio è stupido e quindi si può fare. Anzi, all'italiano medio la ressa piace, quindi bisogna servirgli la "scimmia guerriera": così da farlo meglio fesso e mantenerlo stupido.

Questo è, opinionista o giornalista di rilievo che tu sia, il tuo specifico compito di "soldato del partito" o di "utile idiota" (o "cane"), di cui sei stato comandato. Ecco che, parlando di media e di editoria schierati, si fa qui osservare non tanto lo schierarsi di questi, che potrebbe solo voler dire che in certi giornali o TV non si dica faziosamente tutta la verità (il che sarebbe un male minimo), bensì che l'arte della vera e propria menzogna in Italia è servita in tutti i momenti della vita quotidiana, idiotizzando le intelligenze (*partoriscono l'ignoranza*).

Non può non saltare alla mente, a simbolo di tutto ciò e non come esempio clou, la manifestazione di Piazza Farnese convocata dal noto giornalista Giuliano Ferrara a sostegno di Silvio Berlusconi (S.B.), dopo la sentenza Ruby di primo grado. Slogan dell'iniziativa: *"Siamo tutti puttane, no alla giustizia puritana"*. Accanto a lui Francesca Pascale, dai media soprannominata la neo-baby fidanzata di S.B., e Daniela Santanché, nota donna della politica italiana con addosso la maglietta dell'evento "Siamo tutti puttane", e circa quattrocento simpatizzanti. Si dava a bere alla platea e alla nazione che la condanna di S.B. fosse contro la prostituzione e i loro clienti, più per motivi morali che reali, tacciando di puritanesimo la giustizia italiana.

Invero in Italia la Prostituzione non è reato, ma sono reati previsti dalla legge lo "sfruttamento della prostituzione", il "favoreggiamento della prostituzione" e "l'induzione alla prostituzione", con aggravante se minorile. Chiunque da maggiorenne può quindi prostituirsi, ma nessun altro deve marciarci e/o guadagnarci. Indurre, poi, un minore ad avere rapporti sessuali anche quando questi abbia superato l'età del consenso, si configura come reato previsto dalla legge se vi sono pagamenti e/o regalie in atto.

Questo e altro, nella fattispecie, è posto a tutela dei minori o di chi purtroppo non può fare a meno di prostituirsi, o che, dimenticandosi anche di come sia finito in certi giri, vive oggi in un'Italia dove organizzazioni umanitarie si prodigano per salvarti dalla "strada" e dove altri, diversamente, ti trasferiscono in casa propria a stipendio fisso e regalie, organizzando cerchie ristrette di "bunga bunga": e volendo pure apparire agli occhi della nazione come privati-benefattori, mentre il proprio compito istituzionale dovrebbe essere quello di crearli i veri e propri posti di lavoro.

Che dire? Sarà questa una nuova forma di "politica creativa" così come la "finanza creativa" di cui si è detto? Crisaiola. Intanto, però, in terzo grado di giudizio, a differenza di altri coinvolti, S.B. è stato scagionato perché innocente o perché, come attestato da alti esponenti del Clero, la giustizia arriva fino ad un certo punto, non potendosi sostituire alla morale. La questione allora diventa, "cosa ci si può fare con la morale"? A cosa può essere utile? La Morale è in grado d'incidere nella vita delle persone come la Cultura? Lo si capirà più avanti, ma intanto si chiede qui al lettore: "*È più prostituto/a chi mercifica il proprio corpo, ahimè magari per sfamare i propri figli, o chi mercifica la propria intelligenza pur senza estremi bisogni materiali?*"

Altro che carta dei doveri del giornalista, dove si cita: "*È diritto insopprimibile dei giornalisti la libertà d'informazione e di critica, limitate dall'osservanza delle norme di legge dettate a tutela della personalità altrui ed è loro obbligo inderogabile il rispetto della verità sostanziale dei fatti*". Ecco che alcuni di loro, più che "utili idioti", sembrano veri e propri "cani messi a guardia e difesa di un podere", il "sacro partito", o meglio il "santo clan del pianeta delle scimmie". La prostituzione, prima di tutto, è quella dei cervelli, ed è risaputo. Tanto è vero che altre avverse testate giornalistiche, allo slogan di piazza "*siamo tutti puttane*", hanno voluto chiedere ironicamente agli organizzatori quale fosse la novità, mentre nulla hanno operato a rispetto della loro stessa professione denunciando i colleghi, perché fin quando le vendite della loro "carta-spazzatura" reggono, e questo sistema politico li sovvenziona, non serve loro cambiare.

Dell'inerzia dei giusti, quindi, o di chi si professa tale, nonché di questi inutili e deleteri teatrini, ne è ricca la vita della nazione. Riportarli qui è sì sporcare l'opera, ma è anche indicativo di ciò che la popolazione subisce e a cui da tempo si è assuefatta. La "falsa informazione" e i "depistaggi mediatici", la subdola "corruzione delle coscienze" e il "disorientamento morale e intellettuale" dapprima, nonché quello economico e finanziario poi, sono diventati la regola: una puzzolente brodaglia con cui si nutre e si fa ammalare tutto un popolo, alla faccia dell'agognato Sviluppo Umano di ogni singolo uomo.

Di recente, infatti, la Commissione Europea ha anche pubblicato un rapporto sulla situazione della corruzione nei 28 paesi membri dell'unione, dal quale si è rilevato che i danni causati dalla corruzione ammontano a 120 miliardi di euro e coinvolgono l'1% del PIL dell'intera Unione Europea (rapporto del 03.feb.2014), per non parlare dei danni ai cervelli, si aggiunge qui.

Nella classifica dei paesi in cui è maggiormente presente la piaga della corruzione, ai primi posti risultano Grecia, Italia, Lituania, Spagna e Repubblica Ceca; mentre tra quelli in cui il livello di corruzione è minore, figurano Danimarca, Finlandia e Svezia, non a caso fra le nazioni più benestanti d'Europa. I dati di dettaglio concernenti l'Italia, però, sembrano esagerati: la corruzione riguarderebbe il 4% del PIL italiano, ma è innegabile che nel nostro paese, con la tecnica dell'emergenza o delle leggi in emergenza (i decreti legge dei governi), la corruzione venga anche ufficializzata. Anzi, è probabile che la nazione sia mantenuta in condizioni d'emergenza perenne su tutti i fronti, evitando di fare diverso sistema, cosicché la risoluzione dei problemi dipenda sempre più dai singoli uomini (i soliti politici – le solite imprese), anziché da meccanismi istituzionali o da leggi poste in essere preventivamente.

Qui in Italia, probabilmente, si crede ancora nei super-eroi, nei salvatori della patria e nei ducetti, non capendo (o non volendo capire) che è molto più importante e utile creare meccanismi che lavorino e agiscano per l'uomo, non per forza in assenza di uomini, ma flessibili a tal punto da funzionare con l'ausilio di qualunque uomo di discreta intelligenza sia addivenuto, o che possa addivenire in un qualunque momento storico della nazione. Assistiamo invece al trionfo dei vecchi, nell'indole e nella mentalità, e all'evoluzione della "scimmia" anziché dell'Umanità.

L'impasse nazionale e non solo

Pietro Gennaro, attore e coautore di questo libro, nei numerosi colloqui con lui avuti ha voluto dare la sua "ricetta" d'imprenditore per attenuare e/o liberarsi dalla crisi. Questa ha un occhio particolare e speranzoso nei confronti di quei giovani in vena d'impresa, ritenendo la "trasparenza bancaria" e il "codice del consumo" di oggi vere e proprie armi moderne con le quali, a differenza dei suoi inizi, ci si può tutelare dallo strapotere bancario e farsi dunque coraggio nell'intraprendere: oltre all'ausilio delle nuove tecnologie, ben viste da Pietro perché aprono nuovi orizzonti e possibilità di confronto.

Egli ritiene, inoltre, che la crisi attuale abbia colpito Nord e Sud dell'Italia in modo differente. Il Sud, poi, per lui è parte rilevante nella soluzione alla crisi, perché formato più del Nord da PMI (piccole e medie imprese): per Pietro la vera base dell'impresa italiana, a mezzo delle quali è possibile rilanciare capillarmente l'occupazione, abbattendo così i costi per trasferimenti di città e conseguenti, potendosi sfruttare il supporto locale delle famiglie.

Questo, non ci sono dubbi, è vero; ma non ci sono solo PMI in Italia e, soprattutto, è un peccato che buona parte della nostra classe politica e dirigente abbia partecipazioni personali in quota a grosse aziende, anziché in PMI. Sarà anche questa una tipologia di "conflitto d'interesse" di cui nessuno parla e a cui bisognerà provvedere?

A ogni modo, tornando a Pietro, egli ritiene che un "imprenditore serio" dovrebbe:
1. abbandonare la logica del puro profitto e orientarsi alla sopravvivenza propria e dell'azienda nel lungo termine, che è patrimonio suo e della collettività,

mantenendo i posti di lavoro. Lo stesso dovrebbe fare lo Stato con la tassazione, allentandola, soprattutto per le PMI;

2. trasformare la crisi in opportunità, acquistando materia prima se l'azienda ha liquidità (i prezzi sono calati), ma solo per le produzioni principali dell'azienda, bloccando le produzioni meno richieste ("taglio dei rami secchi" o riduzione delle posizioni marginali);

3. ottimizzare i cicli produttivi delle linee o filiere principali, abbattendo i costi di produzione con la ristrutturazione logistica dei mezzi di produzione;

4. intraprendere in nuovi ma affini settori con l'ausilio di nuovi e solidi partner, senza eccessivo avventurismo;

5. mantenere orgoglio e ottimismo per ciò che si ha e si è. La fiducia può contare più del talento, l'intuito più dell'intelligenza, riuscendo a essere uomini nuovi in una realtà socio-economica in continuo mutamento.

Tecnicismi in unisono ad alta moralità, è facile capire, sono stati la sua arte (o meglio la sua cultura); oltre a una ferrea volontà compensatrice delle sue scarse risorse economiche iniziali. Tuttavia Storia d'Impresa, come qui descritto in introduzione, vuol dire anche altro e, conseguentemente, liberarsi dalla crisi non può essere esclusivo e arduo compito dei soli imprenditori di questo paese (tutti indistintamente), seppure supportati dallo sviluppo tecnologico, ma di tutto il sistema nel suo complesso.

Un sistema, il nostro (come anche gli altri delle altre nazioni), che è però debole, poiché opera bassamente e di fondo (a livello planetario) l'inappropriata concezione della democrazia stessa. Rispetto ai secolari sistemi autoritari, difatti, le democrazie del mondo sono giovanissime e devono ancora evolvere, ognuna secondo proprie peculiarità, verso forme più concrete e univoche di vera e alta democrazia, e conseguente liberalismo (e non liberismo). Invece, esse sono ancora amorfe e parziali, "embrionalmente bloccate", seppur oggetto di appassionata e confusa propaganda da parte di suoi improbabili difensori politici: quest'ultimi felicissimi, invece, dello status quo e di avere sempre l'ottimismo in bocca, ma solo lì, perché capaci di mentire a se stessi dapprima, per poterlo poi fare più agevolmente anche con gli altri. A chiarire quanto sopra, si analizza qui il caso italiano.

Com'è noto, la neonata Democrazia Italiana del 2 giugno 1946 nacque in seguito ad un referendum, nella forma di Repubblica Democratica e in opposizione alla precedente monarchia. Il contesto era quello post seconda guerra mondiale. Già un secolo prima Giuseppe Mazzini della Democrazia ne aveva fatto il suo obiettivo, ma le diverse monarchie avrebbero avuto la meglio. Di questo Mazzini ne era consapevole, appoggiando lo stesso nel 1831 con dei suoi scritti il processo d'Unità d'Italia perché in linea con la sua visione di un futuro democratico. Negli anni mazziniani i tempi non erano ancora maturi. E ci si chiede: lo saranno mai stati?

Invero in Italia, dopo monarchia e fascismo (crogiuoli post medievali del machiavellismo -1513 - ripresi dal fascista D'Annunzio con il "culto del superuomo" di Nietzsche, e da Mussolini stesso), si è invece consumata in meno di cinquant'anni, dal 1946 al 1993, la cosiddetta "Prima Repubblica Democratica Italiana". Oggi, addirittura, si sostiene di essere già alla Terza Repubblica, o in fase di una sua attuazione, ma resta pur sempre un vecchio interrogativo: ovvero se da quel referendum del 1946 era possibile passare dal "governo di uno" (monarchia e culto del superuomo) al "governo del popolo" (democrazia) senza intoppi e contraddizioni, cancellando magicamente machiavellici retaggi di oltre quattro secoli, come se niente fosse.

Purtroppo, se è vero che oggi siamo alla Terza Repubblica e visti anche i tentativi di golpe tra gli anni '60-70, la risposta è "no". Il culto/mentalità del <principe-monarca-superuomo> non poteva ammettere quello del <popolo sovrano> senza conflitti, o senza invalidare almeno in parte la democrazia stessa; pur quanto un popolo potesse essere super di suo. Eppure, a parte qualche atto nostalgico, il passaggio del 1946 avvenne a favore della Repubblica Democratica.

Qualcuno sostenne fondatamente pure l'esistenza di forti brogli in violazione di quella stessa democrazia che si voleva ottenere, ma i propositi dei Padri furono piuttosto validi e ben strutturati nella Costituzione, e infine vincenti. Ma a trasformare una neonata e sicuramente meticcia forma di democrazia in oligarchia (governo di pochi, o di pochi clan-tribù-partiti e poi *caste*) ci pensò, dopo il 1946 e fin da subito, la "guerra fredda".

Difatti in quegli anni post seconda guerra mondiale (è altrettanto noto), una buona parte del mondo si divise in due blocchi: il blocco occidentale, formalmente democratico e orientato al capitalismo – e il blocco sovietico, formalmente socialista e orientato al comunismo. Strutture istituzionali e modelli economici diversi che dovevano, però, condurre (secondo propaganda) alla prosperità dei popoli, almeno in "casa propria". Denominatore comune dei due modelli era che i popoli venivano sistematicamente invitati a elezioni, anche se non è stato mai chiaro di che cosa e per che cosa, e questo fino alla caduta del Muro di Berlino del 1989.

Ecco che a oriente iniziano a cadere regimi comunisti come quello rumeno dell'avido Nicolae Ceausescu, oltre ad altre ingessate e corrotte strutture comuniste (invero oligarchie camuffate), mentre nell'occidente italiano occulte strutture, di cui il popolo sovrano era ignaro, venivano alla luce. S'intendono, in pratica, sia le organizzazioni segrete e paramilitari come "Gladio" e "Gladio Rossa" sia quei finanziamenti occulti, americani da una parte e russi dall'altra, ai partiti italiani e a loro esponenti. A tutto ciò erano senz'altro connesse le stragi italiane operate dal cosiddetto *"terrorismo interno"*, in via della cosiddetta *"strategia della tensione"*.

Nel 1990 il Presidente del Consiglio Andreotti, caduto il Muro, assunse l'onere di fare alcune di queste rivelazioni, pressato da indiscrezioni editoriali e giornalistiche. Il "picconatore" Francesco Cossiga, poi, ha successivamente fatto la sua parziale parte con altre rivelazioni e, nonostante ciò, ancora oggi non tutto è noto. Quindi, considerato quanto sopra, in merito a che cosa un popolo può dirsi sovrano se nulla d'importante conosce? Come opera le sue scelte? E se anche molti dei suoi rappresentanti in parlamento, come per il caso italiano, erano al tempo ignari di detti fatti, quali conclusioni si possono trarre? Dov'è, allora, il Governo e dov'è il Governo del Popolo?

Così, ritornando a quegli anni post Muro di Berlino (anni '90), venivano pian piano alla luce anche i misfatti di alcuni gruppi occulti, esoterici ed economici, tipo "loggia massonica P2", che minavano la vita sociale, economica e politica, della nazione. La Civiltà si riscopre sbalordita, in merito a quello che ha sempre saputo, come "involuta società di massa" (peggiorata), diretta e capeggiata male non da chi prende i voti alle durante le "buffe elezioni", ma da un insieme tribale di lobbie e sette segrete. Lo sviluppo economico degli anni '50-60 del boom non aveva significato Sviluppo Umano.

Come mai? Giusto per collezionare, da parte di qualcuno, qualche misero tesoretto? (Famoso era quello di Licio Gelli) O per esercitare delle pressioni presso apparati dello Stato, per affarismo o vantaggi particolari? Oppure per controllare i mercati interni? Per tutelare, celatamente, l'economia nazionale perché oggetto, questa, di potenziali attacchi occulti stranieri? (e quindi bisognava anche in Italia rimanere in qualche modo occultati sul versante degli affari?) O per tutelare, addirittura, anche in forme sconosciute agli italiani, ma necessarie, la sicurezza nazionale? In pratica uomini, più "scimmie" e "cani" nostrani, a spauracchio d'altre tribù straniere? Non è ancora chiaro. E non è chiaro neanche se vi erano uomini.

Non bisogna difatti scordare, per esempio, che nomi altosonanti figuravano tra gli iscritti alla P2. Avventurieri, mafiosi, affaristi, generali d'armata, uomini dei servizi segreti deviati, imprenditori, professionisti, dirigenti ministeriali, banchieri anche di grido: insomma uno spaccato completo di personaggi nazionali che, chi a loro insaputa, chi per necessità e virtù tutte loro, chi per violenza e ignoranza anche condivisa, sovvertivano di fatto il sistema. Perché a certi livelli bypassare le regole democratiche, quando invece si è nella posizione di crearle e/o richiederle, è EVERSIONE.

La logica, ovviamente (a parte le domande prima disseminate), era solo quella di ottenere ampi profitti per sé e per i propri gruppi, anche a discapito di altri nazionali, in danno della più che decantata e capitalistica libera concorrenza, vanificando o imbrutendo, in questo modo, i mercati (oggi malati). Ma a sentir loro (i protagonisti di quei misfatti), si vedano le ultime interviste di Licio Gelli (fondatore della P2), tale ordine delle cose fu una necessità. A sentir altri, a quanto pare (cioè coloro che li incriminarono), fu una speculazione anche sui mali del mondo, ovviamente al 50% perché quest'ultimi ereditati (come la "guerra fredda"). A ogni modo, i nomi degli iscritti alla P2, per chi ama il piacere della scoperta, sono disponibili online. Ai più giovani si consiglia di studiare il caso "Michele Sindona".[4]

Ma ecco che:

- a seguito della caduta del Muro di Berlino del 1989 e della confessione in Parlamento di Andreotti del 1990;
- dopo i progressi del maxiprocesso contro la mafia del 1992, che minarono certa manovalanza alle lobbie, e l'assassinio Lima;
- dopo le successive stragi Falcone/Borsellino dello stesso anno, che indignarono i pochi giusti rimasti, e i tuttora sospetti tentativi di <Accordo Stato-Mafia>;
- dopo gli accordi europei di Maastricht ultimati nel 1993 (che gettarono le basi per la moneta unica e per delle norme uniche anche in Sicurezza fra gli Stati);
- dopo la fuga ad Hammamet di Bettino Craxi (per via di "mani pulite" e "tangentopoli") del 1994, che aveva visto in ultimo fallire il "colpo di spugna" del Decreto Conso al "io non ci sto" di Oscar Luigi Scalfaro;

cadde miseramente la Prima Repubblica del Pentapartito.

---

[4] La P2, fondata nel 1877 e sciolta con legge nel 1982, mirava negli ultimi anni al possesso delle leve del potere in Italia, attraverso un proprio «piano di rinascita democratica»: un elaborato ruolino di marcia per la penetrazione di esponenti della loggia nei settori chiave dello Stato, deviando anche dal proprio statuto massonico (contraddizione tipica degli schizofrenici). Il Piano programmava la dissoluzione dei partiti e la costruzione di due poli organizzati in club, tendendo poi al monopolio dell'informazione, al controllo delle banche, all'istituzione della Repubblica Presidenziale e al controllo della magistratura da parte del potere politico. In pratica, mirava a cancellare la divisione dei poteri e la Costituzione, per avvicinarsi ancor più a un'Oligarchia. Nulla dei contenuti del piano aveva a che fare con il titolo del piano (rinascita democratica). Oggi, addirittura, si parla di P3 e P4, e di altre inchieste: il marciume, almeno sospetto, continua.

In quegli anni, ancora, come già visto, in altri ambienti gli studiosi gettavano le basi teoriche e pratiche per meglio avviare lo Sviluppo Umano (1990), iniziandosi a capire che Prosperità, Sicurezza e Pace (lo si riporta qui con parole semplici) sono come fratelli siamesi inseparabili e inscindibili: ne trascuri uno, muoiono tutti. Da noi, invece, ci si leccava ancora le ferite per quanto avvenuto, e nel marzo 1994, ammesso che nel primo cinquantennio democratico italiano si potesse parlare effettivamente di democrazia, nasce la Seconda Repubblica Democratica con Silvio Berlusconi.

Un uomo iscritto alla P2 contro la sua volontà (così ebbe a dire). Amico fraterno del fuggitivo Craxi (così ebbe a dichiarare); quel Craxi che, sbigottito da fenomeni meteo-democratici a base di pioggia di monetine, volle esternare che certi reati a lui attribuiti e lamentati erano in Italia prassi politica "fin da quando aveva i calzoncini corti" (per chi ricorda le di lui parole).

In sostanza, come si suole dire, Bettino ci faceva sapere che quello dello statista "era uno sporco lavoro, ma qualcuno lo doveva pur fare". Ecco che se il progresso, la civiltà e il benessere (oggi in un unico concetto "lo Sviluppo Umano"), si fossero mai potuti assimilare a mete da raggiungere intraprendendo un viaggio chiamato democrazia, mica la prassi Craxiana &C. (pentapartito) era quella d'aggiustare le relative autostrade o migliorare i mezzi di trasporto, o anche mettere per la via una migliore segnaletica e farla rispettare; ma quale segnaletica e controlli? Ma quali miglioramenti o cambiamenti alle Istituzioni e alla Repubblica si sarebbero voluti adottare? Esisteva già una prassi collaudata per i poteri di quel tempo: *quella dei calzoni corti - con le tasche larghe – per meglio incassare tangenti*. E quindi quale democrazia si era interessati a implementare al mutare dei tempi? Nessuna. Di Sviluppo Umano se ne parlava solo da qualche anno, quindi era lecito atteggiarsi da ignoranti (o forse lo erano veramente).

Ecco però che per governare democraticamente un popolo, ci si faceva bastare il <principe/superuomo di turno> (perché tanto a rotazione erano sempre gli stessi cinque uomini del Pentapartito), che con i propri superpoteri rappresentativi a base di una politica occultata al popolo elettore, con tanto di rosso mantello e come meglio poteva, fantasticamente si alzava in volo facendo quello che non andava fatto: la Partitocrazia Oligarchica.

Questo era il Pentapartito. Tanto il supereroe di turno non era poi nemmeno troppo appesantito da quanto intascato occultamente, perché già tutto depositato in un qualche paradiso fiscale, o nella più vicina banca svizzera. Tuttavia, in ragione di ciò, le parole dell'auto-esiliatosi Bettino Craxi sulle responsabilità generali del sistema, e non sue in particolare, non convinsero molti, nonostante i mitra di Sigonella[5].

---

[5] A ulteriore riprova del contesto internazionale di quel tempo, si ricorda al lettore che nel 1985 vi fu una crisi tra Italia e Stati Uniti, in merito al dirottamento della nave italiana da crociera Achille Lauro (che era territorio italiano). I terroristi palestinesi uccisero a bordo un americano ebreo, e si arresero poi in cambio dell'immunità. Dopo l'approdo in Egitto della nave, un aereo egiziano diretto in Jugoslavia con i terroristi a bordo, fu a sua volta dirottato presso la base siciliana di Sigonella, da parte di caccia americani. Ivi atterrato, VAM e Carabinieri italiani inviati da Craxi ingaggiarono una prova di forza, a mitra spianati, con i Navy Seals americani per la consegna dei prigionieri: che furono infine consegnati alle forze italiane, per essere giudicati in Italia. La vicenda diede maggiore popolarità a Bettino Craxi quale difensore delle leggi italiane e del diritto internazionale, anche se il tutto provocò una crisi di governo e importanti dimissioni di altri politici italiani. Nel 2008, però, trent'anni dopo, l'ex presidente Cossiga ha voluto rilasciare un'intervista sul cosiddetto e segreto "accordo Moro" tra Italia e Palestina, svelando che i palestinesi, purtuttavia, potevano agire su suolo italiano senza compiere atti criminosi.

Non ci sono statisti. Non c'è un popolo

E il popolo? Quale visione detti dirigenti della Prima Repubblica avevano a questo punto del popolo? La risposta è la stessa di quella che hanno oggi in mente i subentrati, ovvero che "il popolo è una mandria e basta". Di conseguenza, esso non sarà mai pronto per una democrazia più vera e piena, magari più diretta, non potendo mai essere eventualmente educato in tal senso. Cultura ed Educazione, purtroppo, non fanno parte dei pensieri dei politici, non avendone essi stessi, eccetto l'Istruzione: perché utile questa ai mestieri e al pagamento delle necessarie tasse. Diversamente, purtroppo, Cultura ed Educazione sono invece utili allo Sviluppo Umano (ISU o HDI).

Rovinosamente, però, dopo i Padri Costituenti e qualche buon Presidente della Repubblica, in Italia non abbiamo più avuto statisti degni dell'attributo, ma solo Capi di Stato e di governo che, muovendo nell'ombra e trattando il popolo come un insieme di pecore, altro non hanno fatto che attestare la propria natura di pecorai: seppur preoccupati per lo stomaco e la sicurezza delle proprie bestie da latte e da carne (e da tasse). Ovviamente senza nulla togliere ai veri

---

Secondo l'ex Presidente Cossiga l'accordo era operativo già dal 1978 ed era conosciuto dai leader del Pentapartito: questa informazione invalida qualunque *fumus boni iuris* dei nostri Capi di Stato in merito al diritto internazionale. Secondo Cossiga, inoltre (come spiegato in avanti), detto accordo è stato anche concausa del rapimento e delitto Moro, avvenuto proprio in quel 1978 e al tempo uno smacco troppo forte per i finanziatori americani dei partiti italiani. Gli USA erano (e sono) anche i primi difensori dello Stato Ebraico nella guerra con i Palestinesi. Questo era dunque il clima, non solo di "guerra fredda", ma anche di "crisi mediorientale".

allevatori, che invece fanno bene il proprio lavoro, anziché macelleria sociale.

S'intende dire che, con la Prima Repubblica, a partire dal 1946 si aveva un popolo da formare democraticamente e un'Italia da ammodernare. Fu così che nel 1958 Aldo Moro introdusse l'insegnamento dell'Educazione Civica nelle scuole medie e superiori: due ore al mese obbligatorie affidate al professore di storia, senza valutazione. Ma l'italiano medio, professore o studente che sia, è "furbo" tanto quanto i suoi rappresentanti politici. Quelle poche ore senza registrazioni e valutazione, per chi da sempre è abituato a essere costretto e comandato, non sarebbero mai state fatte e affrancate. Nella visione limitata dei furbi (gli italiani) è sempre meglio concentrarsi su ciò che va a finire in pagella o in esame di stato, cioè in evidenza e per un'utilità immediata, senza capire cosa possa essere un obiettivo a lungo termine e diversificato (Pietro Gennaro ce l'ha invece spiegato col suo esempio).

Quanti hanno ancora in casa il proprio libro di Educazione Civica nuovo e immacolato, o semmai usurato solo dal tempo? Quanti non lo compravano nemmeno? E oggi basta guardarsi intorno, per capire che c'è un popolo che avverte lo Stato come un'entità diversa da sé, come un nemico incomprensibile e immutabile sul fronte opposto, da tenere lontano e da non averci nulla a che fare, evadendolo. Lo stesso, ancora, sta accadendo ora nei confronti dell'Europa per via di qualche demagogo. Anzi, mi correggo su un aspetto: di che popolo si può parlare se questi non detiene una degna coscienza civile e democratica, nulla sapendo di quanto accade occultamente sul proprio territorio e sul versante politico? Quindi, non ci sono statisti e non c'è un popolo.

Dal dopoguerra a oggi, ahinoi, si è riusciti solo ad ammodernare tecnicamente il paese e non in tutti i settori strategici. L'avvento di lavatrici e frigoriferi negli anni '50 ha illuso tanti, mentre oggi a tramortire i cervelli ci pensa l'Iphone (o meglio ciò che esso rappresenta), come se sviluppo fosse solo ciò che è tecnologico. Questo è un altro errore. Il sale della democrazia, vero motore dello sviluppo legato a mente e mentalità degli italiani, non è stato per nulla curato trascurando la Scuola e l'Istruzione, da una parte, e la Cultura e l'Educazione, dall'altra. Concetti diversi, questi, altrimenti non esisterebbero parole diverse. I processi di alfabetizzazione iniziale, e d'istruzione poi, non si sono evoluti così da diventare moderna ed efficace "forza culturale" nei territori e per i territori, come definitiva potenza per il sistema paese: tant'è che oggi, come già visto, non si riesce a sfruttare nemmeno i finanziamenti europei (a parte quel misero 40%).

Tuttavia rispetto al passato, nonostante questa fosse patria della Montessori, i primi scossoni nel mondo della scuola si sono avuti solo agli inizi di questo secondo millennio; in altre parole nel 2007 con la Riforma Fioroni, su intese (direttive di Lisbona), pressioni e finanziamenti, tutti europei. Da pochi anni si è quindi nuovamente iniziato a parlare di "centralità dello studente" (concetto soffocato dal fascismo), delle sue "competenze chiave" e del suo "saper fare" per "saper essere", "imparando a imparare" (cognitivismo) "collegando le conoscenze" (costruttivismo, o integrazione dei saperi).

Inoltre, particolare rilievo si è iniziato a dare alle materie scientifiche e all'asse matematico. Concetti più che giusti ma non nuovi, sviluppati attorno all'etimologia dei termini *educare* ed *educere* (cioè tirar fuori), che altro non sono che della buona *socratica maieutica*, unita alle raccomandazioni di Platone (allievo di Socrate), il quale consigliava di avvicinarsi alla Filosofia e alla Dialettica (quindi anche ai principi del ragionamento) solo dopo aver praticato per non meno di dieci anni la geometria (materie di tipo scientifico).

In pratica, nato Socrate nel 470 A.C., in tutta Europa i buoni metodi per l'Istruzione e la Cultura sono in ritardo di circa 2500 anni, non solo in Italia, ma ancor oggi questa è agli ultimi posti per gli investimenti nei settori della Scuola e della Ricerca (fonte: Sole24Ore del 7 aprile 2013) in modo incisivo e sostanziale. Come faranno i nostri studenti a competere sempre più in futuro con quelli europei? Basteranno il classico genio e l'inventiva italiana? O non è più tempo per pionieri della scienza come una volta, necessitando un'opportuna organizzazione statale?

In più, circa il 70% del corpo insegnanti va ancora formato in seno a detta riforma Fioroni nella prassi scolastica. Così, tirando le somme, appare evidente che da millenni l'uomo esercita il disastro delle intelligenze, e noi italiani più degli altri (addirittura nelle piazze, autoaccusandoci di essere puttane). A sentir Papa Francesco, poi, come da omelia del 6 gennaio 2014, oggi in Italia non ci sono più nemmeno i "furbi" (a parte quelli "del quartierino").[6]

---

[6] E' preoccupante l'invito di Papa Francesco del 6 Gennaio 2014 sulla "*santa furbizia*", ovvero quell' "*utile scaltrezza cui il credente dovrebbe ricorrere così da fuggire il male, come fecero i Magi nell'evitare d'informare Erode su dove si trovasse il bambin Gesù* (evitando quindi d'essere gli "utili idioti" di un assassino di bambini). Invero, qui convinto che il "cosa si dica" non potrà mai sostituire il "perché lo si dica", e che a fin di bene Papa Francesco abbia parlato, mi preme sottolineare (perché "*il diavolo nei dettagli nasconde sempre la sua coda*") che fra i doni dello Spirito Santo ("Sapienza, Intelletto e Consiglio"), non figura la "Santa Furbizia". Che quest'ultima, forse, sia una qualità della mente superiore all'ignoranza più misera, potrebbe anche starci: ma in questo caso Papa Francesco non avrebbe fatto un gran complimento ai suoi fedeli. Tuttavia nulla è la furbizia rispetto a quella saggezza (o Cultura) cui ogni uomo dovrebbe ambire, perché la prima è solo egoismo in forma tecnica. Infelice, dunque, a parere di dello scrivente, l'esempio del Papa; giusta però la motivazione (e salve le problematiche di traduzione dall'argentino all'italiano). Errato poi, almeno credo, è il commento al Vangelo di

Ma perché questi problemi con la Scuola? Come mai nei secoli si sono adoperati metodi per i quali si è mirato più a ottenere esecutori d'attività e operazioni, in pratica "pappagalli ripetitori", scribi e contabili, e non esseri pensanti o intellettualmente funzionali? Servivano occultamente degli schiavi? Dei soldati pronti ad eseguire e a non pensare? Perché pensare è un difetto? (Poi ti fa male la testa?) O magari servivano solo degli illusi di "scaltra furbizia" nel tirare due somme, a cui far pagare semplicemente, e senza troppe lagne, dei tributi?

La risposta alle superiori domande esiste e la si può trarre, per esempio, citando la condotta che il governo fascista ebbe nei confronti della Montessori. C'è da sapere, infatti, che alcuni attuali metodi didattici per le DSA (disturbi specifici d'apprendimento dello studente) erano già, nei primi del 900 e grazie alla Montessori, avanguardia italica d'insegnamento.

La Montessori costatò come questi metodi funzionassero universalmente per qualunque studente e, fin quando la propaganda d'avanguardia scolastica che ne nacque andava a servire il Fascio, ella fu appoggiata dai fascisti. In seguito, invece, quando i fascisti scoprirono cosa fosse veramente

---

Matteo fatto mnemonicamente dal Papa sull'episodio dei Magi, che recita: *"Avvertiti poi in sogno di non tornare da Erode, per un'altra strada fecero ritorno al loro paese (Mt., 2, 1-12)"*. Ecco allora che anche i Magi, pur quanto saggi anziché furbi, furono aiutati in sogno da un angelo inviato da Dio. Si precisa questo perché in Italia (magari in Argentina non è così) pure il più stolto e criminale degli uomini è dalle masse considerato un <eroe furbo> quando gli va bene, e un <furbetto> quando gli va male. Difatti *"i furbetti del quartierino"*, alle cronache, furono quegli immobiliaristi e finanzieri che nel 2005, su Roma e dintorni, cercarono illecitamente di appropriarsi delle banche BNL, RCS e Antonveneta, quando l'aggiotaggio era ancora un termine poco conosciuto anche dai governatori della Banca d'Italia (giusto per dire che il Governatore della Banca d'Italia del tempo fu indagato e condannato; oggi anche in Cassazione).

quell'avanguardia, le Scuole Montessori furono tutte chiuse. Anche perché fra i principi didattici fondanti della Montessori vi era il seguente: *"principio fondamentale deve essere la libertà dell'allievo, poiché solo la libertà favorisce la creatività, già presente nella natura umana. Dalla libertà deve emergere la disciplina"*.

In sostanza anche per la Montessori bastava "tirar fuori" dalla natura umana (educere – maieutica), di per sé votata alla disciplina. Ella aveva già i suoi metodi per il cognitivismo: lei stessa era costruttivismo (era pedagogista, filosofa, medico, scienziata, educatrice e altro. Aveva capito che Libertà e Cultura erano connessi. Ma per i "camerata", diversamente e purtroppo per loro, la disciplina poteva solo provenire dall'alienazione del pensiero e, in alternativa, dalla paura indotta con cui si realizzava il servo obbediente: "lo stronzo esecutore perfetto". Oggi, difatti, cameratismo, nonnismo, bullismo, mobbing, stalking, ultras, ecc., è tutta roba proveniente dalla stessa fogna di cui si è servita e si serve la "scimmia" in questione, con condutture che in passato hanno avuto diversi nomi (Comunismo, Fascismo, Lobbismo), seppur oggettivamente createsi quasi tutte da situazioni post belliche, e cioè in seguito a fatti di implementato degrado umano.

Detta melma, però, si trova ancora oggi in buona parte anche nelle forze dell'ordine e non solo italiane: vedere per esempio i fatti del G8 di Genova del 2001 (che ci ha visto condannare per tortura) o lo "sparo facile" dei poliziotti USA, ai quali non si sa dare educazione e preparazione, mietendosi così vittime (morti veri e propri) anche per semplici casi di disturbo alla quiete pubblica da parte di ubriachi, ragazzini vivaci e malati di mente. Tanti nel mondo, anche militari (ma per fortuna non tutti), non sentono la patria come si dovrebbe. Prevale invece la solita voglia di tribù e di branco, scatenato dall'egoismo e dalla paura di trovarsi da soli (tipica di molti), perché da soli questi non sono nemmeno uno, sapendo nel profondo d'essere nessuno.

L'uomo deve cooperare e stringere patti per costruire civiltà, e non per costruirsi da scimmia una sua tribù, o da cane un suo clan, alla ricerca d'angolini su cui orinare. Della tribù, poi, anche l'esimio dotto ne sente il richiamo le domeniche pomeriggio allo stadio, inveendo su arbitri e divinità, com'è facile osservare in natura. Figuriamoci chi esegue un lavoro stressante che ha a che fare con la Sicurezza, anche la propria. Chi opera in Sicurezza, quindi, come chi dirige uno Stato, deve essere persona calma, ponderata, in grado di dominarsi: altro che "scimmia guerriera". Le "scimmie guerriere" sono da allontanare dalla vita pubblica (da parte del cittadino), perché come in passato le tribù divenivano popoli e i popoli nazioni, oggi le nazioni devono divenire autentiche civiltà, come non sono ancora. Dopo, le civiltà nazionali potranno divenire continenti e oltre (federazioni di stati), perché tutto si è già avviato.

Chi non è europeista, in pratica, o è uno stolto o è un incivile (anche se l'atteggiamento sembra intelligente e il fare civile: vedi Lega Nord di oggi, mutata nelle pelle). Difatti l'URSS, disfacendosi, ci ha insegnato che la politica segue i mercati. Se il mercato oggi è uno, allora lo deve diventare anche la politica con regole unitarie, o sarà caos e crisi più di quanto già non è. L'unificazione è faticosa, ma è la fatica giusta. E bisogna provarci preparandosi meglio ad affrontare sia le "crisi da sberla Made in USA" sia i "cicloni asiatici" già in atto, cioè quelle divampanti economie dell'estremo oriente, stabilizzando e partecipando anche a quelle del Medioriente, per quanto possibile.

Vecchi processi di unificazione non si sono mai arrestati. Lo esigono i commerci globalizzati, ma l'incoscienza delle popolazioni in questo non aiuta, perché i cittadini pian piano sono stati trasformati in spettatori. A tutto essi partecipano, soprattutto da casa, al modico costo di 0,99 euro a telefonata, ma solo di cazzate e reality show, fuorché alla vita democratica. Tanto in Italia, ultimamente, invalidare i referendum bypassandoli con nuove leggi è diventata una moda. Creare liste di nominati anziché di eletti, e orde di "utili idioti", pure. Ecco perché, forse, i reality danno più soddisfazione. Si assiste a strategie politiche che, come si vedrà in avanti, non hanno portano da nessuna parte, se non presso precipizi già varcati da chi ci ha preceduto, facendo rimpiangere quei secoli in cui il popolo partecipava anche solo per ghigliottinare chi lo opprimeva. Un tempo, almeno, l'oppressione era più comprensibile, mentre oggi è quasi esoterica.

Ma "la ciliegina dell'italica stoltezza" è da assegnare alla maggioranza dei nostri parlamentari europei, che poco vanno a votare e a dire la nostra a Bruxelles, bravi solo a difendere il Made in Italy a chiacchiere. Attaccati alle italiche poltrone e a meccanismi morbosi di reciproca presa in giro con il proprio elettorato, non amano allontanarsi dalle proprie pecore e masserizie (per timore di perderle), o da chi ha il potere di metterlo in lista (il capo partito). Tant'è che nella classifica dei 28 paesi europei siamo al sestultimo posto per partecipazione ai consessi europei.[7]

Invero, l'assenteismo oltre misura di tutti parlamentari europei andrebbe sanzionato con la sostituzione, in prima battuta, e con l'ineleggibilità in seconda battuta. Mettere nomi altisonanti in capo alle liste europee, cioè di attori politici che infine non vogliono allontanarsi dalla masseria-partito (caso-

---

[7] Fatto quotidiano del 21giugno 2013: Parlamento Europeo: la classifica dei più assenti. Nei primi mesi del 2014 siamo scesi al quartultimo posto.

italiano), è proprio da stolti pecorai anziché da statisti. Il timore è quello di perdere l'elettorato, che invece si ama ricevere quotidianamente nelle segreterie, nel rito del "non si preoccupi ci pensa l'onorevole" e delle "telefonate senza filo" (oggi si direbbe a cellulare scarico). O lo si fa, o ci si affievolisce il consenso. Troppo pochi sono i politici europei italiani che sanno gestire politica e consenso a distanza.

Dunque, una per tutti e a tutti i livelli, la Cultura (che è saggezza e non furbizia) è la grande assente. In una terra ricca di storia come la nostra, che di Cultura ne sprizzerebbe da ogni pietra, ne è mancata e ne manca nelle italiche teste; e forse bisognerà davvero aspettare che qualcuno inizi a far volare le pietre per diffonderla. Ma intanto, solo nel 2011 all'insegnamento dell'Educazione Civica si è cambiato nome, passando al nome di "Cittadinanza e Costituzione", comprendente quest'ultima cinque argomenti: Educazione Ambientale, Educazione Stradale, Educazione Sanitaria, Educazione Alimentare e Costituzione Italiana, nella misura di un'ora settimanale all'interno delle materie di Storia e Geografia. Pur sempre poco a parere di chi scrive, perché il cittadino è sempre più importante del <dizionario di carne> al quale lo si vuole ridurre.

Il nostro presente, quindi, così come lo viviamo, è stato quello del "bel paese" sesta potenza mondiale (decenni fa), scivolato poi pian piano all'ottavo posto, ma ugualmente invitato al G8, e scivolato ulteriormente in questi ultimi anni al nono posto fino a tutto il 2013, per riscivolare ancora al dodicesimo posto a fine 2014, venendo superato dal Messico. Siamo fuori, in pratica, sia dal G8 che dal G9, e anche dal G10, seppur invitati per altre motivazioni. Ma non si sa ancora per quanto.

Riguardo alla classifica ISU (indice di sviluppo umano), che è molto più importante e significativa, le cose sono peggiorate ulteriormente. Dal 17° posto del 2005 siamo crollati al 26° posto attuale: vuoi perché la giustizia non funziona come dovrebbe, i trasporti nemmeno e così via. La situazione economica, di conseguenza, è in crollo, anche perché l'Italia invecchia e la classe media sta sparendo. Ciò è dovuto principalmente alla cattiva distribuzione di moneta circolante, ovviamente nelle solite tasche. Difatti è arcinoto che il 10% della ricchezza nazionale è in mano a circa il 50% delle famiglie (i poverissimi), mentre il 50% circa della ricchezza nazionale è nelle mani del 10% delle famiglie (i ricchissimi). L'economia italiana ha funzionato per molti anni secondo la logica dei "casati familiari", in stile feudo-medievale, con vassalli e valvassori al servizio del "signore", quest'ultimo destinato a essere sostituito, come sta già accadendo, dal "cinese di turno".[8]

La classe media italiana, invece, è rappresentata da quel 40% di famiglie che detiene il 40% della ricchezza nazionale: valore che è insufficiente alla salute del sistema. In un buon sistema, difatti, la classe media dovrebbe rappresentare il 60-70% della popolazione con il 60-70% della ricchezza nazionale al suo attivo. Detto declino umano/economico (e dell'ISU) è cagionato in primis dall'azione politica, la cui condotta sarà denunciata in dettaglio nei prossimi paragrafi, con conseguenze nel mondo scolastico, giusto per rimanere in tema di Cultura.

La Scuola in Italia è considerata quasi un "ammortizzatore sociale" e, pian piano, essa stessa è diventata "macelleria sociale" a partire dalle nuove forme creative di precariato. Il precariato, poi, è scaduto nel sistema annoso delle

---

[8] Sono già oltre 300 le società italiane a pieno controllo cinese, in particolare alcuni marchi del lusso (Gruppo Nautico Ferretti, Krizia, Roberta di Camerino, Miss Sixty, eccetera). La "scalata orientale", poi, volge oggi verso l'industria del ferro e dell'energia.

graduatorie; per non parlare, ancora, degli stipendi degli insegnanti italiani, fra i più bassi d'Europa, per cui anche l'insegnante volenteroso e serio è in origine mortificato per stima e retribuzione. Spesso, questi è più preoccupato di ricercarsi un secondo lavoro part-time, anche in nero, per poter risolvere i propri problemi finanziari. Ma all'apice del mal-Sistema Istruzione, ancora, vi è poi il cosiddetto "baronato universitario", concausa della "fuga dei cervelli" e altro aborto di potenziale Sviluppo Umano.

Ecco che la macelleria sociale è un effetto domino: tante piccole tessere, l'una che abbatte l'altra, ognuna incapace di contemplare la catastrofe d'insieme. Un universo di micro-fallimenti costituenti il declino di un popolo che ora non c'è, ma che potrebbe esserci, e a poco serve, per non essere dei perdenti, ritirare l'atleta Italia dalla competizione europea.

Rimanere in Europa, invece, implementandola, è fondamentale per divenire attori delle sempre in evoluzione regole del mercato unico, affermando la propria presenza in un contesto più ampio, ed evitando di nascondersi dal mondo globalizzato nella penisola felice dei corrotti. C'è da cambiare passo, questo sì, senza mentire a se stessi nell'incrementare al solito modo il "debito pubblico italiano", spacciandolo il tutto, addirittura, per intervenuti investimenti. Altro che Austerity. Cosa accade di preciso in Italia in termini di mala-politica, e quanto questa tema il confronto con gli altri Stati Europei, sarà ora affrontato.

La Competizione Europea

L'Europa fa male solo ai corrotti e ai populisti, mentre Fiscal Compact e Austerity non devono fare paura, anche se occorre, necessariamente, ritararli in sede europea. Detto Patto di Bilancio, oggi inserito nelle Costituzioni nazionali come saggio equilibrio tra Debito Pubblico e PIL, fu adottato in sede europea nel 2012 (cioè in piena crisi finanziaria) con i voti italiani del Pdl di Berlusconi, del Pd di Bersani e D'Alema, e di tutto il resto del centro-politico di quel tempo. In seguito molti di questi "uomini", ipocritamente, ne hanno lamentato, l'ignara inflizione a opera di altri Stati, facendo il verso ai populismi e a quanti poveri italiani lamentano oggi condizioni di vita difficile. Detta ipocrisia nasconde invero congenita viltà (spacciata diversamente per opportunismo politico), nonché assenza di atti concreti per la risoluzione dei problemi, e povertà nella ricerca di strategie.

C'è dunque da chiedersi: ma così stolti e vili sono, o appaiono, i nostri politici? Che dire?! Già molto è stato detto sulle loro intrinseche, quanto tragiche, condizioni d'esistenza, ma vista la crisi iniziata nel 2007 e palesatesi nel 2008, e vista la loro scelta a favore del Fiscal Compact nel 2012, in altre parole dopo ben quattro anni di sofferenza economica da parte dei cittadini italiani, beh, accettare certe condizioni che tutti conosciamo sul Patto di Bilancio, senza avvisaglie di ripresa economica all'orizzonte, è stato un po' come chiedere a un malato di febbre (l'Italia) di compiere sforzi e lavori eccezionali, senza aspettare che la febbre passasse. Quindi sono stolti più che vili.

Essere stolti, poi, fa apparire pure vili e pressappochisti. Ipocriti, invece, lo si diventa per necessità... politica. Un effetto domino anche questo. Non hanno fatto i conti e hanno firmato "bendati" l'Austerity, perché impegnati in altro di cui parleremo. Essere distratti fa dunque stolti. Ma se poi, ancora, volessimo dare ragione a Eraclito, nel senso che "*ogni giorno quello che pensiamo, quello che scegliamo, quello che facciamo... diventiamo*", allora non appaiono... sarebbero anche dei vili, sarebbero anche dei meschini.

E va bene che gli obiettivi del Fiscal Compact sul pareggio di bilancio sono da spalmare nei 20 anni a seguire; tuttavia i nostri politici non sono stati in grado di richiedere, nemmeno, dei meccanismi di pareggio più semplici, da attuare negli anni progressivamente, tant'è che la nostra nazione dovrebbe da subito riuscire ad accantonare, anno per anno, dai 40 ai 50 miliardi di euro, che son troppi. Difatti dal 1993 ad oggi, in circa 20 anni, il PIL italiano ha interessato somme crescenti da 800 a 1500 miliardi di euro (mld), mentre la media delle annuali manovre finanziarie (con le quali si assestano i conti dello Stato) corrisponde a 24 miliardi di euro (1-2% del PIL medio). Questi ultimi anni, addirittura, hanno visto manovre sempre più esigue e difficili da realizzare, per via della crisi, dell'ordine dei 10 mld di euro. Obbligarsi, dunque, su valori di 40-50 mld annui (3% del PIL) è stato uno sciocco azzardo.

E dal 2015 dovrebbero iniziare le sanzioni per gli stati inadempienti sul patto fiscale, anche se i recenti fatti economici legati alla Grecia potrebbero rimettere in discussione alcuni indici, sospendendo le sanzioni. Ma ancora, non mancavano segnali per rimandare o ritarare il fiscal compact. Detto voto del 2012, si sappia, fu concesso dalla politica italiana in piena fase di aumento dello spread, che di soli 28 punti nel 2007 era passato dal 2010 al 2012 da 160 a 329 punti. In pratica, l'orizzonte (trend) era chiaro anche ai ciechi. "Nuvole e pioggia ancora per molto ci attendevano" e quindi, per il momento (2012), "NO al Fiscal Compact con certi indici e sanzioni". Poi, lo si è visto, addirittura nel 2013 lo spread toccherà valori di oltre 500 punti, con riferimento ai tassi tedeschi. [9]

Prevedere meccanismi progressivi sarebbe stato più utile a tutti gli Stati. In sede europea si sarebbero avuti meno discussioni e ripensamenti (come quelli cui assistiamo oggi), perché anche nella corsa olimpica le partenze non sono tutte uguali e tutt'altro che allineate: lo è solo il traguardo. Con il fiscal compact, invece, gli Stati Europei si sono organizzati come per la classica corsa da <circondario scuola di campagna>, tutti allineati allo stesso modo, giusto per correre e fare divertire i bambini: anche se con il gioco degli spread si sono solo avvantaggiati quegli Stati Europei già in buona condizione atletica (i paesi più forti come la Germania, ma non è durata neanche per loro).

In pratica la nostrana mala-gestione politica, evidente anche agli osservatori mondiali, infarcita dalla ressa partitica e dai "bunga bunga" di serie del periodo 2008-2013, ha abbattuto il grado di fiducia che paesi investitori potevano avere nei nostri riguardi, prestando il fianco all'aumento dello spread. Alcuni nostri politici, poi, gli stessi che mesi addietro poco diligentemente paragonavano la Sicilia alla Grecia, hanno anche in tal senso lamentato l'attacco organizzato delle agenzie di rating mondiali americane (Standard & Poor's, Moodys, e Fitch) che, sistematicamente, dequalificavano l'Italia dalla tripla A a gradi di solvibilità sempre inferiori,

---

[9] Spread: Misura la differenza fra l'interesse concesso a un paese, in caso di prestiti finanziari, rispetto a quello concesso a un altro paese. Uno spread di 500 punti BTP/BUND, per esempio, indica che un paese terzo presterebbe dei soldi (o fiducia) all'Italia con un 5% d'interesse in più rispetto a quello concesso alla Germania. Così se la Germania fa commercio o accordi con la Cina, o con l'India, qualora questa pagasse un 2% d'interesse, l'Italia ne pagherebbe il 7%. Lo spread, difatti, misura soprattutto l'organizzazione e l'affidabilità di un paese. Al 2014 lo spread BTP/BUND oscilla tra i 180 e 200 punti.

con conseguente ulteriore aumento dello spread e delegittimazione dell'area europea.

Può essere, difatti, che nella ressa per la conquista dei mercati asiatici e mediorientali gli USA non apprezzassero un'Europa in incipiente crescita politica. Dato fondato anche per un altro motivo: tra i competitor per l'aria mediorientale (in particolare per i mercati Indiani), oltre a USA e Europa vi è anche la Cina. Questa stessa è un importante mercato e possiede un'ingente somma del debito pubblico americano, salita dal 2000 a oggi dal 2% all'11% del PIL USA. Precisamente Gli USA hanno da restituire alla sola Cina circa 2 trilioni di dollari, cioè quasi 1.750miliardi di euro: in concreto, l'importo del PIL italiano e cioè tutta un'Italia. Quindi, oggi, noi italiani dovremmo pure comprare gli aerei F35 statunitensi? Che dire! Vista la stoltezza e la corruzione che coltiviamo in seno, è possibile che accada.

Degli aerei serviranno senz'altro in Italia, meglio però se di fabbricazione europea e/o italiana. L'Italia, però, non deve nulla agli americani, se non usuale e buona collaborazione, non di certo sudditanza e nessuna buona uscita, o compenso, per la loro attività di gendarmeria post guerra fredda, o di liberatori prima. Anzi, sono gli USA che devono al mondo i danni per due crisi economiche da loro cagionate, quella del 1929 e del 2007, l'una fotocopia dell'altra. Se ne spiegherà ora il perché.

2007: una crisi economica "fotocopia"

Ai modi di fare statunitensi e all'inerzia europea dobbiamo anche questa ultima crisi economica, così come nel 1929. Difatti a quel tempo il Presidente Roosevelt, con il *"Glass-Steagall Banking Act"* del 1933, vietò alle banche statunitensi commerciali di operare nel settore finanziario e assicurò i risparmi degli americani fino alla cifra di 5000 dollari. Inoltre, con il *"Securities and Exchange Act"*, istituì una commissione di controllo sulle operazioni di borsa. In questo modo la fiducia nel sistema rimontò, le speculazioni si ridimensionarono e future simili crisi furono scongiurate. Questo fino al 2007.

A partire dagli anni Ottanta, però, l'industria bancaria ha cercato di far abrogare il Glass-Steagall Banking Act (GSBA) di Roosevelt, senza riuscirci. Nel 1999, diversamente, il Congresso degli Usa a maggioranza repubblicana riesce ad approvare una nuova legge bancaria, la *Gramm-Leach-Bliley Act*, che fu promulgata il 12 novembre 1999 dal Presidente Bill Clinton, probabilmente distratto da qualche altra stagista: anche perché il <sexgate> è dell'anno prima (1998).

Ora, ironia a parte, la nuova legge pose l'abrogazione di fatto del GSBA di Roosevelt, permettendo la costituzione di gruppi bancari che al loro interno, seppur con alcune limitazioni, hanno potuto esercitare sia l'attività bancaria tradizionale sia l'attività d'investment banking, e assicurativa. Ne sono nate così fusioni bancarie che hanno in seguito cagionato la crisi del 2007, con liquidazioni milionarie per i top manager, che avevano invece alte responsabilità in merito. Distrazioni? Corruzione? Lobbismo?

Invero basta mantenere il popolo ignorante in materia, per poter ripetere sempre gli stessi "errori": indisturbati. E addirittura legittimati dal voto rappresentativo e democratico. Quindi, mica il popolo americano è meno ignorante del popolo italiano? Anzi, di popolo inserito a fondo in un dato mercato ne basta solo uno, perché preparate le condizioni, si può poi fare "caccia grossa" e "mattanza", travolgendo tutti gli altri popoli (visto che in ambito internazionale le diverse banche hanno partecipazioni reciproche).

Ecco che il lobbismo finanziario, rientrato nel sistema politico americano dalla porta principale grazie a Bill Clinton nel 1999, cioè dopo 66 anni, ha mietuto vittime in tutto il mondo. Invece, molti italiani pensano ancora che la crisi sia stata cagionata dall'effetto Europa e dalla sua inidonea politica d'Austerity, dalla quale svincolandosi nulla più si subirà. Non è così. In realtà l'autarchia è oggigiorno impossibile, impensabile e non conveniente, solo pensando alle peculiarità tecnologiche dei vari Stati o alle diverse multinazionali sparse per il mondo.

I sistemi economici sono oggi più che mai multi-connessi perché multi-connesse sono le relazioni internazionali tra le imprese. E rimane sempre possibile, purtroppo, se non vi si pone rimedio limitandone gli effetti, che *"il battito d'ali di una farfalla in Cina scateni un tifone in Canada"* (cit. Teoria del Caos), così come del normale sesso orale, all'interno di una stanza ovale, possa rappresentare "il trionfo della feccia" (ovviamente dei colletti bianchi). Il Democratico Bill Clinton, purtroppo per lui e per quello che la storia ne dirà, ha firmato quelle leggi abrogative perché dopo il <sexgate> del 1998 poteva costruirsi contro di lui (nel 1999) l'incriminazione per spergiuro (avendo mentito sulla sua relazione con Monica Lewinski), più altre incriminazioni per altri tre scandali, cosa che, stranamente, non avvenne.

Al ricatto delle lobbie della finanza nei confronti della politica, seguì dunque un riscontro legifero; mentre fallimenti e suicidi, da una parte, nonché illeciti arricchimenti, dall'altra, e quanto derivato in questa parte del mondo, dovevano ancora manifestarsi. E' ovvio, però, che questi sono crimini voluti e non eventi involontari, sui quali bisogna intervenire, impedendo a certo stupido strapotere di uccidere.

Come uscire dalla crisi

Le crisi economiche sono cicliche, le motivazioni anche e le conseguenze pure. Al trionfo della feccia corrisponde sempre la mattanza degli ignudi. I più poveri perdono sempre tutto e alcuni preferiscono pure suicidarsi, com'è stato anche nel 1929. Nel 2011, invece, l'ISTAT ha eliminato dal censimento dei suicidi la percentuale dovuta alla crisi, mentre studi giornalistici del 2012, solo in Italia, computavano circa 120 morti, corrispondenti però al 4 - 5% del totale dei suicidi. Sempre troppi anche se fosse solo uno.

Causa unica la "scimmia" nelle sue diverse sembianze (politico o finanziere che sia) o, se questo paragone appare offensivo e triste, si può usare il termine di "fattore umano": nella fattispecie di egoismo organizzato per la creazione di tribù e schiavi, che ama anche praticare il cannibalismo.

Sarà quindi logico e doveroso, almeno qui culturalmente, provare a demolire le tribù e a liberare gli schiavi, così da poter tracciare delle potenziali vie d'uscita da sistemi politico-economici di stampo medievale, orientandosi verso forme di vera e non fantocciata democrazia, secondo strategie attuabili a volontà. Un primo passo sarà affrontare culturalmente le lobbie, dette anche "gruppi di pressione".

- Le Lobbie (lobby)

Non sembrerebbe, ma hanno la loro utilità. Spesso la politica attinge informazioni e consigli dalle lobbie perché queste operano direttamente in un dato campo. Tuttavia come tribù sono in competizione con altre tribù (lobbie) praticando la logica della *"mors tua vita mea"*, nel tentativo di trasformare i liberi mercati in monopoli, o in oligopoli. Ci provano in due modi. Il primo è quello di avere stessi "uomini" all'interno dei consigli d'amministrazione di più soggetti societari; difatti l'apparente pluralità di operatori commerciali camuffa, nella vita di tutti i giorni, la realtà di mercati poco liberi nei territori. L'altro modo è quello della corruzione nei confronti della politica e della violazione delle procedure di legge.

Spesso, però, sono i partiti a imporre i propri e soliti uomini all'interno dei consigli (CDA) delle società. Detti "utili idioti" possono essere sia militanti politici sia consulenti/manager. Così corruzione e voto di scambio sono le due gambe di uno stesso corpo fatto di turbative, sia d'asta sia di appalti, come anche di OPA, nonché di finanziamento occulto ai partiti sulla base di faccende e faccendieri, regali e regalie, nonché viscidi e umidi salamelecchi.

Singolare, in Italia, è stato poi il caso Mastrapasqua, dove anche il possesso dei titoli accademici per ricoprire certi ruoli d'importanza è un eufemismo. Ma ecco che giovani forze politiche italiane, lamentando nichilismo e alta corruzione, propongono oggi l'abolizione del finanziamento pubblico dei partiti, aprendo ingenuamente al lobbismo. Queste stesse forze si spendono per l'acqua pubblica e per la scuola pubblica, non capendo che anche e soprattutto la Politica deve essere cosa pubblica e non privata.

In America, infatti, le campagne elettorali iniziano con la raccolta fondi per i vari candidati. Tutto è pubblico: "chi finanzia chi" è anche noto. Ma potranno mai essere noti gli accordi sottobanco tra politico e lobbie? Quindi è meglio non farli avvicinare troppo. E se le lobbie, poi, decidessero che non deve esserci alternanza politica, magari affamando una parte politica sistematicamente, cosa accadrebbe? Questioni d'anni prima o poi la parte affamata cederà di brutto (o è portata a farlo) così come è accaduto negli USA, dove tradizionalmente per i finanziamenti elettorali i Democratici si affidavano ai Sindacati e i Repubblicani alle Imprese e alla Finanza. Dal 1984, però, queste ultime superarono i sindacati sia nel ruolo di maggiori finanziatori delle campagne democratiche sia di quelle repubblicane, provando senza riuscire (fino al 1998) a far cancellare le leggi del 1933 di Roosevelt, di cui si è parlato.

Ma ecco che nel 1999, come già detto, uomini del Congresso (a maggioranza repubblicana) e Presidente Democratico (Bill Clinton) dovettero restituire il favore alla finanza abolendo le leggi di Roosevelt e aprendo pian piano alla crisi del 2007. Nessuno di loro è oggi in carcere. Bill Clinton, subito dopo quel sexgate del 1998, temette la successiva incriminazione per spergiuro e altri tre potenziali scandali che lo vedevano coinvolto direttamente: "l'Fbigate, il Travelgate e il Whitewater". Temette anche per la campagna alle prossime elezioni presidenziali per il suo potenziale successore: Al Gore o la moglie Hillary. L'imbarazzo f tale che si dovette scegliere per il primo.[10]

---

[10] Altre interessanti informazioni possono trarsi da *"Capitalism: A Love Story"*, un film documentario del 2009 scritto, prodotto e diretto da Michael Moore, presentato in concorso alla 66ª Mostra internazionale d'arte cinematografica di Venezia. Nel documentario, nomi, metodi e appartenenze a lobby di politici americani, sono stati rivelati sulla base

Come regolarsi allora per le lobbie? Leggi internazionali fra paesi con mercati unici di riferimento devono impedire alla finanza la speculazione, separando di fatto le banche d'affari dalle banche commerciali e rimettendo sulle prime buona parte del rischio. Anche il consulente d'affari deve rischiare, non solo il lavoro. Bisogna prendere esempio da Roosevelt 1933. Inoltre bisogna impedire che il sistema economico entri nel sistema politico sovrastandolo, così come oggi lo Stato è laico. Da quando il sistema politico si è separato da quello religioso, anche la religione è divenuta più apprezzabile, e accadrà anche al lobbismo/Capitalismo. Bisogna solo accelerare i tempi per soffrire meno.

Parafrasando, il sovrastare del potere economico sulla politica equivale al potere della pancia sul cervello: aver detto di scimmie, quindi, non è poi così fuori luogo. Quando permettiamo che "soma" superi "psiche", probabilmente è perché siamo più somari che intelligenti: non sembra esserci diversa spiegazione diversa dalla bestialità per quanto accade.

Ecco, dunque, che le lobbie devono consigliare, ma non devono influenzare: cioè non devono finanziare. Il lobbista troverà la sua utilità solo collaborando nell'interesse del suo gruppo (così come ha fatto nel suo piccolo il nostro Pietro), o anche come consulente a pagamento per il sistema politico, ricorrendovi però a mezzo di albi professionali a cui dovrà essere assegnato un certo controllo. Anche il mal costume degli incarichi di consulenza senza le consulenze andrebbe ad

---

delle partecipazioni azionarie di ciascuno, evidenziandosi come la crisi sia stata preparata. Tuttavia Moore nel suo lavoro confonde il Capitalismo con la Democrazia, sostenendo che la Democrazia dovrà sostituire il Capitalismo. In realtà modello economico e modello politico sono cose diverse, che hanno bisogno di regole e non che l'uno annienti l'altro. È invece meno ovvio il perché è bene che la Democrazia abbia un maggiore controllo sul Capitalismo e non il viceversa.

attenuarsi. Nessun politico in carica, poi, dovrebbe esistere all'interno dei CDA e non più di 1/10 dei componenti di un CDA dovrebbe essere costituito da ex politici, militanti politici o iscritti a partiti. Inoltre, mai stessi "uomini" (militanti politici o meno) all'interno di più CDA, soprattutto se di aziende importanti, come invece accade.

I mercati, in questo modo, tenderebbero a essere concretamente più liberi e indipendenti, salvo spionaggio industriale che resta pur sempre un reato in tutto il mondo.

Ultimamente, però, apparentemente per motivi legati al terrorismo, i servizi segreti USA hanno spiato per anni l'Europa e i suoi capi politici (da Angela Merkel in giù) all'insaputa del loro capo Barak Obama (nonché presidente degli Stati Uniti), che difatti si è detto ignaro, ma che da Premio Nobel per la pace quale è continua ancora a dare la caccia a un certo Eduard Snowden: cioè a colui che ha permesso di scoprire che degli alleati non si trattavano da tali, e che un Presidente degli Stati Uniti era tenuto all'oscuro di certi fatti.

Eroi dei popoli e della democrazia, ovvero della verità, sono oggi spacciati per criminali? Mentre dei criminali, oggi, sono forse i difensori della legalità? (i politici?). Non è chiaro, ma Obama farebbe bene a restituire il Nobel.[11]

A ogni modo, nei sistemi da dirsi veramente democratici, sarebbe bene che a finanziare fosse il vero destinatario della politica, che ne è anche il sovrano, in altre parole il popolo.

---

[11] "Uno schiaffo a Barack Obama e una carezza a Edward Snowden" è il senso profondamente politico del premio Pulitzer 2014 per il giornalismo, assegnato al Guardian e al Washington Post per le inchieste sul "Datagate", relativamente agli abusi dello spionaggio americano. Che pensare? *"Nel tempo dell'inganno universale, dire la verità è un atto rivoluzionario"* [cit. George Orwell]. Anche in Italia, poi, qualche testata giornalistica è ancora valida, a riprova che c'è un mondo che sa dove andare e un altro perso nel pianeta delle "scimmie affariste".

Deve bastare la tassazione, senza interventi o finanziamenti extra alla politica per via diretta o indiretta. Il cervello, come già detto, deve stare a suo posto e non finire digerito dalla pancia. In caso d'indebito arricchimento da parte di lobbie, poi, come avviene sistematicamente nei periodi di crisi, devono essere possibili delle class-action supportate da leggi chiare, al fine di recuperare quanto sottratto alle fasce deboli.

Nei democrazie marcatamente oligarchiche, invece, a finanziare sono le lobbie (vedi gli USA) e i politici molto spesso sono solo i loro "utili idioti" (come nel caso dell'uomo considerato il più potente del mondo, ovvero il Presidente degli Stati Uniti). Normalmente, agli "utili idioti" servono poi altri "utili idioti sottoposto", e così via, per dare vita a un sistema perverso dove tutti credono di avere un qualche potere sull'altro, non avendone di fatto nemmeno nel proprio campo e su se stessi. Ecco che la <vanificazione dei ruoli> distrugge le strutture democratiche, favorendo il disastro sociale.

Anche il lobbista si sente costretto ad accantonare somme in più rispetto a quelle da inserire nei bilanci, necessari ad "oliare" il sistema politico rispetto ai normali protocolli, al fine di avvantaggiarsi. Nascono così per l'azienda i paradisi fiscali e l'evasione fiscale, per vantaggi "fuori binario", incrostanti il sistema con la corruzione e l'illecita concorrenza alle altre aziende. Quest'ultime, poi, dovranno fare lo stesso per difendersi, credendo che tutto ciò sia naturale, perché l'avvantaggiarsi in detto modo significherà non svantaggiarsi.

Analogamente (effetto domino), si altererà anche la competizione nella politica, che sempre più avrà bisogno di palloncini già gonfiati, bandierine colorate, stelline pre-attaccate e fuochi d'artificio (soldi), levitando i costi delle banalità, tuttavia utili a distrarre il gregge. Buste e valigette d'impilati contanti, nonché lauti stipendi, convinceranno poi "l'utile idiota politico" che ciò che vede, e il luogo in cui si trova, rappresenta il Potere e non una limitazione dello stesso.

Così, idiotizzandosi per primo da sé, il politico penserà anche che sia cosa normale idiotizzare le masse, credendo pure che non sussista interesse alcuno nel fare equo sistema. Anzi, nei momenti in cui la sua coscienza tenderà di ridestarlo, ciò gli vorrà apparire proprio impossibile perché al di sopra delle proprie forze e, non potendo fare politica per servire il sistema, si servirà del sistema divorandolo. Leggi scritte male e artificiose saranno il loro metodo, quell'utile strumento in cui specializzarsi oggi chiamato burocrazia, cosicché le leggi partorite non possono applicarsi, senza il "politichese aiutino" (o "embrione della corruzione").

Questo veleno dal gusto dolciastro, purtroppo, si è ben strutturato in un disordine sociale chiamato "Casta", ed è il prodotto dell'ignoranza umana di chi è stato al comando politico da anni. Che l'economia sovrasti la politica, poi, è palesato dai molto superiori guadagni dei manager d'industria rispetto ai politici, motivo d'ammirazione mista a invidia da parte di quest'ultimi, i quali, probabilmente per farsi forza rispetto ai primi, continuano però a farsi chiamare "onorevoli".

Ecco che almeno loro, in un qualche modo, credono così di poter sorridere a una vita che non comprendono appieno, credendosi più fortunati anziché ignoranti; ma in ogni caso senza troppe colpe per quanto accade nel mondo. Sì, perché anche l'uomo al comando fatica per arrivare lì dov'è. Non è tutto facile. E lotta selvaggiamente anche per mantenere la propria posizione. Cosicché vanificare il sistema con dei favoritismi, lo sente pure come un personale riscatto e un modo alternativo d'aiutare il prossimo (purché questi sia del branco), e non come una condizione nociva e d'umanità inferiore.

- La Casta

Di comune uso in Italia da alcuni anni, il termine si rifà alle immutabili caste indiane, ma è riferito ai vizi e agli eccessi della vita politica italiana, ai quali questa non vuole rinunciare. La *casta italiana* è, in sede europea, la più costosa per emolumenti e indennizzi, per non parlare dei privilegi e delle pensioni d'oro. Con riferimento alla Germania, un parlamentare italiano guadagna oltre 60.000 euro annui in più rispetto ad un parlamentare tedesco (questo senz'altro più efficiente di uno nostro, visto l'ISU tedesco). Precisamente, un parlamentare italiano guadagna circa 144.000 euro annui, contro gli 84.000 del tedesco.

Lo stipendio medio dei cittadini tedeschi è dell'ordine dei 41.000 euro annui, mentre quello medio degli italiani è sui 23.000 euro annui. Si osserva che un politico tedesco guadagna circa 43.000 euro annui in più rispetto al cittadino tedesco medio, mentre un meno efficiente politico italiano guadagna circa 121.000 euro annui in più rispetto al cittadino italiano medio.

Quindi in Germania la distanza tra politica e cittadino è di circa 2 a 1 (84.000/41.000), mentre in Italia la distanza tra politica e cittadino è di oltre 6 a 1 (144.000/23.000). In Europa, solo Austria e Slovenia mantengono distanze di 3 a 1, mentre i rimanenti Stati vertono su distanze da 1,5-2 a 1, compresa la Francia. C'è poco da fare: la politica italiana è un'anomalia.

Così i suoi altissimi costi, ma soprattutto la sua inefficienza (che sarà in avanti dimostrata), hanno come risultato anche una fortissima tassazione per i cittadini e le aziende, senza un equo ritorno in servizi e tenore di vita. Difatti il «Total Tax Rate» (TTR) della nostra nazione, vale a dire l'ammontare complessivo delle imposte che grava sugli utili delle imprese, si colloca in vetta alle classifiche mondiali. Nel 2012 l'Italia ha raggiunto quota 65,8%, in pratica il sedicesimo livello più elevato al mondo, nonché il più alto tra i più importanti paesi avanzati. La Francia ha un TTR del 64,7%, la Spagna del 58,6%, la Germania del 49,4% e il Regno Unito del 34%, a fronte di una media europea del 41,1% e del 43,1% mondiale (fonte: Sole24ore del 19/11/2013).

Ecco che l'inefficienza italiana della Casta, e della conseguenziale classe dirigente sviluppatasi nella nazione, può essere testata in prima battuta paragonando il nostro paese alla Francia. Difatti sono molte le similitudini con i "cugini francesi", così chiamati dai tempi del feudalesimo e vicini a noi per economia e stili di vita: Roma come Parigi, lo spumante come lo champagne, la moda, eccetera. Qualche differenza c'è, in particolare per il loro nucleare da cui noi italiani attingiamo, ma comportante solo una differenza dell'1-2% dei PIL. Poca cosa.

A ogni modo, considerando il totale delle tasse (TTR), il prodotto interno lordo (PIL) e gli abitanti (ab) delle due nazioni, si può osservare che:

Italia: *(TTR) 65,8% - (PIL) 1500 mld - (ab) 62 mln*
Francia: *(TTR) 64,7% - (PIL) 1960 mld - (ab) 67 mln*

I parametri TTR sono vicini, come anche le popolazioni, tuttavia in Francia, con una tassazione totale di poco inferiore (o se volete alla pratica uguale), si produce un PIL del 30% superiore a fronte di una popolazione solo dell'8% superiore. Se si considera anche l'economia sommersa, per la Francia all'incirca il 9% del PIL, mentre per l'Italia il 21% del PIL, si avrebbe:

Italia: *(TTR) 65,8% - (PIL) 1815 mld - (ab) 62 mln*
Francia: *(TTR) 64,7% - (PIL) 2136 mld - (ab) 67 mln*

Ecco che ora si calcolerebbe, a favore della meno disonesta Francia, un PIL effettivo superiore del 18%, a fronte di una popolazione sempre dell'8% superiore. Per ragguagliare le popolazioni, e assimilare ancor più le due nazioni, basta considerare 5 milioni di francesi in meno con un reddito annuo medio pro-capite di 33.500 euro (come da tabelle ufficiali), da sottrarre al PIL francese. Si ottengono, così, 167,5 miliardi di PIL in meno (5 mln x 33.500), e aggiornare i superiori dati vorrà dire quanto segue:

Italia: *(TTR) 65,8% - (PIL) 1815 mld - (ab) ragg.*

Francia: *(TTR) 64,7% - (PIL) 1968 mld - (ab) ragg.*

In questo modo è come se in Francia si producesse un PIL totale ragguagliato dell'8,5% circa superiore, dalla cui differenza con quello italiano (1968-1815) si ottengono 153 miliardi di euro annui, rappresentanti l'inefficienza italiana su base francese, probabilmente il vero danno annuo prodotto da tutta la classe dirigente del nostro paese, al lordo dei costi del sistema politico.

Ma quanto vale lo spreco in ordine alla sola politica italiana? (Cioè in termini di stipendi, ministeri, auto blu, segretari, consulenze, eccetera?) Sempre su base francese, si sa che la politica italiana costa ai 62 milioni di italiani circa 39 miliardi di euro annui, mentre il sistema politico francese costa soli 25 miliardi annui, ma su una popolazione di 67 milioni di francesi. Basta quindi operare la seguente proporzione (39-25)x(67/62) per ottenere 15 miliardi circa. Essi potrebbero benissimo rappresentare lo spreco annuo, in euro, sui costi della politica italiana e istituzionali, solo per la sua infarcita sussistenza oltre ragione.

Analoghi risultati si sarebbero potuti ottenere utilizzando la percentuale di tassazione riferita al PIL delle due nazioni anziché il TTR, essendo anche questi valori molto simili (44% Italia e 46,9% Francia). Alla politica italiana, però, piace attribuire la forte tassazione all'evasione fiscale del cittadino: *"Siccome non tutti pagano le tasse, le tasse sono alte"*. Questo è quanto ribadito in coro dalla stoltezza della politica, come se la competitività internazionale delle aziende italiane sane (che pagano tutte le tasse) non li riguardasse, e come se i servizi resi fossero impeccabili e alla stregua delle altre nazioni. Invero, si scarica sul gregge la stoltezza del pecoraio, con un carovita nazionale, unitamente agli stipendi molto bassi, che sta cancellando il futuro degli italiani.

Infatti, in media, ogni francese spende 39 euro al giorno per vivere e un italiano 37 euro al giorno. Lo stipendio medio dei francesi è di 33.500 euro annui, mentre quello medio degli italiani è di 23.000 euro annui. Si parla di stipendi lordi, ma la tassazione è circa uguale. Con riferimento ai netti, però, un francese spende circa il 50% del suo stipendio per vivere, mentre l'italiano ne spende l'80% circa. Dati medi che parlano di una classe media che in Italia sta sparendo (questa è la prova), potendosi individuare, soprattutto negli anni passati, miliardi del PIL italiano in migrazione verso i ceti più alti della popolazione.

Tuttavia la Francia è al 20° posto ISU (indice di sviluppo umano), mentre l'Italia è al 26° posto, a testimonianza che non tutto è legato ai PIL. Anche in Francia, poi, la classe media sta sparendo (non come da noi, ma più lentamente) e vi sono problemi con le pensioni. Resta di fatto, però, che quel 20% di stipendio che rimane in mano all'italiano medio (mensilmente circa 300 euro) non consente l'affrancamento di un'abitazione né di fare studiare i figli oltre l'obbligo scolastico. Il paese, quindi, è in vero declino e le nascite, per questo, sono diventate un lusso.

L'esistenza di nazioni meno avvantaggiate della nostra non sono una scusante allo scivolamento italiano. In termini di ISU-2014 la Svizzera è al nono posto, la Germania al quinto, gli USA al terzo e la Norvegia al primo. Altre ipotesi e altri calcoli possono essere poi fatti per l'Italia, ma intercettanti tutti l'odierna rabbia del cittadino e convergenti in un unico dato: in politica la differenza tra uomo e scimmia si chiama "feccia", ed è chiaro che per liberarsene deve essere prima ben individuata.

- Dalla Casta alla Feccia

Non possono non tornare in mente le lacrime di Sandro Pertini del 1984, durante il funerale di Enrico Berlinguer. Partigiano e socialista il primo, comunista il secondo, quel Pertini che da uomo in una sua intervista definiva la libertà come l'insieme delle possibilità che uno Stato era in grado d'offrire ai propri cittadini (*"un uomo affamato non è libero"*), forse intuiva che con la scomparsa dell'amico Enrico rimaneva egli l'ultimo statista per la nazione (oramai anziano), scomparendo anche l'ultima traccia vivente di quel tentato "compromesso storico" di fine anni 70, culminato con l'assassinio Moro del 1978.

«La questione morale esiste da tempo, ma ormai essa è diventata la questione politica prima ed essenziale perché dalla sua soluzione dipende la ripresa di fiducia nelle istituzioni, l'effettiva governabilità del paese e la tenuta del regime democratico»: questo dichiarava Berlinguer nel 1981 a tre anni dall'assassinio Moro. Questione, a quanto pare, appartenuta alla Prima Repubblica e non ancora risolta.

Saranno, però, le lacrime di Pertini a farci capire cos'è e come agisce la "Feccia": quella cosa in cui oggi la Casta si è trasformata, il cui comportamento, costume, carattere, condotta, influisce pesantemente sulla collettività, nulla risolvendo nonostante essa stessa faccia dei tentativi (sporadici). Difatti, come già detto, morta la Prima

Repubblica italiana, nel 1994 si tenta la Seconda Repubblica con il governo Berlusconi. Lobbismo e Casta diventano ora un'unica cosa dopo aver alimentato nella popolazione lo spauracchio comunista (a furor di spot televisivi), nonostante il Partito Comunista Italiano fosse già divenuto il PDS (almeno formalmente) in seguito alla caduta del Muro di Berlino del 1989.

Tuttavia come mai in passato il lobbismo è costretto a uscire allo scoperto, anzi "a scendere in campo" e a manifestarsi, "giurando amore per la propria nazione". Ecco che l'Italia chiamata al voto sceglie Berlusconi, forse sbagliando il meno possibile, giacché dal 1992 la situazione economica non era delle più rosee. La sinistra, inoltre, appariva agli italiani poco preparata e poco avvezza a governare, in ragione della sua storica permanenza all'opposizione.

Molti italiani, senza cognizione di causa e semplificando, davano la colpa del disagio economico e del poco lavoro alla giustizia italiana e alla sua inchiesta "tangentopoli" (sempre nel biennio 1992-1994), che nel bloccare il malaffare aveva anche posto un freno all'economia. Un freno necessario, ma non determinate. Tuttavia qualcuno rimpiangeva pure l'esule tunisino (l'hammamettiano Craxi), in un nostalgico *"come si stava meglio quando si stava peggio"*.

Invero, si sbagliavano tutti sulle ragioni di fondo di tale disagio economico. Con il debito pubblico al 105,2% del PIL (nel 1982 era al 65%) e con il fabbisogno che viaggiava attorno al 10,4%, dal 1992 stavamo attraversando probabilmente la più grave crisi (tutta italiana) dopo quella del 1947: e se il popolo non lo capiva, era solo un altro segno che esso non ha mai costituito parte vera ed efficace di democrazia, come invece dovrebbe essere ai fini di una Politica efficiente.

Proprio in quel 1992, infatti, la lira aveva subito un attacco lobbista-speculativo, con conseguente indebolimento di tutto il mercato unico europeo. Altro che pericolo comunista. In quell'anno un certo *George Soros*, finanziere americano di origini ungheresi, con oggi al suo attivo un patrimonio personale di 14 miliardi di dollari, iniziò a vendere molte lire comprando dollari e costringendo a sua volta la Banca d'Italia a vendere 48 miliardi di dollari di riserve, per sostenere il cambio. Questo portò la lira a una svalutazione del 30%: ecco perché, a questo punto, non bisogna esagerare né col debito pubblico né con l'emissione di moneta (il Fiscal Compact odierno ha, per questi stessi motivi, il suo perché).

Così, per ovviare agli effetti di detta svalutazione, il governo Amato del 1992 fu costretto, nella notte tra il 9 e il 10 luglio dello stesso anno, a operare un prelievo forzoso e immediato del 6 per mille su tutti depositi bancari, tramite un decreto d'emergenza che l'autorizzava a farlo. Tuttavia le manovre adoperate portarono ugualmente l'economia italiana sull'orlo della recessione e la Lira dovette uscire dal Sistema Monetario Europeo (SME). Si ricorda che lo SME era tenuto e uniformato dall'Ecu, moneta precursore dell'Euro.

A sostituire Amato, e a formare un governo tecnico, fu allora chiamato Carlo Azeglio Ciampi, governatore della Banca d'Italia, affinché traghettasse lui l'Italia fuori dalla crisi. Ma per farsi veniva istituita l'ICI sulla casa, più altre svariate misure: dall'aumento dell'età pensionabile alla patrimoniale sulle imprese, come anche dalla minimum-tax all'introduzione dei ticket sanitari, come pure dalla tassa sul medico di famiglia all'imposta straordinaria sugli immobili (pari al 3 per mille della rendita catastale rivalutata).

Tutto questo fu sì necessario, ma soprattutto per la mala-politica del decennio precedente, che vide solo l'aumento del debito pubblico dal 65% al 105% del PIL. E questo senza nessuna conseguenziale crescita effettiva del PIL (che va calcolata tenuto conto della svalutazione della moneta). In pratica, il PIL lordo cresceva di poco, ma la lira svalutava di tanto, creandosi di anno in anno moneta ad arte per fare quadrare fittiziamente i conti. Si era creato un circolo vizioso di recessione, pronto a favorire gli "avvoltoi della finanza".

Detto decennio 1982-1992, inoltre, aveva anche visto l'instaurarsi della "new-economy", cioè tutto quel nuovo sviluppo su comunicazione, automazione e calcolo, legato alla pressione di un dito su di una tastiera; come ad esempio per la telefonia, internet, i computer, la digitalizzazione della Pubblica Amministrazione, o per i prodotti informatici in genere. Sviluppo sul quale, rispetto agli altri paesi, eravamo alquanto in ritardo e rientrare nello SME, quindi, era anche essenziale per crescere in tal senso; come non avevamo ancora saputo ancora fare perché romanticamente legati alle macchine da scrivere a leva.

Ma tornando sull'attacco speculativo di Soros del 1992 contro la lira, dalle stesse dichiarazioni dell'autore, recentemente in Italia perché vincitore del premio Terzani per un saggio economico, si apprende che: *"fu una legittima operazione finanziaria. Mi ero basato sulle dichiarazioni della Bundesbank, che dicevano che la banca tedesca non avrebbe sostenuto la valuta italiana"*. Queste le sue parole. Quindi, nessun segreto o nessuna informazione riservata a lui pervenuta da corrotti salotti dell'alta finanza (e nemmeno nessun insider trading e simili): fu solo la lucida e spietata comprensione di una realtà fatta di mercati collegati tra loro che possono, però, essere destabilizzati a partire da chi è più debole, se a questo non preparati.

Lo sapeva bene anche Sun Tsu con la sua *"Arte della Guerra"*, che 2500 anni prima scriveva "attacca il nemico dove non è preparato": e lo SME non era preparato alla collaborazione, com'è anche vero che nei master formativi per manager Sun Tsu è abusato, illudendosi gli astanti che la vita di tutti sia solo un gioco di guerra e niente di più. Eppure era lo stesso Sun Tsu ad affermare che "la migliore guerra è quella vinta senza averla mai combattuta": considerandola di fatto soluzione ultima. Mentre nel 1994, giusto due anni dopo dall'attacco di Soros, John Nash riceveva il Premio Nobel in economia: quel Nash che aveva anche dimostrato al mondo matematicamente, con le sue "dinamiche dominanti", che "un gruppo ottiene il massimo se pensa a se stesso e agli altri gruppi", in una lezione anti-egoismo ancora poco capita.

Così verrebbe da chiedersi, giusto per fare il verso a cinema e Tv, se Nash è da considerare "A beautiful mind" e se Soros, diversamente, un "Criminal mind". Che dire? Invero Soros completa la sua intervista dicendo: "*Gli speculatori fanno il loro lavoro, non hanno colpe. Queste competono ai legislatori che permettono che le speculazioni avvengano. Gli speculatori sono solo i messaggeri di cattive notizie*". Ecco che se l'Europa ha oggi imparato un po' di più sulla necessaria solidarietà tra Stati Europei (anche se non sufficientemente), lo si deve anche al "caro" George Soros: probabilmente allo stesso modo di come i criminologi imparano dai deviati di mente.

Poco o nulla, nei fatti, i nostri comodi e finti onesti potenti hanno, però, potuto operare contro l'origine capitalistica delle crisi mondiali, preferendo sonnecchiare. Difatti, come già detto, nel 1999 degli speculatori USA sono arrivati al Congresso, cosicché il "cervello" (la Politica) è stato digerito dalla "pancia" (la Finanza). E l'Europa ne è uscita punita con la crisi del 2007, continuando a non capire bene la necessità di una sua primaria trasformazione, da Europa Economica – pancia - a Europa Politica – cervello, così da meglio sorvegliare ciò che accade in altri contesti "finto-politici".

Eppure questa trasformazione europea sembra essere oggi nella visione di tutti gli Stati Europei, ma l'egoismo deve essere smussato, il Fiscal Compact rivisto e Nash considerato. Gli antichi retaggi e i fasti delle orgogliose monarchie del vecchio continente vanno dimenticati, o delegati alla storia e ai musei. No agli statalismi in chiave moderna. Non v'è alcun dubbio su questo.

Ma l'Italia ha imparato? Cos'è successo e cosa è cambiato in quest'ultimo ventennio? La nostra classe politica può dirsi veramente "Feccia", oppure delle crisi dobbiamo farcene una ragione?

In realtà il governo Monti del 2012 ha ricordato molto quello Ciampi del 1992, fatto di *"lacrime e sangue"*. Quindi poco, se non nulla, sembra essere cambiato. Così alla data di queste righe il debito pubblico è al 133% del PIL (circa 2.000 miliardi di euro), di cui 1/3 in mano alle banche estere, 1/3 in mano alle banche italiane, 1/5 in mano alle assicurazioni e meno di 1/10 in mano agli italiani e alle imprese italiane (in pratica solo circa 200 miliardi di euro). A rigore, però, per capire bisogna riferirsi al debito pubblico netto; cioè occorre considerare anche gli attivi rapidamente capitalizzabili (soldi ad avere) da parte della nostra nazione, che però non superano il 6% del PIL. Si ha così un debito effettivo di 133-6= 127%, detto debito netto, che resta sempre fra i più alti al mondo. E in effetti nulla di significativo è cambiato.

Oggi la Francia ha un debito pubblico del 92%ca del PIL, mentre la Germania dell'81%ca del PIL, e così in media mantenuti negli ultimi decenni. Quello del Giappone aumenta, ma aumenta anche la crescita. Difatti crescita e debito sono collegati, anche se la causalità non è ben determinata.[12]

---

[12] Con il Fiscal Compact le nazioni europee si sono impegnate, in 20 anni, a raggiungere e mantenere il proprio debito pubblico al di sotto del 60%

In particolare, superato il decennio 1982-1992, in Italia per circa vent'anni, dal 1992 al 2008 (cioè prima dell'attuale crisi), sembra ci sia stata *invariabilità economica*. Difatti nel primo decennio 1992-2002 il debito/PIL dal 105% è salito fino al 121% per tornare nel 2002 nuovamente al 105%, con debole crescita del PIL tenuto conto dell'inflazione; ma pur sempre una crescita effettiva. Dal 2002 al 2008, ancora, il debito si è mantenuto in un intorno ristretto del 105% del PIL, con debole crescita del PIL (tenuto sempre conto dell'inflazione), evidenziandosi ora anche una certa sua stabilità (non avendo il debito forti escursioni). Che vuol dire?

Vuol dire che nella "corsa" (competizione europea e mondiale) avanziamo anche noi, ma non teniamo il passo rispetto agli altri paesi, mentre il mondo evolve e non aspetta. I numeri parlano chiaro: "Subiamo sempre più un distacco". La nostra stabilità ha sì significato tenuta nella corsa, ma non di certo rimonta rispetto ad altri paesi quali Francia e Germania. Guarda caso quel plus italiano di migliore tenuta

---

del PIL. L'Italia dovrà riuscire ad annullare circa il 73% del suo debito, mentre Francia e Germania, rispettivamente, il 32% e il 21%. Un antico proverbio dei contadini siciliani suggerisce: *"nun t'accattari u sceccu se nun pai almenu tri anchì"* ("non comprare un asino se non puoi pagarne almeno tre gambe", cioè se non puoi pagare da subito il 75% del costo), che è come dire debito/PIL mai superiore al 75%, e che mio nonno sarebbe stato un ottimo statista. La maggior parte degli economisti, poi, sostiene su dati empirici che la correlazione tra debito e PIL è negativa: se aumenta il debito non c'è crescita. Invero potrebbe anche accadere che la ridotta crescita costringa il ricorso smodato al debito. Il debito è quindi utile agli investimenti solo quando questi ultimi saranno di successo/utili (in pratica se l'asino non mi serve non lo compro, anche quando posso pagare tre gambe e il prezzo è buono). In quali campi, allora, dovrebbe investire l'Italia? Iniziate a pensarci (aerei F35? TAV? Ponte sullo Stretto? Viabilità interna? Istruzione e Cultura? Qualità delle Imprese? Oppure?)

(con possibilità di rimonta) lo si è avuto in quegli anni in cui la politica italiana aveva cercato di ristrutturarsi, godendo del sistema elettorale maggioritario-bipolarista (1992-2002), tentandosi il bipartitismo sulla base della legge elettorale del "*mattarellum*": che doveva ancora evolversi, secondo la visione dei partiti, proprio a rafforzare il maggioritario.

Questi erano gli anni (pochi) in cui col maggioritario si è provato dapprima a scrivere i programmi per avere le coalizioni, così da andare al voto con le idee un po' più chiare e compatti sul daffare. L'effetto, oltre alla stabilità (il debito non ha avuto forti escursioni), è stato anche quello di un'accennata alternanza politica degli schieramenti al Governo, che è sempre un bene. Dal 21 dicembre 2005, invece, cioè un po' prima dell'inattesa crisi, si è avviata la destabilizzazione voluta del sistema con il ritorno forzoso, e inaspettato, della politica italiana al sistema proporzionale per mezzo della "legge Calderoli", denominata "*porcellum*" perché riconosciuta una porcata dal suo stesso autore.

La stoltezza politica, infatti, da quel 2005, è stata capace di distruggere il costrutto della pianificazione condivisa a monte del voto (cioè il "maggioritario"), segnando pian piano il proprio passaggio dallo status di Casta a quello di Feccia, peggiorando le già poco efficienti dinamiche del Sistema Italia. Come ciò sia accaduto sarà ora descritto, ma bisogna intanto dire che il *porcellum* era di per sé in controtendenza con l'esito del referendum del 18 aprile 1993, il quale, con un consenso dell'82,7% dei voti e un'affluenza alle urne del 77% (valori molto alti rispetto agli usuali), aveva portato la nazione all'introduzione di un nuovo sistema tendenzialmente maggioritario e anti-pentapartito, proprio perché quest'ultimo aveva rappresentato un sistema portatore di instabilità.

Il 4 dicembre 2013, tardivamente, la Corte Costituzionale dichiarerà il *porcellum* incostituzionale in riferimento sia al premio di maggioranza sia all'impossibilità per l'elettore di fornire una preferenza diretta del proprio candidato; ovvero in riferimento al cosiddetto sistema dei nominati anziché degli eletti, o delle "liste bloccate".

In pratica con le liste bloccate del *porcellum* si è voluto accentrare il potere della politica nelle mani dei capi partito, i quali avrebbero deciso chi, dei circa 1000 candidati tra Parlamento e Senato, poteva essere allocato nelle liste elettorali nazionali. Il centrosinistra non fu d'accordo su tale metodo (difatti non votò il porcellum), mentre il centrodestra era invece compatto. Le motivazioni addotte da parte degli uomini di centrodestra su tale scelta vedevano risolti, grazie alle liste bloccate, il problema delle guerre intestine tra le correnti di partito nella scelta dei candidati, come anche il problema delle interferenze della criminalità organizzata in seno alla politica locale, nonché, sempre a loro dire, il problema dei finanziamenti illeciti, e così via.

Detti uomini, però, non vedevano o non vollero vedere il pericolo congenito dell'oligarchia all'interno di ogni partito e, anziché scrivere delle regole su come scegliere i candidati collegio per collegio (così da evitare le guerre fra correnti), anziché scrivere delle regole su come evitare i contatti con la criminalità organizzata (nelle periferie del partito), anziché scrivere delle regole su come evitare i finanziamenti illeciti (rendendo magari trasparenti i bilanci, previo affidamento degli stessi a specialisti esterni), preferirono diversamente cancellare rappresentatività e democrazia interna agli schieramenti, centralizzando l'eventuale corruzione, e tutto ciò che si diceva temere, in testa al partito.

Ecco che la democratica, seppur incompleta, struttura piramidale di un partito, fu così trasformata in un instabile cilindro: scarso di base ed esagerato in altezza, stolto nella concezione.

Il politico medio, ora, è più preoccupato della soddisfazione del proprio capo (che dovrà metterlo in lista), anziché del cittadino elettore, preferendo fare anticamera presso la sede centrale del partito. È qui che si possono fare accordi direttamente col capo, il proprio capo o quello degli altri, potendo vendere pure più facilmente il proprio mandato elettorale (o pacchetto di voti), pur di avere un posto assicurato in Parlamento o in Senato, o purché si possa persistere nelle proprie attività (più o meno lecite).

Sì. Ed è così che a quanto pare cadde il Governo Prodi del 2006-2008, primo figlio del porcellum, detto anche Governo Mortadella; così com'è segnato Romano Prodi dalla stupidità dei suoi colleghi. La legge Calderoli del 2005, infatti, aveva beffato i suoi sottoscrittori di tutto e solo centrodestra, poiché subito dopo fu il centrosinistra a governare, ma con una maggioranza risicata. Saltata poi nel 2008 perché alcuni senatori erano stati facilmente corrotti da qualche capo.

Questo, almeno, fu testimoniato nel 2012 dal Senatore Di Gregorio, il quale dichiarò di aver ricevuto alcuni milioni di euro da Silvio Berlusconi per convincere anche altri senatori ad abbandonare il Governo Prodi.

Tutt'oggi è in corso un procedimento in merito, contro Berlusconi, attestante però la non idoneità del porcellum nel proteggere i suoi stessi creatori - capi di partito, rendendo più che plausibili le dichiarazioni simili a quelle rese dal Di Gregorio. Bizzarra è però la motivazione addotta dal Senatore nel voler essere ascoltato dai giudici, avendo egli asserito che il suo pentimento era nato in seguito all'apparizione in sogno del proprio padre defunto, il quale gli intimava di pentirsi e di confessare. Poca cosa se si pensa che negli anni ottanta, per certi delitti di Stato (o fra Stati), si tiravano pure in ballo le sedute spiritiche.[13]

Ma ritornando al porcellum, sembra proprio che a guadagnarci qualcosa (probabilmente) sia stato solo Silvio Berlusconi (S.B.), che il 4 ottobre 2005 aveva pure minacciato una crisi di governo, qualora non si fosse concretata detta legge. A legge fatta, Bossi avrebbe avuto la devolution, Casini il proporzionale e Gianfranco Fini le liste bloccate (informazione su Fini diffusa da Calderoli, ma smentita da Fini): mentre S.B. avrebbe avuto di fatto, grazie anche a questi ultimi amici, un maggiore controllo sul voto in Parlamento dei politici di centrodestra, riguardo alla sua immunità. Infatti già dal 1993, con "manipulite", erano iniziati i primi processi nei suoi confronti (assieme a molti altri processi di quel tempo), i quali andavano ora a concludersi, mentre altri ne iniziavano coinvolgendo pure i figli (come ad esempio il Processo Mediaset).

La crociata di S.B. contro la cosiddetta malagiustizia (punti di vista) fu difatti proprio nel 2005 che assunse i primi toni acuti: anno del porcellum. Paradossale, però, dopo la castrazione politica dei <capi corrente> con le liste bloccate del porcellum, fu l'autocastrazione che i <capi di partito> del centrodestra vollero ingenuamente infliggersi, convinti che i

---

[13] Il riferimento è al 2 Aprile 1978, relativamente al rapimento Moro, il cui covo/prigione si scoprì essere in Via Gradoli a Roma. Giorni prima del ritrovamento del corpo di Moro, Romano Prodi, al tempo economista e prossimo ministro dell'industria, aveva fatto trapelare sul nascondiglio il nome "Gradoli". Nome poi pervenuto alle forze dell'ordine, che ben pensarono di andare a controllare il covo/prigione nella città di Gradoli, anziché in Via Gradoli a Roma. Durante il processo, Prodi testimoniò che il nome "Gradoli" era a lui pervenuto da una seduta spiritica (gioco del piattino con tanto d'invocazione dello spirito guida), a cui aveva partecipato assieme a dei conoscenti.

propri militanti li avrebbero seguiti ugualmente per ogni dove politico, nel nome di una precedente storia condivisa.

Com'è noto, infatti, nel febbraio 2008 Forza Italia (FI), Alleanza nazionale (AN) e alcune forze minori (DC per le Autonomie, Nuovo PSI, Riformatori liberali e Azione sociale) si federarono in un nuovo soggetto politico unitario. Alle elezioni politiche, seguite alla caduta di Prodi, fu quindi presentata una nuova lista denominata Popolo della Libertà (PDL), che ottenne il 37,4% dei voti, attestandosi così come prima forza politica italiana. L'unificazione organica dei partiti federati avvenne, poi, un anno dopo (nel marzo 2009), con il congresso fondativo.

S.B. è però ora a centrodestra, sempre in virtù delle liste bloccate, un Monarca: e la cacciata di Fini del 2010 lo sentenzierà, avviandosi purtroppo la disgregazione di fatto del centrodestra con la successiva scissione di La Russa in "Fratelli d'Italia" e di Angelino Alfano nell' "NCD".

"L'arrocco al Re" contemplato con il porcellum, ovvero la protezione della persona di S.B. come nel gioco degli scacchi (utilizzando cioè altri pezzi dello scacchiere in potenziale sacrificio), era stato attuato ai danni di Fini nella partita contro la magistratura, e non a beneficio del confronto politico-democratico, o della stabilità nazionale. A seguire, si inasprirà pure il conflitto tra i due Poteri dello Stato (Esecutivo e Giudiziario, cioè tra il Governo e la Magistratura). Conseguente ne è stato il declino del nostro Welfare, o meglio dell'ISU che, come qui rivelato, nel decennio 2005-2015 è crollato dal 17° posto al 26° posto (aldilà della crisi economica arrivata nel 2008).

L'intenzione del PDL di federarsi, in via teorica fu buona e lodevole, ma rimanendo le regole e le procedure interne sempre scarse o inesistenti, eluse addirittura dal sistema a cilindro del porcellum, di cui si è detto, nulla di buono poté partorire. In pratica, volendo credere che Dio creò l'uomo a sua immagine e somiglianza, o volendo anche considerare che l'uomo saggio creò il computer a sua immagine e somiglianza (con memoria a breve termine e a lungo termine, sistemi centrali e periferici, e così via, simili a quelli umani negli schemi), allora anche S.B. &C. crearono Porcellum e PDL a propria immagine e somiglianza: cioè in stile feudale e con l'autoritaria interfaccia della gogna (*"Che fai mi cacci? Sì, ti caccio!"*, in pieno congresso).

Chi poteva immaginare che al 2005, con il porcellum, il Paradigma di Milgram, divenuto una vera e propria sindrome, avrebbe colpito il militante di centrodestra come quello di centrosinistra, rendendoli entrambi dei "castrati politici"? (Vedi Esperimento di Milgram) E vanificandosi anche i tanti successivi tentativi (forse solo apparenti) di eliminare via referendum il porcellum?

In pratica, alcune correnti interne ai partiti provarono, in seguito, a eliminare detta legge via referendum, senza riuscire; legge che ci siam tenuti fino a tutto il 2014, e che ci terremo probabilmente ancora, in parte, nella nuova legge elettorale dell'*Italicum,* con le "liste bloccate corte" su cui si sta lavorando. Un sistema misto, tra liste bloccate e preferenze dirette, con cui si spera che la politica nazionale possa divenire sia rappresentativa dell'elettorato sia senza cedimenti agli umori della piazza, o delle correnti.

Perché la logica dei partiti (non il sistema dei partiti) è di per sé una logica sana, e perché poi la politica è come il cervello: dà profitti se la sai usare. Ma è anche come le braccia: dà profitti alla nazione solo se la usi per la nazione e non per farci altro.

Diversamente, l'egoistica stoltezza di tutti questi "uomini" che hanno operato politicamente nella nazione, sia di chi ha agito sia di chi ha permesso, non ha avuto pari (e si spera mai ne avrà), evidenziandosi un dato inequivocabile: strategie ritenute furbissime sono, invero, risultate <autolesionismo politico> e <autocastrazione partitica>, generanti <impotenza, o morte democratica>.

Pure i partiti sono divenuti vittima di quella stessa menzognera furbizia che genera l'ignoranza dei popoli. Forse l'insalubrità di mente di qualche leader (anche temporanea o solo per stress) ci ha messo del suo; non si sa. Ma è da capire. Lo sforzo va fatto. Così a titolo di esempio e giusto per iniziare, parlando ancora di Silvio Berlusconi, è indicativo e indimenticabile l'aneddoto dell'ottobre 2009 tra S.B. e Rosy Bindi, nella diretta televisiva "porta a porta"...

Nonostante l'argomento fosse l'operato del Capo dello Stato in seno al Lodo Alfano (che voleva migliorare l'Italia o salvare S.B.), un semplice e pacato dissenso della Bindi induce S.B. ad affermare, a mo' di sarcastico sfottò, di come la Bindi fosse *"più bella che intelligente"*. Affermazione boomerang questa, non tanto perché potenzialmente offensiva nei confronti di tutte le donne (e la Bindi, poi, non era stata provocatoria in alcun modo), ma soprattutto perché lo stesso Berlusconi attraversava in quelle settimane gli strascichi della <vicenda Naomi> e della <vicenda D'Addario> (precedenti e assonanti a quello che sarebbe stato il successivo caso Ruby a base di donnine), evidenziandosi così, in diretta TV, il Berlusconi-pensiero in tal senso. Della serie, relativamente alle donne, S.B. pensa solo agli aspetti sessuali.

Inoltre, lo "zero cavaliere" Silvio B. (che nei confronti del gentil sesso parecchi punti iniziava a perdere), annullava poco diligentemente anche il faticoso lavoro dei suoi avvocati e consulenti che, nelle settimane precedenti, faticosamente cercavano di ricucirgli un'immagine di rispettabilità.

Che dire? Il potere acquisito e la minaccia dei processi, a quanto pare, avevano reso S.B. più aggressivo e meno lucido del solito (o forse era solo l'età). Mentre la trasformazione a cilindro dei partiti, cioè col porcellum, aveva portato gli uomini del mondo delle imprese e dell'industria a fare anticamera diretta presso <Re Silvio> (fregandosene delle Torri Sacrificali – capi corrente), muniti di donnette a uso di capponi. In cambio, questi, ricevevano saporite banane (cioè favori più o meno leciti), in linea con quanto era diventata la Repubblica. La mia Repubblica. La *"Repubblica delle banane e delle scimmie"*.

Era così bastato che la Corte Costituzionale dichiarasse incostituzionale il "lodo Alfano", strumento per il rinvio dei processi anche di Berlusconi (in particolare per quello Mediaset), per lo scatenarsi dell'irrazionalità in ogni dove, compresi i salotti di Rai 1. E a poco sono servite le pronte parole di Vittorio Sgarbi per quanto avvenuto, che da padre della frase sulla Bindi, pur dissociandosi dall'uso offensivo di quelle parole fatto da S.B., ha voluto poi dichiarare che, *"come sempre accade, in Berlusconi la vita è più forte della forma"*; apparendo altrettanto evidente che il Vittorio nazionale non ama, però, distinguere tra i concetti di <forma> e <formalità> (la prima parte integrante dell'essenza di un uomo, mentre la seconda è riferita alle esteriorità dell'individuo), dimostrando di non stimare Aristotele e Freud, almeno quanto il <pulsional-rabbico Cavaliere>.

Che dire? Un filosofo/psicologo mancato il Vittorio? Una distrazione la sua? A meno che non volesse dare sottilmente della bestia a Berlusconi: perché questo significano le sue parole su vita più forte della forma. La <vita>, contrapposta alla <forma>, rappresenta in filosofia la parte materiale di un uomo contrapposta alla sue facoltà cosiddette superiori, o intellettuali. Ma a ogni modo, qualora anche Vittorio avesse voluto agire da sofista prezzolato non è dato saperlo, e poco importa. Diversa cosa, invece, sono le dichiarazioni del marzo

2008 (l'anno prima) di Daniela Santanché, la quale dichiarava che: *"Silvio vede le donne solo orizzontali. Il voto a Berlusconi è il più inutile che le donne possano dare"*. Poi, a quanto pare, con la manifestazione di piazza Farnese pro-S.B., quella dello slogan *"siamo tutti puttane"*, avrà pure cambiato idea urlando, fra le tante, una qualche verità.

E che dire, ancora, in generale? Invero questa Italia pullula di uomini e donne intellettualmente pigri, con l'insana tendenza alla devianza altrui, nell'illecita voglia di fare <opinione disinformata>. Vero è che chi non sa cambiare idea non è intelligente: ma poteva farlo anche il Galilei trattenendo quel suo "eppur si muove", per la gioia di chi, a quei tempi, commerciava in lucerne promuovendo la tenebra, a conferma che l'intelligenza, senza verità e conoscenza, partorisce solo l'ignoranza. D'allora poco è cambiato. Anzi, sembra quasi che in questa nazione l'ignoranza sia un bene da tutelare più di Pompei.

Del resto, a pensarci, l'ignoranza ha del "buono": lo dimostra il capitalismo da decenni, perché anche in Italia non serve essere intelligenti per essere benestanti e fare soldi. Qui, con l'intelligenza, puoi stare anche al di sotto della media; l'importante è che non disdegni di sfruttare, e soprattutto vessare, il tuo prossimo impreparato. Poi come un mafioso di rango, dopo aver requisito attività e settori, o pezzi di democrazia, ci si può anche vantare di dare lavoro o di guidare un popolo, rimettendo quelle stesse martoriate attività, o Istituzioni, in esercizio sotto il proprio controllo.

Ma non voglio ora scrivere nemmeno dell'avvento in Italia del digitale terrestre e delle relative polemiche su presunte leggi ad personam in capo al Gruppo Berlusconi. Non è S.B. il male di questa Nazione e nemmeno la Santanché, pur contribuendovi in modo marcato assieme a molti altri.

Invero, purtroppo, impiantatosi un sistema è anche difficile muoversi per altre vie. Basti pensare all'annoso tentativo da parte di Diego Della Valle, illuminato imprenditore italiano, di finanziare con dei soldi propri il restauro del Colosseo. Fu quasi scandalo una tale sua dichiarazione e anni di ricorsi da parte di associazioni, imprese e partiti nei diversi contesti, hanno ritardato le operazioni fino al dicembre 2013. Ecco che donare 25 milioni di euro per il restauro di un'opera, in cambio di soli 15 anni di pubblicità sui biglietti d'ingresso, ha scandalizzato più di chi, invece, ne proponeva la stessa vendita anche a pezzi (quote), perché il virtuosismo in certe cose è pericoloso e soprattutto anti-bustarella.

Da qui s'intuisce che, dal macro al micro, il tessuto appare univoco: "Feccia sorgente e feccia riflessa", in un'unica tela melmosa e solidificata, che però ci tiene uniti e ci dà un'identità in questa Europa. Quella dei melmosi più di tutti. Potendo scegliere come cemento della nostra società tra una buona cioccolata, che raffreddando solidifica, e una melma, noi abbiamo scelto la melma. Dalle dirigenze in giù, la melma riflessa la si trova nei Tribunali, negli Ordini Professionali, nelle Fondazioni, e così via, giusto perché di ministeri e forze armate ne abbiamo già parlato e, pur non potendosi fasciare l'erba, essa è costituita dalle cosiddette "cricche".

Mobbing e corruzione, anche del solo pensiero, sono le loro armi: spiccioli gli interessi per la sacra carriera o per il semplice tornaconto personale. Quando una cricca muove fa danni seri e sembra d'assistere alla "ressa dei cuccioli" durante la poppata, con rovina dei capezzoli della nutrice. Tant'è vero che cricche di vent'anni fa ce le ritroviamo ancora oggi a fare danni, per esempio nell'EXPO 2015 (lasciamo stare il Mose e altro). Insomma mini-tribù d'animi violenti e lagnosi, che scalpitano per il trionfo della materia e delle loro pance. Così, a pensarci, due sono i casi in natura in cui la materia ha il suo massimo trionfo: dapprima durante la fase di crescita di un animale e poi durante la fase della sua morte. La fase di mezzo, quella dell'animale maturo-adulto-libero, nel pieno delle possibilità, questo Stato se la perde assieme alla cioccolata, ospitando e portando al trionfo immaturi e moribondi, nelle vesti di parassiti di una democrazia debilitata e morente, più di quanto accade in altri Stati. Ma cos'è, però, di preciso la Feccia? Quali tappe ha avuto l'involuzione della nostra classe politica e dirigente?

- La Prova

L'esempio clou, fresco e chiarificatore del trapasso involutivo della Casta alla Feccia (intesa come scarto di democrazia da espellere al più presto), è quello offertoci da questa a partire dalla chiamata di Monti al Governo Tecnico, per finire al secondo mandato di Napolitano a Capo dello Stato. È il 2011. L'Italia ha già affrontato tre anni pieni di crisi e, dopo vent'anni di stagnazione economica, ora la nazione vive in forte perdita economica-produttiva, con crollo dei consumi come nel 1992. Ma, soprattutto, si soffre d'incredibile stagnazione politica. Nulla più la politica è riuscita a concretare da sei anni, dal quel 2005 in cui ha voluto avviare il porcellum, e nemmeno ora al 2011 riesce a concretare una nuova legge elettorale: nonostante, al solito, tutte le forze in campo dicono di volere. Figurarsi, dunque, dare risposte alla crisi.

Così, com'è noto, nel novembre 2011 fu necessaria la nomina di un Governo Tecnico (Governo Monti), che attuasse nuovi tagli alla spesa pubblica e nuove tasse, al solito molto impopolari per i politici di ruolo: a quel tempo appartenenti al Governo Berlusconi, che era in carica. *"Lacrime e sangue"* furono chiesti agli italiani, ma se gli italiani "pregavano" per l'abbassamento degli stipendi dei parlamentari, o per dei tagli agli sprechi riguardanti auto blu e simili (interviste e sondaggi al quel tempo parlavano chiaro), la risposta politica era il silenzio di fatto o il secolare rimando. Nessun segno, anche solo modesto, veniva offerto alla popolazione per infondere coraggio, salvo poi temere i populismi.

Del resto gli stolti sono stolti, mica possono concepire l'importanza dei segni. Così, sulla base di quella totale immobilità politica e strutturale del paese, nonché sui bunga bunga d'élite, anche le agenzie di rating ci hanno ben marciato, facendo sì che aumentasse, come già detto, il nostro spread.

Monti, da parte sua, per più di un anno manovrerà assieme alla Fornero così da provare a ridurlo, promettendo, ancor prima di prendere in mano le redini della nazione, che non sarebbe mai "asceso" in politica per le prossime elezioni. Insomma, non avrebbe approfittato della sua nuova condizione e dà la sua parola a chi l'ha voluto al Governo; in primis all'uopo dimissionario Silvio Berlusconi.

Ecco che lo spread, via via, si abbasserà dagli oltre 500 punti ai circa 300 punti, ma grazie al governatore della Banca Centrale Giapponese, Haruhiko Kuroda, che immetterà liquidità nel sistema economico sollevando Italia e Spagna. Siamo ora nel 2013. L'emergenza è cessata, ma non la crisi. Tuttavia la politica decide per nuove elezioni, ancora con il porcellum (avete letto bene).

Al termine di queste non proverrà nessun partito politico o coalizione. L'Italia, quindi, è ancora una volta più che instabile e tormentata. Monti stesso aveva mancato la sua promessa di non candidarsi, capitanando il partito "Scelta Civica" e non concludendo, infine, nulla di rilevante. Ma ecco che, subito dopo le elezioni, andava pure a termine il mandato del Presidente della Repubblica (primo mandato di

Napolitano), nascendo ora la necessità di fare un nuovo Capo dello Stato: figura che deve essere istituzionalmente capace e allo stesso tempo condivisa dagli schieramenti, perché garante di tutte le parti.

I partiti vincitori delle elezioni, quindi, propongono da subito il Presidente del Senato Franco Marini e altri nomi con le suddette peculiarità. Marini (centro) è il più condiviso. Chiamparino (sinistra) e Rodotà (ex sinistra – ora M5S) godono di minore condivisione. Tuttavia, nei diversi giorni di gestazione per detta elezione, le varie fumate bianche vedono superarsi detti nomi. Per le successive sedute servono ora meno voti e il PD potrebbe, in via tecnica, fare tutto in solitaria.

E dunque cosa fa l'onorevole Bersani che è a guida del PD? Chiama al telefono Romano Prodi, in quei giorni in Africa, e ne sonda la disponibilità nel ruolo di Capo dello Stato. Prodi, figura affatto condivisibile per i suoi trascorsi politici di primo attore contro gli schieramenti avversari, come una grossa nave da crociera "accetta e s'inchina al volere dello schettin-partito". Così, Bersani comunica la notizia ai suoi: della serie "c'è la possibilità di conquistare la Presidenza dello Stato?" O alla stregua, forse, di quel Fassino intercettato che chiede (o afferma): "Allora? Siamo padroni della Banca?" Chi può dire con quale animo Bersani comunica l'accettazione di Prodi? Però la Nazione era in attesa di un buon, se non ottimo e garante, Capo dello Stato.

Difatti, in un clima di ressa costante nel decennio visto, e in piena crisi economica, visto anche il risultato stagnante di quel voto del 2013, si sperava almeno che le parti riuscissero a condividere il Presidente della Repubblica. Sarebbe stata una buona partenza. Avrebbe significato più governabilità e meno Spread. Era fondamentale per l'economia del paese e per le sofferenze di tutti. Franco Marini, poi, era tecnicamente riproponibile e non "bruciato" come si volle sostenere in quei giorni. Di tecnico, invece (è opinione di chi scrive), per il PD c'era la possibilità di conquistare una posizione dello Stato mettendo lì un proprio uomo, in esclusività, come nel "gioco del go", ma eludendo di fatto le peculiarità richieste a una figura di garanzia, condivisa, come quella del Presidente della Repubblica.

Nel gioco del go, è risaputo, la regola è conquistare più posizioni e circondare l'avversario: mentre in politica, a quanto pare (questa volta grazie a Bersani), la regola del gioco è <cambiare le regole del gioco mentre si gioca>. Il che vuol dire, forse, giocare sporco? Vuol dire applicare il garantismo istituzionale fregandosene del garantismo istituzionale? E ciò, a favore del tecnicamente possibile, anche se tutt'altro che opportuno? Se è così, ecco anche spiegato perché "la mamma degli idioti è sempre incinta": anche questo, difatti, è un caso del tecnicamente possibile, ove si supera l'opportuno.

Invero, Bersani non doveva nemmeno pensare a Prodi svilendo, così, la figura del Capo dello Stato, e la Democrazia stessa, a entità in uso e consumo di un solo partito. Ma i suoi gli danno il via e, impiastrato l'attacco elusivo delle istituzioni, lo stesso voto dei parlamentari PD sconfesserà poi Bersani, che sarà costretto a dimettersi parlando di franchi tiratori interni (cioè traditori), nonché di anarchia e feudalesimo (riferito alle correnti e non a se stesso), ma anche di PD spaccato. Già!

E chissà chi fu a spaccare il partito; questo si chiedevano in quei giorni i capi dimissionari del PD, sembrando più i personaggi del coro *"nella vecchia fattoria"* in *"Johnny Stecchino"*, i quali, dopo essersi divertiti a cantare allegramente, divenuti attoniti e dubbiosi, si chiedevano infine chi fosse tra loro "il tacchino". Dovevano chiedersi, invece, del perché quel sistema a cilindro ch'erano diventati i partiti gli fosse crollato in casa, e in testa.

Altro che Feudo o Casta! La Feccia, ora, s'era fatta schifo da sola, mentre parlare di traditori interni, in questi casi eclatanti di fallimento, è sempre la cosa più facile. Addirittura necessaria ai "santi" meccanismi di difesa dell'Io individuale (o dell'Ego, o perché no dell'Egoista) tanto cari ad Anna Freud, che sono pure inconsci. Della serie, che certe scuse/cazzate non sono proferite nemmeno di proposito, ma scattano e si parla come dei bambini, negando a se stessi l'evidenza, nell'esercizio patologico di un Io mai morto, e per questo mai risorto in un Super-Io.

È il super-Io che fa gli uomini. Quando non c'è questo, non si sa nemmeno di cosa si sta parlando: se d'immaturi, o di scimmie, o di stressati, o di avvelenati nel cuore. Non si sa! Occorrerebbe un bel po' di sedute per scoprirlo (ma non spiritiche; semmai psicologiche). Ma ogni modo, lamentarsi di subalterni che ti cambiano le regole del gioco mentre si gioca, quando da leader così si è scelto di vivere e non si dà l'esempio per primi, beh, allora vuol dire c'è stata anche dell'ipocrisia nelle dichiarazioni dei capi del PD: sia che il tutto avvenga in coscienza oppure no.

Master in Leadership anni 2000 – prima lezione – differenza tra capo e leader: "*Il capo comanda, il leader dà l'esempio*". E nel caso del PD il buon esempio non c'è stato; c'era tutt'altro. Del resto tirare fuori dal cilindro il nome di Prodi, nel momento in cui le correnti interne al PD avevano già proposto altri nomi più condivisibili all'esterno, ha significato solo che il <Re-capo feudale Bersani>, oltre ai principi costituzionali, non ha inteso rispettare i giovani Signorotti delle correnti, preferendo alle scelte di questi ultimi la logica della cricca di sempre: la Prodi-D'Alema-Bersani-Bindi. Così, a chi scrive, piace pure pensare che quei giovani

Signorotti, capendo che la melma della vecchia cricca, più che nella testa e nelle proposte del Re-capo, si trovasse nel di lui cuore, lì hanno dovuto pugnalare, per farsi rispettare e rompere il cilindro. Sì, quel giorno Enrico Berlinguer è morto una seconda volta, per poi avere anche avuto un guizzo di vita dall'oltretomba.

Come abbiano fatto dei vecchi e consumati "leader", di un partito come il PD, a credere di vivere ancora in una tribù unita e compattata dalla stessa melma di sempre, soprattutto se da mesi, dall'interno, s'intendeva rinnovare e rottamare..., non si sa! Fortunatamente la goliardata su Prodi non è piaciuta e il Re-capo Bersani è stato "ghigliottinato".

A chi scrive, inoltre, piace ancora pensare che dall'interno del PD, più che traditori o profittatori rivoltosi, abbia invece operato un gruppo non soltanto capace di farsi rispettare, ma anche capace di dare segni di necessario rinnovo; scacciando una "feccia dirigente" oramai inidonea e poco lucida, affatto propensa a cedere il testimone della politica, senza conflitti, perché anche questa, come a centrodestra, avvelenata e ottenebrata da decenni di ressa politica.

Questa è divenuta l'Ugolina e Gherardesca Casta di oggi: una Feccia che ha perso il senso delle Istituzioni e della parola data, mentendo a se stessa, e che prova a nutrirsi pure dei propri eredi politici. Nessuna guerra fredda, tiepida o calda che sia stata, o strategia della tensione vissuta personalmente negli anni precedenti, potrà mai giustificare una tale loro condotta, e deriva. Sembra incredibile, ma da quasi dieci anni (dal quel 2005 del porcellum ad oggi) questa agisce venendo surclassata anche dal più comune e volgare <picciotto di mafia>, che quando dà la parola dà la parola, e se deve ammazzarti perché l'ha promesso... ti ammazza e basta.

Anche i malavitosi trovano essenziale saper mantenere la parola. Certo, brutta cosa l'assassinio, vero! Ma detta Feccia è peggio anche se non spara, perché la gente muore lo stesso. Le sue azioni non sono fulminee e dirette, ma non per questo meno intrise di violenza, dramma ed elusività, rappresentando oggi nel nostro sistema sociale il cancro dei cancri.

Infatti, il giorno dopo il fattaccio di cui si è detto, quasi nessuno degli altri schieramenti ha lamentato questo fare dei capi del PD (elusivo), e perché divertiti e perché avrebbero provato a fare lo stesso. Per questo e per altro nessun schieramento è qui escluso dall'intellettuale e propugnata definizione di "Feccia Tecnica", su cui s'invita il lettore a meditare oltre, indagando di suo ed esercitando sempre il libero pensiero.

Da qui, a fatto compiuto, tutti i feccia-schieramenti sono stati solo capaci di recarsi da un anziano signore, Napolitano, il quale da più di due anni "pregava" affinché potesse ritirarsi dalla politica in tranquillità (così da godersi la vecchiaia degnamente - coscienza permettendo), dando spazio alle nuove generazioni: perché anche di questo, secondo le dichiarazioni dell'ex Presidente, aveva bisogno l'Italia. E, invece, ha dovuto dire di sì ad un secondo mandato come Presidente della Repubblica, solo per evitare altro spread e, come dichiarato, al fine d'evitare populismi vari.

Ma ecco che Ugolino (la Feccia), dopo aver divorato il primo figlio (cioè eluso le attese delle giovani correnti del PD) e presosi le sberle dal secondo (i 101 ancora ignoti franchi tiratori), con la visita a Napolitano si era ora amputato un braccio e l'aveva messo a cottura, in una sorta di autocannibalismo, pur di rimanere vivo. "Impeachment" fu l'inutile grido di quell'altro giovane (M5S) che non volle avvicinare Ugolino così da rompergli, eventualmente, i denti dall'interno; magari alleandosi con il giovane figlio rimasto in vita (Renzi), dalle rottamanti idee. "Nooo, tutti i figli di Ugolino sono come il papà, gridò anche in seguito M5S": eppure Renzi e i M5S hanno elementi molto simili nei loro programmi. Mah? Sembrò quasi che Beppe Grillo temesse di vedere i suoi in azione, per ché da lui per primo giudicati inesperti. Quindi, "abbaiava" e temporeggiava, costruendo un solco di cui solo il futuro potrà dire quanto sarà difficile ricolmare.

A ogni modo le lacrime di Pertini di cui si è detto, per l'avversario Enrico degno e leale, parlano purtroppo d'uomini di un'antica pasta spariti dalla nostra scena politica, a favore di creature che sanno solo urlare di su di un palco o da un salotto televisivo. Alcune di queste creature lo fanno apposta, anche se con poca cognizione, mentre a molte altre viene anche naturale. Del resto se il cane abbaia e il gatto miagola, la scimmia urla: questo è il suo verso e qui poco ci s'inventa.

Alla forza delle parole hanno preferito le parole forti. Urlate. Ovviamente ci guadagnano in confusione generale. Invece è bello rivedere in TV, o in internet, i vecchi comizi degli antichi leader (non tutti), dove emerge palesemente una forte differenza con i nuovi capi. Infatti, in detti comizi, la preoccupazione dei vecchi leader era convincere facendoti capire l'importanza e l'essenzialità di un punto di vista: mentre la preoccupazione della Feccia di oggi, negli stessi eventi politici, è convincere e basta, possibilmente denigrando gli avversari e distorcendo il pensiero. Tuttavia, non sanno cosa rischiano.

- L'Aneddoto

Il modo di fare sopracitato, personalmente, mi ricorda un aneddoto di alcuni anni fa, dirimpetto casa mia. Due giovani fra loro conoscenti, sui 25-30 anni, avevano il gusto di aizzare i loro mastini l'uno contro l'altro, senza però farli toccare veramente. I cani per loro natura, prendendo la cosa seriamente, davano inutilmente il loro massimo, esausti, per tornare a scodinzolare subito dopo essere stati allontanati da due giovani, contenti di avere assolto chissà quale dovere o chiamata. E come detti cani, in pratica, sono aizzate le platee nei comizi (mentre normalmente sono trattate da greggi), così che qualcuno caschi nella menzogna che il male sta dall'altra parte, credendo pure d'applaudire qualche prode difensore di valori fondamentali per la democrazia, invero elusa dal sistema delle Cricche e della Feccia trasversali.

Ma ritornando su quei due giovani, ricordo che la prima volta, disturbato dal ringhiare di quei cani e pregato di andare a vedere cosa stesse succedendo in strada, risposi "niente, solo due deficienti con i loro cani". La volta successiva, poi, risposi "i soliti deficienti", finché non mi alzai più per andare a vedere. Mentre dopo qualche altra volta, capendo che stava accadendo qualcosa di diverso, risposi su quello che vidi: ovvero che "uno dei cani era sfuggito a uno dei due deficienti, ma che stavolta si erano fatti tutti male", pure i proprietari, finiti col culo a terra, di cui uno morsicato per sbaglio dal suo stesso cane inferocito.

Che dire?! Denigrare gli avversari in un contesto che da decenni è oramai internazionale, frantuma unità e stabilità nazionale: ed è segno che la Feccia non ha capito nulla di quale deve essere la nuova politica, preferendo giocare alla <guerra finta fatta in casa>, ma con danni. Giocare a go o a scacchi con la Politica, senza capire quale sia il proprio tavolo o lo scacchiere, è da deficienti. C'è poco da fare: lo scacchiere, da settant'anni, è quello internazionale. Ma l'Es del gioco e ingordo bambino, per tornare ad Anna Freud e al suo papà, dovrebbe divenire prima l'Io del giovane e poi il super-Io dell'uomo: peccato che molti dei nostri politici questo sviluppo se lo sono perso, e giocano ancora.

Il dramma dell'essere umano "andato a male", tuttavia, capita a tanti in natura, ma quando non si è dirigenti il danno è solo personale. C'è, ma è circoscritto. Chissà, però, se quel partigiano di cui abbiamo parlato avrà mai giocato a go o a scacchi, che sono giochi di strategia militare. Sappiamo, invece, che Pertini ha combattuto veramente e la vita lo ha "salato col fuoco" (come si suole dire). Durante la guerra, c'è da sapere, esausto e provato, Pertini fuggì di prigione potendo riparare in esilio. Scelse, diversamente, il suo popolo divenendo un partigiano e la lotta in Italia lo fortificò ancor più come uomo, pur rischiando di morire (altri tempi, ma anche altri uomini).

La Casta, diversamente, nel celebrare se stessa ha scelto un "sale senza sapore", insipido e vacuo, e di nulla salandosi nulla ha generato se non "lo stridore dei denti". Gioca, si auto-conserva e ingrassa in un'Italia in magra, con le famiglie in difficoltà e le nascite inconsistenti. Fa il verso alla guerra, usa termini battaglieri e di campagna militare, ma con preparazione e studi da bar sotto casa, con un massimo di strategia profusa pari, se non inferiore, a quella dei tornei di tressette.

Anche per questa sua inconsistenza di fondo essa ricorre ai consulenti e ai governi tecnici. Individualmente, però, le creature che la costituiscono sono certamente nella media: comuni, normali, potenzialmente utili a quella diversità che la vita richiede, ma a condizione di operare in contesti diversi dalla Politica. Mentre là dove sono, nella loro non idoneità, seppur diversamente certificata da un voto fittiziamente democratico, sono proprio fuori posto, divenendo delle "fecce tecniche". Basti pensare alla caduta del nostro ISU). Francia e

Germania soffrono sì la crisi, ma mantengono le loro posizioni.

- Il Rinnovo

È possibile ed è anche necessario, e se lo si vuole potrà essere anche sufficiente, solo marciando nella direzione giusta. Bisogna, però, capire cos'è quel locomotore chiamato "potere", così da ben gettare le basi per i prossimi trent'anni, senza sbagliare e senza altro ritardo. Nella competizione europea mantenevamo un passo, seppur nelle retrovie e senza rimonta, ma ora chi avevamo davanti muove verso altri traguardi, distaccandoci. E non è determinante che le risorse naturali delle altre nazioni, oggi più benestanti, siano diverse dalle nostre, influendo in un qualche modo sull'economia. La Francia, per esempio, ha un territorio circa il doppio del nostro, la Germania ha materie prime importanti, ma, in un mondo così come si è evoluto oggi, la materia prima sono le idee e le innovazioni: quindi non ci sono scuse, e appare pure ovvio che reggere una nazione sulla stessa classe dirigente, per più di vent'anni, è da nazione d'idioti.

Se vuoi innovare devi rinnovare, soprattutto le menti della classe dirigente. In Italia, addirittura, ci siam tenuti classi dirigenti per più di quarant'anni; ma quelli erano altri mondi in altri tempi. Un po' più statici. Poi arriva la new-economy (anni 80-90) e ci troviamo impreparati, illusi che il mondo potesse continuare così com'era, e la lira perde anche il 30% (1982-1992). Attualmente, invece, il mondo lo capisci solo se lo studi prima e se lo pratichi vastamente, in un arco temporale di vent'anni. Dopo, probabilmente, tutto cambia ancora e non sei più lo specialista giusto, o il politico giusto, con la giusta vision, divenendo opportuno cedere il "volante" perché anche il modo di pensare è cambiato; e, *cogito ergo sum*, anche il modo di essere.

Un tempo, forse, servivano dei capi, oggi, sicuramente, necessitano dei veri leader. Master in Leadership anni 2000 – seconda lezione – differenza tra capo e leader: "Il capo dice <Io e sempre Io>, il leader dice <Noi e anche Noi>". Non si è scritto qui di Anna Freud e del suo papà inutilmente. Suonano quindi tragiche e patologiche, nei comizi e nei salotti della politica odierna, le parole dei molti capi partito, tra cui lo specialista Silvio B., della serie "IO ho fatto", "IO garantisco", "IO prometto", eccetera, tant'è vero che il centrodestra del 2014 non riesce più a trovare nemmeno un capo (figuriamoci un leader), risultando frantumato. Perché è quell'IO-LUI smisurato, purtroppo, che l'ha frantumato tramite quel sistema a cilindro del porcellum.

Ecco che in un mondo collaborativo, dove il concetto di umanità vale più di quello di individuo, questo tipo di "uomini-IO" non hanno avuto mai valore. Nocivi quanto obsoleti, buoni solo alla celebrazione di se stessi e alla sublimazione dell'IO-individuale, ottime doti nella rozza politica, ma per la massificazione dei popoli e la perdita delle intelligenze. Ecco che gli IO-collettivi derivati da questo tipo di capi, cioè delle masse, come la Storia e la Psicologia insegnano, sono paragonabili a quelli riscontrabili nelle greggi d'allevamento; quindi non degni delle potenzialità umane.

Ma tornando al *case study S.B.,* e alle necessità di rinnovo della classe dirigente, questi ai suoi esordi politici è stato probabilmente utile alla nazione e dei grazie è possibile che gli siano dovuti. Anche in politica estera. Come pure altre canzoni di verità, essendo qui imprescindibile ricercare quanta più verità possibile, al fine di comprendere la realtà italiana. Così, come già detto e per aggiungere altro, nella metà degli anni duemila, incalzato dalla giustizia, S.B. volle consolidare se stesso con l'incostituzionale *porcellum*. Da eletti trasforma i suoi in nominati, che abboccano, e tenta l'assalto al Potere Giudiziario e alla Costituzione, ma con la resistenza interna di Gianfranco Fini: al tempo Presidente del Parlamento e potenziale leader-successore dello stesso S.B..

Fini, però, cacciato dal PDL; lo si è già detto. Era il luglio 2010 ed era evidente agli osservatori il differente senso delle Istituzioni dei due uomini (che non descrivo). Talché, a fine 2013, viste le vicissitudini di una destra oramai a pezzi, il "pentito" Ignazio La Russa (che aveva intanto fatto bene a fondare Fratelli d'Italia uscendo dal PDL) volle dichiarare su Fini: "*Forse avremmo dovuto batterci perché guidasse lui il PDL*", ritornando sui suoi passi meglio tardi che mai, alla ricerca di nuova libertà dal quel sistema a cilindro.

Ma intanto, ancora, nel febbraio 2014, S.B. taccia di "*utile idiota della sinistra*" pure l'ex delfino Alfano, che nel frattempo aveva formato l'NCD, in un inutile attacco disgregante del nucleo centrista della destra italiana, forse fino a sostituzione dei diretti interessati. In quei giorni, difatti, l'Ugolina e famelica natura di S.B. sembrò avere poco riguardo, e così era, sia delle trascorse fratellanze sia del rispetto ricevuto da parte del proprio prescelto Angelino Alfano: a questo punto definito un "coglione" da mezza Italia (che faceva il verso alle parole di Vittorio Sgarbi, ma si ritiene ingiustamente), perché, pur potendolo fare a suo tempo, nel 2013 non aveva provato a scalzare S.B., divenuto ineleggibile, richiedendo opportunamente le primarie.

Così, a rottura del 2014 avvenuta e sorbitosi "*l'utile idiota*", Angelino risponderà a Silvio rincarando la dose e parlando di "*inutili idioti attorno all'irriconoscibile Silvio Berlusconi*", confermando la spaccatura del centrodestra e coniando una nuova dizione (inutili idioti) di cui si sarebbe volentieri fatto a meno. "Irriconoscibile", poi, S.B. non lo era stato nemmeno tanto, ricordando detti fatti l'episodio boomerang a suo tempo accaduto a "porta a porta", con "la più bella che intelligente" Rosy Bindi. Ovvero, quello di un Berlusconi disposto ancora una volta all'autolesionismo, pur di sopravvivere e di avere in mano un qualche scalpo, seppur, stavolta, proveniente dalla parte sbagliata.

Che dire? Non bastava più a S.B. aver distrutto la struttura democratica dei partiti? E ora da pazzo incontrollato muoveva pure alla distruzione di tutto il centrodestra? Compresa, quindi, la demolizione delle sane logiche di stabilità e di alternanza necessarie a una nazione? Separatosi prima da Fini e poi abbandonato da La Russa, ripudiato ora Alfano, davvero quel Sansone ch'era in lui era pronto a perire con tutti i Filistei, per questioni ideologiche? (Visto che Alfano era al Governo con Renzi!)

Ma quale?! Ma quando?! Invero S.B. si preparava solo al Renzismo pur di sopravvivere, senza neanche farsi troppi problemi sulla politica, sulla nazione e sugli amici di sempre. Ciò sarà dettagliato in avanti, capendosi meglio come i problemi personali di un singolo dirigente, problemi di ego, di giustizia, o di capitali, si sono trasformati in avidità istituzionale e cecità morale, e nell'errore italiano più grande delle due prime repubbliche: quello di avere un lobbista a Capo del Governo.

Come evitare simili errori non è difficile. Bisogna solo capire cos'è il potere e come amministrarlo, legiferando senza egoismi. Ecco che la locomotiva del potere tirerà su meglio tutti i vagoni, a meno che il potere non logori di suo senza nessun'altra alternativa. A dire il vero, però, non può discutersi di Potere e Politica senza citare il politico italiano più ingiustamente odiato da alcuni, e più ingiustamente amato da altri, Giulio Andreotti, al quale sono attribuite le seguenti due frasi: *"Il potere logora chi non c'è l'ha"* e *"Il potere logora. Ma è meglio non perderlo"!*

Due diverse affermazioni, in parte in controsenso, cui molte sono state le speculazioni negli anni. Difatti la prima frase, usata nel 1951 da un Andreotti in erba a difesa di De Gasperi, fu mutuata da un detto siciliano e, più che di potere, rileva la negatività dell'invidia (il logorio è per chi non ce l'ha). La seconda, invece, è il titolo di un suo libro del 2000, quindi convinzione di un Andreotti maturo, con la quale egli ammette che il potere, seppur utile, risulti logorante anche per chi ce l'ha.

Ma da un altro suo libro del 1972, *"Spunti di riflessione - La repubblica probabile"*, egli aveva già affermato, capendosi bene il senso delle due frasi, che *"la stabilità è l'obiettivo naturale per ogni espressione di potere politico, ed è una finalità indispensabile per una nazione che ha conosciuto cinquanta anni fa le conseguenze nefaste di un periodo di estrema debolezza governativa, crisaiola e poco concludente"*, alludendo, dunque, al potere come mezzo e non come fine (il fine è la stabilità e la governabilità), con critica del sistema Italia a partire dal periodo fascista degli anni venti (cinquant'anni prima dal 1972).

Da allora poco sembra essere cambiato nella mentalità italiana. Del resto basta vedere "Casablanca" in DVD, film con la Bergman e Bogart, girato nel 1941 e andato nelle sale cinematografiche già nel 1942, cioè in piena seconda guerra mondiale (di cui il film ne ha l'ambientazione), per costatare quali erano gli sfottò con cui erano etichettati gli italiani, a proposito della loro efficienza bellica e organizzativa.

Detto ciò appare chiaro, nonostante non si ritenga qui Andreotti il più grande statista italiano e forse nemmeno uno statista tutto intero, quale sia stato il suo ruolo, suo malgrado, nel sistema del pentapartito, con una DC (Democrazia Cristiana) al centro, alleata in alternanza sia con le sinistre sia con le destre italiane, in un sistema di stabilità imperfetto: la cui altra grave pecca era l'assenza del rinnovo dirigenziale, anche perché operante in un tempo dove troppi erano i segreti da custodire, con i relativi morti ammazzati (in genere gli statisti tutti interi), in una strategia della tensione volta però allo *status quo*, benedetta dai forti tentacoli delle potenze straniere in casa nostra (gli USA).

Nemmeno Andreotti, dunque, poteva costituire il solo Bene o il solo Male di una Nazione, come i tanti politici qui nominati, almeno singolarmente. Cosa c'è da fare, allora? Quale il nostro riscatto e da cosa liberarsi?

Molto è stato detto sulle lobbie, sulle banche d'affari e su quelle commerciali, e va attuato. La Casta, invece, non solo non deve divenire Feccia, ma non deve nemmeno esistere di suo. In tal senso bisognerà ben agire pur quanto l'autoconvincimento di certe "scimmie egoiste" sia arduo da debellare, nonostante tra i leader di qualche partito italiano possa esserci pure qualche illuminato. Allora come operare? Come impedire ai nostri partiti di assomigliare sempre più a tribù di popoli sottosviluppati?!

- L'Azione Partitica

"Vision e Coraggio" sono le parole d'ordine. Le uniche.

Diversamente l'ultima campagna elettorale del 2014 per le europee, sancita dai media come la sfida Grillo-Renzi, per chi ne ricorda, imperversava sui concetti ansiogeni e contrapposti di "Distruzione" e "Speranza". Concetti che invero ricordano più quel mondo cristiano da cui deriviamo e siamo immersi, che per secoli ha temuto e teme il "regno della distruzione di

Satana" pregando, invece, per il "regno della speranza di Dio". E che dire?

Nel primo caso, quello della "Distruzione", al grido di "*vinciamo noi*" gli ambiziosi Grillini proponevano di spazzare via la Casta, ma anche la tradizionale Politica, individuando nel web il terreno di confronto per le scelte di un ipotetico Governo, forse online. Perlomeno questo era stato percepito; o meglio quasi nulla era chiaro così come lo era la rabbia. Ecco che l'assenza di particolari, il fumus contradictorium e le scimmiesche urla, nonché la scelta di non dare azione di governo ai voti ricevuti in precedenza alle nazionali, hanno penalizzato alle europee il Movimento Cinque Stelle (M5S) come magari non meritava. O forse sì: visto per esempio l'inutile attacco di Grillo al popolare Festival di Sanremo, che dà lavoro a tanti, che ha i suoi introiti e che veicola il Made in Italy nel mondo, evidenziandosi, in questa e altre occasioni, le debolezze e le contraddizioni del Capo dei M5S.

Invero tutto l'M5S, pur annoverando nei suoi programmi alcune problematiche serie e necessarie alla nazione quanto prima, pecca di forti contraddizioni. Vuole fare politica, ma ospita frange anarchiche. Gran parte del suo programma verte su adeguamenti delle nostre leggi alle direttive europee, ma propone l'uscita dell'Italia dall'Unione Europea. Si professa movimento democratico, però, i suoi militanti, anche se costituzionalmente autonomi e in prima linea, non godono d'autonomia e non possono dissentire dai capi, che, ahinoi, come in molti altri schieramenti non sono dei leader. Non ne hanno le caratteristiche (o questo dimostrano), e l'onestà del cuore e i carismi (che una nutrita fronda d'italiani gli riconosce col voto) non gli sono bastevoli. Cosicché il merito delle loro migliori intenzioni si disperde nell'infruttuoso metodo delle loro azioni.

Nel secondo caso, invece, la *Renziana Speranza* la dice lunga. Essendo la Speranza, "nel timor del futuro, l'unica cosa posseduta da chi non possiede nulla", essa fa anche leva sull'egoismo degli individui nel possesso, ancor meglio della distruzione senza alternativa. Grillo, non avendo ben spiegato cosa avrebbe dato agli italiani di spicciolo e immediato (quale "foraggio"), e dichiarando poi che la politica non serve, garantendone pure la punizione con dei processi online per quei carnefici (la Casta) che poco foraggiano le loro bestie (gli italiani), altro non ha fatto che spaventare ulteriormente quelle timide creature affamate dalla crisi, timorose, infine, di rimanere senza nemmeno quel poco foraggio scadente, ancora in circolazione. Parole di Renzi quali *"la speranza contro lo scetticismo e la noia, per tornare a crescere e a fare bene"* hanno convinto e rassicurato di più, nonostante detta sua propugnata speranza non sia stata, e non è tuttora, al 100% di tipo aristotelico.[14]

---

[14] Nella storia dell'uomo la "Speranza" trova adeguata definizione in Aristotele, che la concepisce come un atto virtuoso della volontà potenzialmente teso al raggiungimento di un bene futuro difficile, ma non impossibile da realizzare". In questo comportamento, però, occorre che sia ben definito il bene che si vuole ottenere e il mezzo oggettivo che rende congruamente possibile conseguirlo. L'atto virtuoso, dunque, esigeva per Aristotele una chiara e conseguente pianificazione oggettiva e reale. Solo così la speranza poteva divenire vera, e non rubata fiducia, nonché coraggiosa e proficua azione. Nel mito greco, poi, la speranza è legata al "Vaso di Pandora", caro agli psicologi. Nella cultura romana antica, "meschino è colui che è senza speranza o che non la pratica". Nella dottrina cristiana (come virtù teologale) è invece legata alla vita eterna, cioè alla "resurrezione dell'ultimo giorno nella medesima carne", promessa dal figlio di Dio. Quella di Renzi, in particolare, è al 50% aristotelica (forse un po' meno) e al 50% religiosa: nel senso che al tempo della sua campagna politica un po' di buone idee pratiche le annoverava, ma pure molta preghiera.

Ma convince veramente Renzi? È egli in grado di pianificare il futuro della nazione e operare i cambiamenti necessari? Eventuali fattori esterni alla sua pianificazione, in pratica il "terreno/campo" su cui dovrà muoversi, gli saranno congeniali? Occorre infatti considerare che, se la vita è una lotta, Sun Tsu insegna che il "campo di battaglia" (il terreno) è decisivo in una qualunque azione. I vari Salvini, Berlusconi, D'Alema, Finocchiaro, Giornali, TV, Grillo, il Papa e così via, hanno quindi una loro influenza come salite, discese, fossi, strapiombi e cattivo tempo: il campo, appunto.

Ecco che, strizzando meno l'occhio alla guerra e di più alla vita (come è sempre meglio fare), l'insegnamento che se ne trae è che *"da un buon seme non sempre si ottengono frutti, se il terreno di semina fa schifo"*! E Renzi a parte, lo sapete già: al netto di Francesco, per "terreno" in Italia siamo messi male. Idealizzare l'uomo, dunque, inteso come il singolo uomo, oltreché machiavellico è stupido. Niente ducetti, niente eroi, niente salvatori della patria: non servono. Sì alla speranza, invece, ma fra i titoli di coda e mai in testa alle propagande politiche. Questo non significa che il singolo uomo, portatore di obiettivi condivisi, non debba avere spiccato valore personale. Anzi!

Ma gli interrogativi ora diventano: "Ha il suo spiccato valore personale Renzi"? E "la qualità delle sue sementi basterà a supplire la scadente qualità del terreno italico? "Cosa, poi, ha già saputo fare Renzi"?!

A tal proposito, invero, egli non era partito ottimamente. Agli esordi la sua "rottamazione" non convince la maggioranza del popolo del PD, e nelle primarie perde con Bersani. In Renzi si teme che la sua linearità possa essere, diversamente, faciloneria. Lascia, però, un primo segno. Così nell'incidente per l'elezione del Capo dello Stato, subito dopo il secondo mandato di Napolitano, dovendosi dimettere

Bersani, diventa egli segretario del PD grazie a quel segno. Renzi deve, a questo punto, iniziare ad agire e fare. Ecco che nel dicembre 2013 prova ad accordarsi con il M5S, che nei suoi <restitution day> versa a beneficio delle piccole e medie imprese i proventi degli stipendi dei propri deputati. Matteo Renzi a questo punto, con vera originalità, fa una proposta condizionata ai M5S, ovvero che in caso di assenso di questi ultimi alle riforme del PD, o di eventuale accordo, anche il PD avrebbe restituito i propri proventi agli italiani. "Fantastico!", si sarebbe potuto esclamare!

Tuttavia, sentita una simile proposta, tra i tanti italiani anche il sottoscritto ha dovuto inizialmente esclamare, su Renzi, che *"un altro idiota senza il senso delle Istituzioni era già approdato ai vertici delle dirigenze nazionali"*! Ricordo che in quei giorni Matteo Renzi mi dava l'idea di un giocherellone ludo-patico, che noia di certo non avrebbe destato in uno dei tanti popolari centri scommessa della nazione, ma che di serio e di essenziale nulla o poco sembrava capire. Già!

Anche perché se egli avesse ritenuto che i proventi del PD fossero stati più utili agli italiani, allora sarebbe stato più serio ed essenziale restituirli a questi ultimi, anche una tantum e indipendentemente da tutto, anziché giocarli alla roulette russa con i M5S. In pratica, quel Renzi arrivato lì dov'era, sembrava più quel classico scemo fortunato che, in un'Italia dove gli scemi non mancano, poteva lo stesso trovare numerosi consensi. Del resto "chi si piglia si somiglia"!

A fine dicembre 2013, invece, egli non era ancora a capo del Governo. Vi era Enrico Letta; il quale operava ugualmente con l'NCD di Angelino Alfano, per Renzi in modo elefantiaco e troppo lentamente (poco "smart" e poco "sprint"). Renzi, però, si diceva fiducioso in una futura accelerazione del Governo alle riforme. Tuttavia, come se niente fosse, egli continuava a guardarsi ugualmente attorno, lavorando per delle nuove riforme possibili, un po' come aveva provato a fare con i M5S. Voleva dare una mano al Governo: questo dichiarava Renzi. Ma era sistematicamente disturbato (o richiamato) dalle critiche dell'ex dirigenza PD, ricollocatosi, ora, internamente alle correnti del partito.

L'ex dirigenza non aveva tutti i torti sulla frenesia di Renzi, anche perché l'aiuto di quest'ultimo al Governo Letta si sarebbe presto trasformato in una "spallata".

Difatti il 18 gennaio 2014, in tutta risposta alle noie interne, con il <patto del Nazareno> per le riforme, assieme a Forza Italia, Renzi resuscita il nemico di sempre del PD, Berlusconi: che come già detto era stato, nel frattempo, abbandonato anche da Angelino Alfano (con una scissione tecnica), in quanto decadenza e non eleggibilità lo aspettavano.

La mossa di Renzi infuria non poco l'ex dirigenza del PD, la quale, allo stesso tempo, calma la mai cessata critica nei di lui confronti, temendo ora per una nuova e più devastante spaccatura del partito (successiva all'episodio dei 101 franchi tiratori). Ma soprattutto teme che il nuovo leader, dalle parvenze seriamente schizofreniche e ludo-patiche, potesse operare ugualmente anche senza di essa, rottamandola definitivamente.

L'ex dirigenza non poteva ancora vederci chiaro su Renzi, ma era indubbio che l'Ugolina essenza del PD (di cui si è detto) aveva preso un altro pugno in bocca, sputando altri denti e vedendoli ora rispuntare nell'Ugolino del centrodestra, Silvio Berlusconi, che non tarderà ad usarli... manifestandosi.

Infatti, nell'immediato febbraio 2014, come già accennato in altri paragrafi, a pochi giorni dal nuovo patto, il resuscitato Silvio Berlusconi, stavolta più egoista che autolesionista, spaccherà il centrodestra dando "dell'utile idiota" al proprio ex-delfino Angelino Alfano, definendolo anche "stampella della sinistra" nel Governo Letta. Ma la logica piena dei fatti, ora individuabile in ragione della cronologia di tutti gli avvenimenti, era la seguente:

- 18 gennaio 2014, accordo Renzi-Berlusconi (Patto del Nazareno sull'*Italicum* e per il Senato). I due decidono di aiutarsi, forse anche aiutando l'Italia;
- 13 febbraio 2014, Renzi chiede con forza le dimissioni di Letta al Governo, dopo averci lavorato un bel po' nelle settimane precedenti, dovendo tatticamente concretare la sua ascesa (e forse anche accelerare le riforme);
- 14 febbraio 2014, Letta rassegna le dimissioni nelle mani del Capo dello Stato;
- 14 febbraio 2014, Berlusconi attacca Alfano definendolo "utile idiota" e "stampella della sinistra", preparandosi egli a fare lo stesso per Renzi, ma dall'esterno del futuro governo;
- 16 febbraio 2014, risposta di Alfano a Berlusconi su quei "inutili idioti" di cui quest'ultimo s'era circondato (i falchi), e spaccatura del centrodestra.

In definitiva il 17 febbraio 2014, dopo tre giorni (14-15-16 febbraio), S.B. sembra veramente risuscitare come promesso in tante sue barzellette, ma stavolta da comune mortale come avvenne per Lazzaro: e senza considerare che dovrà di nuovo morire definitivamente, ovviamente politicamente parlando. Il patto fu sì del Nazareno, ma in questo caso non era S.B. il messia, né lo sarà più. Difficilmente egli sarà nuovamente a capo del centrodestra in una nuova coalizione di partiti, avendo rotto generazionalmente con il nuovo, illudendosi forse di averlo abbracciato a centrosinistra in Renzi.

Invero, nei fatti, Berlusconi ha solo sputato sul vecchio (i vecchi alleati). Renzi, invece, in così tanta abbondanza di "utili idioti", difficilmente avrà voglia in futuro di favorire esclusivamente S.B., rinforzandolo ulteriormente. Sempre perché le riforme, e la scusa è buona e giusta, vanno fatte in piena e ampia condivisione. Non fa una piega (difatti si è tenuto Alfano)! Renzi il "rottamatore", che con il Patto del Nazareno sembrava più il Renzi del "riuso e riciclo", difficilmente vorrà contraddire se stesso e la sua matrice politica. Rottamerà fino in fondo o sarà un fesso che rottamerà se stesso. L'aver resuscitato Berlusconi, nel suo caso, si spera ubbidisca più alla "legge dei simili" (la *similia similibus curantur*), o del "simile scaccia simile", nella versione "Ugolino contro Ugolino... degli Ugolino in meno a partire dal PD"! Berlusconi, in pratica, è stato usato da Renzi non solo per le riforme, ma per zittire le nemiche correnti interne del PD.[15]

A ogni modo, puro spettacolo e pura tragedia l'Italia ha visto consumarsi nelle settimane tra il gennaio e il febbraio 2014, avallata dalla colposa ignavia dei media, abituati più a sezionare le notizie che non a metterle assieme una dietro l'altra. Pochi i veri commentatori, molti i ciechi e moltissimi i timidi e i servi, senza nessun commento in particolare su detta "ressa dei cuccioli" o degli "utili idioti".

Niente si è detto, poi, sulla "mamma nutrice" Matteo Renzi dal fare schizofrenico, grazie al quale, probabilmente, questa farà sì poppare tutti, ma a turno e per poco latte, nel difficile compito di mantenere buono il "terreno". Da giocherellone quale è, Renzi ha puntato il suo tutto per tutto, e cioè la sua carriera politica, nelle sue prime mosse iniziali. Detta carriera è già nata e tutto sommato procede, con molta speranza e pochi miracoli (Il terreno è quello che è).

---

[15] Alla data di revisione di quest'opera le cose sono un po' cambiate. Il Patto del Nazareno non sussiste e il resuscitato Berlusconi è in forti difficoltà con spaccature interne alla morente Forza Italia.

Purtuttavia delle vere riforme strutturali dovrebbero riguardare l'organizzazione interna dei partiti. Ma nulla si fa in tal senso.

Su Renzi, ancora, sarà la natura della nuova legge elettorale, l'*Italicum*, misteriosa quanto sospetta alla data di queste righe, perché in itinere, a svelare la sua vera consistenza in ordine alla democrazia. Un Senato di nominati non gli porterebbe bene, ma dipenderà anche dal numero e dalle funzioni dei Senatori (che vogliono diminuirsi drasticamente). Renzi rischia la qualifica più di capo che di leader, con poca fede negli uomini liberi.

Ma affinché il potere agisca (quello utile), perché di questo si argomentava, esso non va concentrato in capi, bensì distribuito fra gli uomini secondo libertà, regole efficaci e sanzioni certe, a partire dalle organizzazioni partitiche. Queste dovrebbero darsi dei veri e propri M.O.G. (modelli organizzativi gestionali, tipici delle aziende), perché la qualità appartiene più alle procedure che ai singoli uomini. E invece ogni partito ha il suo Franco Fiorito di turno. Fiorito, Lusi, Greganti, Belsito, eccetera: i rubacchianti di partito, almeno per le accuse mosse dai p.m. e le prove additate, l'uno fotocopia dell'altro, perché la struttura di tutti i partiti è inefficace allo stesso modo.

La gestione economica dei partiti va regolata. Anche la gestione dei processi decisionali andrebbe regolata, e non lasciata in balia delle "correnti". Difatti, le correnti di partito sono sì utili, ma la linea partitica deve essere unica e le chiacchiere non servono. Durante le riunioni di direttivo si vota e si verbalizza, finendo lì il dissenso subito dopo il voto, o si è fuori per regolamento. Oppure si è interdetti a tempo, ma sempre con procedura formalizzata (e democratica), da sottoporre anche questa al voto del direttivo.

Con i moderni mezzi, tutto ciò non sarebbe uno spreco di tempo, guadagnandoci anche. Invece, all'interno dei partiti e dei direttivi, quasi tutto è deputato allo stile della scimmia: urla e scontri ad oltranza, dovuti più a gelosie interne che non si chetano mai, cui seguono dichiarazioni depistanti ai giornali (anche dopo le scelte operate dal direttivo), perché ancora troppo si fa per acclamazione. Si argomenta sulla base di nessuna regola scritta, o procedura formalizzata. Male! E anche il linguaggio è diventato violento!

Questo andrebbe regolato bandendo alcuni sinonimi popolar volgari (per non parlare del linguaggio militarista), attuando delle sanzioni, pure, per le teatralità cui assistiamo in Parlamento. Magliette, striscioni, feticci, campanacci, eccetera, qualunque cosa, purché non si argomenti in modo serio, in derisione delle Istituzione. Ci vuole un Daspo anche in Parlamento, come nel calcio, con l'allontanamento temporaneo, per più sedute di voto, per quel parlamentare cresciuto allo stadio. Non è la censura che si suggerisce, né la limitazione della libertà di espressione, ma il confronto dialettico in certi ambiti istituzionali deve divenire efficace ed efficiente (ottimizzando i lavori), lasciando alle piazze il folklore, anche a chi ha necessità di affermare che "*siamo tutti puttane*".

Diversamente accade, ancora, a cominciare dall'interno dei partiti, che prima gli uomini e poi i contenuti, prima il servilismo e poi la libertà, prima il pretesto e poi la regola scritta, prima la pagliacciata e poi gli argomenti… e non può funzionare. Anche se c'è una logica malata in tutto questo, creduta furba; ovvero concentrare (con l'aiuto del caos) l'essenza della dirigenza di un partito non nelle mani di un ampio direttivo, ma nelle mani di pochi uomini del direttivo (vicini al capo), perché spiegare tutto a tutti non sempre è visto come un bene.

Delle regole chiare e lungimiranti, invece, potrebbero fare vincere la paura della vera democrazia all'interno dei partiti, solo se tra i vertici vi fossero uomini un po' più maturi; un po' più pratici di Sophìa anziché di Poros, proprio quel Poros fottuto da Penìa, il cui frutto spacciato per Amore è la nostra storia. Oggi, una storia di decadenza.[16]

- La Delinquenza Culturale

Parlando ancora di sfacelo umano e partitico, un altro esempio studio e chiarificatore lo offre ancora Forza Italia (che non sa rinnovarsi), e le altrettanto degne di nota motivazioni usate dallo stesso S.B. - vero Lazzaro risorto - nell'attaccare Angelino Alfano in quei giorni di cui si è detto. Era il 14 febbraio 2014, giorno dal sottoscritto battezzato come *"la vera strage di San Valentino del centrodestra italiano"*.

Motivazioni obbligate quelle rese da Silvio Berlusconi che, però, suoneranno nella storia più come l'autodenuncia di un *delinquente naturale* (solo per citare la Bocassini), anche nei confronti dei propri militanti. Difatti, durante il Consiglio Nazionale di Forza Italia del 16/11/2013, tre mesi prima da quel 14 febbraio 2014, Berlusconi invitava i suoi a comportarsi bene e a non fare dichiarazioni sul nuovo NCD di Alfano, che aveva operato la scissione: della serie, *"siamo tutti una stessa famiglia non creiamo solchi difficili da*

---

[16] Nel Simposio di Platone, durante il banchetto dato da Zeus in onore della figlia Afrodite, il mezzo-dio dell'espediente e dell'ingegno (cioè della furbizia), Poros, sognante della bellissima e agognata Afrodite, regina del banchetto, dopo essersi abbuffato e addormentato con certi intenti, viene invece stuprato da Penìa, la dea della miseria e della povertà, che partorirà poi Eros: l'amore pulsionale dei mortali, distinto dall'Agape (quest'ultimo, quell'amor che ricerca anche il bene altrui, oltre alla propria soddisfazione personale).

ricolmare". Testuali parole di S.B. finalizzate a evitare strappi all'interno del centrodestra, mentre veramente curiosa fu la sua introduzione a detto attacco di febbraio.

In particolare, prima di tacciare Alfano come *"utile idiota stampella della sinistra"*, S.B. argomenta su questi dichiarando che:

"Forse abbiamo sbagliato con la nostra presenza nel Governo Letta, ma non ho sbagliato io, l'ha fatto chi è andato a fare le trattative e sappiamo chi è (Alfano). *Poi è iniziata la procedura per la mia decadenza. Io che per vent'anni ho dato al partito e a chi c'era dentro tutto quello di cui aveva bisogno... posti di prestigio. Qualcuno era stato fatto ministro della Giustizia a 38 anni, segretario del partito a 40 anni, ministro dell'Interno a 42 anni* (sempre Alfano). *Io avevo bisogno del mio partito per andare dal Capo dello Stato e dire: se non finite questa mascalzonata della mia decadenza facciamo finire il governo. No, hanno fatto una scissione"* (l'NCD di Alfano).

In pratica S.B., per motivare le sue dure parole su Alfano e ritornare "risuscitato" il protagonista del centrodestra, anche se spaccato o inesistente (altro che scisso), rimprovera al suo ex delfino di aver voluto trattare con Letta, attestando, però, che c'era anche lui in detto governo (*"la nostra presenza"*), essendo ancora il capo del PDL e di Alfano. In sostanza, è S.B. a mandare Alfano a fare le trattative tempo prima della scissione, come in genere un capo fa, per riservarsi poi l'ultima parola con l'altra parte.

Alfano, mandato in avanscoperta, magari era favorevole e forse insistente sulle trattative, ma S.B. non dice di no. Non si oppone. Quindi tutto il partito di Berlusconi (con Berlusconi incluso e in prima linea) era stato, in ogni caso, <l'utile idiota/stampella della sinistra nel Governo Letta>. Non ci sono dubbi!

Così, ecco che questa prima parte dell'introduzione di S.B. rappresenta, nei fatti, il suo primo atto autolesionista nella sua dichiarazione. Ma non è il solo!

Successivamente alle trattative, ancora, entrati tutti (con lo schieramento di Berlusconi) nel Governo Letta, è iniziata la temutissima procedura di decadenza nei confronti di S.B.. Questi, da capo, vuole ora rimandare Alfano a rompere quelle stesse trattative con un ricatto, *"se non finite questa mascalzonata della mia decadenza facciamo finire il governo"* (come sopra riportato dal di lui discorso), tant'è che il sospetto è più quello di un appoggio iniziale, e pieno, di S.B. al Governo Letta, proprio in vista di un possibile ricatto futuro, per via della temuta decadenza. Della serie, si entra nel Governo prima per cercare di salvarsi poi, magari ricattandolo!

Ma Alfano, non essendo d'accordo nel ricattare il Governo o non volendo più fare il "pupo", o addirittura stanco di S.B. per altri motivi in seguito riportati, fa la scissione e forma l'NCD. Ecco, quindi, che il secondo atto autolesionista di Silvio B., in questo caso, consiste nell'aver dichiarato tranquillamente di aver voluto ricattare il governo, assecondando le quasi vere parole della Bocassini sulla sua *"naturale propensione a delinquere"* (delinquente naturale), che però non trovano conforto scientifico perché i delinquenti naturali non esistono (malattie del cervello a parte), esistendo, invece, i *"delinquenti culturali"*: cioè quelle persone che agiscono al di fuori delle regole, dopo averci meditato pure sopra, solo per un proprio ed esclusivo vantaggio, in danno di tutti gli altri.

Così, nei giorni a seguire, pentito dell'atto autolesionista numero due (ricattare il Governo), S.B. dichiarerà che ai suoi tempi (Pentapartito) quando cadeva un Governo si era contenti, potendosi a suo dire lavorare in santa pace per le varie Milano1, Milano2 e Milano3, senza essere inutilmente disturbati (da non si sa chi). Quindi, continuava in queste sue oratorie e conferenze stampa per l'Italia, *"non è così grave la caduta di un governo"*, cercando di giustificare la sua vena ricattatoria evidenziatasi nei giorni prima, come se le conseguenziali cadute degli indici di borsa, il ritardo nei commerci, i fallimenti d'impresa e l'impoverimento collettivo, fossero solo favole indipendenti dalla stabilità di uno Stato. Ecco, quindi, il suo terzo atto autolesionista (l'uno tira l'altro) di uno Zero-Statista-Ciecamente-Anarchico S.B., per il quale i governi servono a poco, se non a niente.

Quindi vien da chiedersi: ma che ci fa S.B. in Politica?

- L'Uomo del Mistero

Come è chiaro, o forse no, la figura di Silvio B. è alquanto controversa anche per altre storiche problematiche, mai risolte da nessun schieramento (Conflitto di Interessi, Media e altro), nonostante in passato ve ne fossero state le possibilità. Difatti, in passato, quali "scimmie guerriere" e scioccamente, le parti politiche hanno preferito confrontarsi sul terreno della tensione, anziché dei contenuti. Del resto, per affrontare i contenuti bisogna avere sostanza, essere in gamba: per litigare, invece, non è necessario. Anzi, da questo punto di vista, cioè quello dello scontro fra parti politiche e rovina del Sistema Italia, nel complesso si potrebbe quasi parlare di un Berlusconismo Pre-Porcellum e di un Berlusconismo Post-Porcellum. Ma non ci si dilunga.

Ritornando, invece, alle dichiarazioni di S.B. nell'attacco ad Angelino Alfano, riportata nei precedenti paragrafi, ancor più grave è la questione dei favori personali all'interno dello schieramento del PDL. Sempre quel 14 febbraio 2014, in aggiunta, Silvio B. rimprovera ad Angelino Alfano d'essersi dimenticato dei favori personali, e degli incarichi di prestigio, da lui ricevuti ("*...posti di prestigio ...era stato fatto ministro della Giustizia a 38 anni, segretario del partito a 40 anni, ministro dell'Interno a 42 anni*") attestandosi, ulteriormente, il suo pensiero di "delinquente culturale". In altre parole che, per Berlusconi:

1. certi incarichi sono solo di prestigio e non di responsabilità;
2. certi incarichi vanno assegnati per cortesia e favoritismo interessato;
3. certi incarichi non vanno assegnati per meriti e capacità dell'uomo preposto;
4. un "cretino o un utile idiota" vale l'altro nel ricoprire certi posti di dirigenza nazionale;
5. l'importante è che quel cretino sia un lacchè tutt'altro che smemorato sui favori ricevuti;
6. i favori ricevuti hanno la precedenza anche su una nazione in crisi;
7. Angelino Alfano è un cattivo e irrispettoso uomo politico, perché non rispetta i superiori sei punti.

E che dire? D'altra parte se, nel rispetto delle leggi e delle garanzie personali (amor proprio compreso), Angelino Alfano avesse potuto tutelare il capo del centrodestra, difficilmente non l'avrebbe fatto. Da delfino e potenziale successore di S.B., non si sarebbe portato appresso l'onta del debole o dell'irriconoscente. Visto, invece, quanto aveva combinato Silvio Berlusconi negli ultimi tempi, rendendosi ricattabile con dei bunga bunga disincarnanti la propaganda di destra su decoro e famiglia (valori tipici dello schieramento), e visto, soprattutto, che in caso di sua decadenza S.B. minacciava già prima della scissione, infidamente, l'ingresso della figlia Marina a capo del centrodestra - scambiando le democrazie per dinastie, in elusione e in barba a chi nello stesso schieramento fa veramente politica da decenni - vuol dire che S.B. se l'è proprio cercata la scissione, peggiorando da sé la sua stessa situazione e tutta quella del suo gruppo, senza rendersene troppo conto, o fregandosene.

Sta di fatto che nei meeting delle associazioni di famiglie non è più gradito ospite, e il voto cattolico gli si è striminzito. Mentre a detta di Vittorio Feltri, che nei dibattiti televisivi sul processo Ruby ha tentato più volte di difenderlo, a S.B. gli si sarebbe striminzito qualcos'altro, ritenendo egli impossibile il consumo del reato nei confronti della minorenne, per sopraggiunti problemi fisiologici. Ma speriamo non sia vero e che S.B. stia in salute! Invece, è chiara una sola cosa: ovvero, quanto il dibattito in Italia sfiori il ridicolo e di come tale ridicolo sia straordinariamente veicolato.

A ogni modo, molto di un antico consenso è andato perso a centrodestra, e non è detto che sia più recuperabile. Stress o insufficienza che sia per sopraggiunta età, o addirittura per pura "delinquenza culturale", questa è oramai la pericolosità di S.B. in carico al suo schieramento. Magari qualche Procura ha esagerato veramente nei suoi confronti, esasperandolo. Chi lo sa? E probabilmente l'unica saggezza rimastagli, infine, sarà stata la fifa per gli eventuali bunga bunga delle patrie galere, dove vige un diverso sistema a cilindro (scusate il mio francese) che nulla a che fare ha con i partiti e con il porcellum, e dove c'è poco da ricattare o da comprare.

Sì, perché anche Angelino Alfano è stato ricattato con lo spauracchio di Marina, non avendo scelta: doveva fare il "pupo" per S.B. o andarsene prima d'essere cacciato come Gianfranco Fini. Anzi, è probabile che Angelino il "pupo" l'avesse già fatto in troppe occasioni, nell'illusione d'essere stato un vero colonnello dello schieramento, dimenticandosi troppe volte, invece, di essere stato anche uomo delle Istituzioni.[17]

In politica, all'interno di uno stesso schieramento, si dà e si chiede anche, ma non l'impossibile. E soprattutto non bisogna ricattare i propri collaboratori e sottoposti, sbarrando loro ogni giusta ambizione. Fare questo significa uccidere la Politica, oltreché impedire il rinnovo e il futuro dello schieramento. Significa anche non capire, specialmente per il caso in esame, che a un certo punto non bastano nemmeno i capitali o le logiche di liste bloccate per sopravvivere, ma che era necessario, invece, solo non esagerare. La precedente struttura piramidale dei partiti, diversamente, andava rinforzata con regole chiare e trasparenti, senza trasformarla in becero cilindro.

Aver fatto questo, significa anche non aver mai capito la Politica, quella seria, nonché vivere nel timore delle nuove generazioni, viste come serpi cresciute in seno, perché gli altri, e chi dopo verrà, non possono essere diversi da chi li ha preceduti. Male! Ecco che quel giorno dove Berlusconi non avrà eredi politici è già arrivato. Per carità, S.B. troverà sempre un "Toti" di scorta (o altri pronti a farsi suoi eredi politici), ma una cosa è un vero erede con il quale si è

---

[17] Partiti e Istituzioni sono entità complementari condotte da uomini attraverso la Politica. Quando l'uomo di un partito passa alle Istituzioni diventa un uomo delle Istituzioni: quest'ultime hanno precedenza sui partiti e sui bisogni degli uomini del partito. Non a caso le dimissioni richieste a Letta da Renzi sono state rassegnate dal primo al Capo dello Stato (Istituzione), che poteva anche negarle se ritenuto opportuno. Anche Letta poteva esimersi da darle, facendo prevalere la sua appartenenza alle Istituzioni e non al PD. Non ha voluto creare spaccature nel PD e l'Istituzione Napolitano neanche, verificando prima, quest'ultimo, che ci fossero le oggettive condizioni per un nuovo equilibrio politico. A centrodestra, invece, si sono consumate delle scissioni e delle scacciate.

condivisa una storia politica e un'altra cosa è una ruota di scorta: figuriamoci un ruotino di scorta di una "moto APE". Sì! S.B. non può dirsi di certo uno Statista. Invero, egli non voleva "scendere" in politica, voleva fare tutt'altro, ma non poté dire di no all'insistenza di Bettino Superman Craxi, a quel tempo affetto da kryptonite acuta (contratta dal lancio di monetine spaziali), e a Marcello Dell'Utri, quest'ultimo ex-consulente di Bettino e oggi condannato per concorso esterno in associazione mafiosa. I due, dopo ripetute visite, questo è quello che si racconta, lo convinsero a salvare sia il voto dei moderati sia l'Italia dai comunisti, dei quali a quel tempo si raccontava anche <mangiassero i bambini, ma non con tutte le scarpe>, come poi si scoprì.

Così, a suo tempo, o Silvio B. ebbe veramente paura dei comunisti, o forse ne ebbe di più per manipulite e di perdere tutto ciò che aveva realizzato in precedenza, più o meno in lecita concorrenza, dovendosi adeguare, "allegramente", a quel sistema dei "calzoncini corti di Craxi": perché si sa che S.B. è anche persona allegra. Dunque, può dirsi mai esista davvero una Seconda Repubblica, fondata sulle paure e sugli uomini provenienti dalla prima?! Tutto sommato sì, ma solo perché è cambiata l'efficacia della Magistratura, in relazione e conseguentemente ai fatti del periodo stragista degli anni 90 (stragi Falcone – Borsellino).

In quegli anni, sull'onda di quei fatti di sangue, la Politica ha fatto della lotta alla mafia il proprio cavallo di battaglia, salvo, poi, lamentarsi di una magistratura ben allenata e consapevole che, all'interno delle Istituzioni, vigesse indisturbata anche una certa "*mafia bianca*": corruzione, concussioni (vedi Dell'Utri e vedi anche i "cannoli alla ricotta di Cuffaro"), alla quale di certo non bisognava concedere sconti. E benedette furono anche le "sante intercettazioni", le quali fanno tremare sempre e solo chi ha paura della verità, che assieme alle leggi antimafia, e a quelle da queste derivate, fecero scoprire il politicante non più intoccabile.

Anche il Segreto di Stato stesso andrebbe ulteriormente limitato nella durata e nelle tipologie degli accadimenti, se non abrogato del tutto per fatti di natura squisitamente politica, o limitato alla durata della legislatura in corso. Quanto prima tutto deve andare in trasparenza al "sovrano" (il Popolo), pur quanto questo ignorante, perché tanto è il "cuore del Popolo" quello che conta. E il "cuore del Popolo" è sempre buono.

Che oggi, addirittura, si parli pure di Terza Repubblica, dove frammenti della destra scendono a patti con la sinistra (vedi per esempio Patto del Nazareno, o l'appoggio dell'NCD al Governo per le riforme strutturali) senza morti ammazzati, ha anche il suo significato benigno. Basti pensare al delitto Moro del 1978, al fine di fermare il cosiddetto <Compromesso Storico>, o alla <Strage di Portella della Ginestra> del 1947, dove si festeggiava la vittoria elettorale della coalizione tra socialisti e comunisti (con lavoratori e contadini in pacifica contestazione contro i latifondisti), per capire che parlare ancora oggi dell'opponente politico in termini di pericoloso comunista o d'idiota fascista è da stupidi, e serve solo a reiterare quegli assassinii.[18]

---

[18] Si è già detto del Compromesso Storico e dell'accordo Moro con i Palestinesi. Di quest'ultimo ne parlò, nel 2008, l'ex Presidente Cossiga in una sua intervista, successiva alle rivelazioni del 2006 di Steve Pieczenik: il consigliere americano chiamato al fianco dello stesso Cossiga, al fine di risolvere la crisi relativa al rapimento Moro (1978). Pieczenik, inviato da Henry Kissinger (Capo della Sicurezza negli USA), ha in concreto confessato che il suo consiglio a Cossiga fu il sacrificio di Moro (Moro doveva morire), per la stabilità dell'Italia e dell'area Europea; ammettendo, da psichiatra qual era, che in quei 55 giorni di crisi influenzò, con opportune tecniche di comunicazione, le Brigate Rosse affinché si uccidesse Moro, così da impedire l'accordo con i comunisti (il

Così, l'ex socialista e craxiano S.B., ex piduista a sua insaputa, oggi liberista e affatto liberale a partire dal suo stesso schieramento (perché ricattatore), dimenticatosi di quanto si sia costruito in questi anni anche in accordo con i comunisti italiani (poco a dire il vero, in ragione della poco efficace politica italiana), assieme a Totò Riina è rimasto uno dei pochi a lamentare nelle propagande la *"malattia comunista"*, risuscitando vecchi e irreali mostri.

Alcune sue ultime esternazioni del 6 marzo 2014 (durante la presentazione di un libro), della serie *"Noi abbiamo avuto il più forte partito comunista d'Occidente, che voleva prendere il potere con una rivoluzione armata che fu impedita da Stalin. Ma questo partito non ha mai rinunciato a prendere il potere nella Scuola, nell'Università, nei Giornali e nella Giustizia"*, dicono tutto.

Difatti Stalin, il più grande dittatore camuffato da comunista (sanguinario), a dire di S.B. avrebbe fermato i comunisti italiani dall'ascesa al potere: il che è contraddittorio. Tre falliti Golpe si ricordano in Italia (1964, 1970 e 1974) e tutti di origine di estrema destra, di cui l'ultimo sedato, assieme alle forze militari sane della nazione, anche da ex-partigiani comunisti. Con l'ultimo si è rischiato che qualche altro Pinochet d'Italia avrebbe fatto nostrani desaparecidos, trasformando la nazione ancor più in "colonia culturale" statunitense.

Poi, addirittura, per S.B. il comunismo si è guarda caso radicato nella Scuola e nelle Università, posti in cui si prova a

---

"compromesso storico"). Cossiga, con la sua intervista postuma, vorrà invece fare intendere che l'azione di Pieczenik fu più una vendetta statunitense per <l'accordo Moro con i Palestinesi>, secondo la normale politica USA a favore di Israele. A chi credere e dove si annida, allora, per il caso italiano, quella verità che distingue i delitti dei terroristi dai delitti fra Stati?

esercitare il libero pensiero, come anche nell'Editoria, dove si esercita anche quella faziosità a lui avversa. E niente popò di meno, ancora, la "malattia" si è insinuata anche nella Magistratura, dove si applica la legge redatta dai partiti, tra cui anche quella redatta e firmata da S.B.. Il processo Ruby, infatti, nasce da una buona legge del centrodestra. Che dire? S.B., al minimo, ultimamente è veramente contraddittorio e stressato!

Ma il torto più grande e imperdonabile, come già detto, S.B. l'ha fatto alla Politica e al suo gruppo, riguardo ai fatti e alle condotte collegati ai casi D'Addario, Ruby e così via. Nessun moralismo e nessun bigottismo: assoluzione o meno che verrà relativamente ai processi, chi come lui si rende ricattabile nei modi descritti, tradendo e indebolendo la coalizione nei suoi principi fondanti, non merita di esser più capo in un qualunque schieramento concepibile, aldilà dei valori da difendere (lotta alla prostituzione, tutela e valorizzazione della famiglia, eccetera).

Ecco che se S.B., durante la campagna delle Europee del 2014, definiva Grillo come Hitler, non considerava invece la sua natura di Attila: "l'Attila del Centrodestra", nel senso che lo ha distrutto sempre più, fino a mandarlo in putrefazione, assieme alla stabilità di una nazione. Per questo è stato abbandonato: prima da Fini, poi da La Russa e dopo da Alfano, e in avanti probabilmente lo sarà anche da Fitto e da Verdini. Perché se in S.B., davvero, "la vita è più forte della forma", allora veramente come i bambini dove e quando gli vien voglia di defecare lo fa, e pure addosso ai fratellini (i suoi stessi uomini di schieramento).

Questo è il suo unico e intimo senso della sempre in bocca "LIBERTÀ, E LIBERTÀ", che evidentemente è tutt'altro (annusare per credere), seppur ignoto è il suo indice di intenzionalità, risultando per questo un mistero. Sì:

"Berlusconi, l'uomo del mistero", tranne che per i danni che fa e per le baggianate che proferisce.

- La Terza Repubblica

Il centrodestra italiano ha un duro compito davanti a sé: deve ricostruirsi rinunciando al feudalesimo interno e ai fasti pseudo-imperiali, ammodernando le sue procedure interne, nella convinzione che il Berlusconismo sia finito, nonostante il suo "fantasma" aleggi ancora nell'etere d'insane abitudini. Deve rinunciare, in pratica, alle "fumose esalazioni" profuse dal vecchio e a ciò che è tossico.

Il centrosinistra, diversamente, ha già avviato questo cambiamento, indirizzandosi verso una maggiore democrazia interna, sia con le primarie sia con atti di moderna gestione e trasparenza partitica (senz'altro da migliorare e completare), anche affidate a società di settore indipendenti, come accaduto per esempio per il controllo dei bilanci.

Molto, quindi, va ancora fatto in seno ai partiti ed è chiaro che i valori, all'interno di un qualunque schieramento, devono avere più importanza dei singoli uomini, che ne sono solo i portatori, sempre se degni. *Sostituire ai valori l'individuo è bestialità, così come sostituire alle Istituzioni i Partiti è Anarchia.*

Bisogna allontanare, invece, chi denigra i valori fondanti o chi si rende ricattabile, senza discussioni o sedute speciali. Lamentare, addirittura, l'attacco esterno di poteri occulti (fantomatiche magistrature deviate o comuniste), potendo invece bastare un semplice atto fondante scritto del partito, che disciplini le condotte e i destini di militanti e fondatori a ogni livello, è palliativo. *Perché la vera politica non è tutto e il contrario di tutto, o l'invenzione del momento, ma essa muove solo se inequivocabilmente indirizzata fin da principio, a partire dagli uomini.*

Non fare ciò, e trastullarsi in condotte poco esemplari, significa solo scoprire il fianco ad attacchi debilitanti di tutto lo schieramento, o peggio ad attacchi debilitanti di un'intera nazione, magari da parte di agenzie di rating straniere. Ciò cui si è dovuto assistere negli ultimi dieci anni a centrodestra, in attacchi alla Costituzione e al senso stesso della Politica, non ha eguali, avendo di suo dell'eversivo. La disorganizzazione vista, poi, fa sembrare avanguardia un'assemblea di condominio dell'ultimo paesino di provincia, di vent'anni fa.

Cercare di addurre consenso allo schieramento, ancora, sull'istinto puttaniere del volgo, che dire, è stata la ciliegina sulla torta del centrodestra. Un qualunque partito non deve mai sfruttare, né deve piegarsi, all'inadeguatezza del volgo. Deve semmai cambiare il volgo cambiando la propria struttura e rinunciando al consenso facile, per un consenso cosciente e di qualità.

Non esistono altre formule o alchimie per cambiare un paese. In Italia si delinque e si ruba perché l'idea di fondo è che per primi delinquono e rubano i partiti e le loro lobbie. Tradimento e menzogna regnano ovunque perché l'esempio abita in Montecitorio, veicolati da una sorta di "delinquenza culturale" che ha assuefatto le volontà. La gente onesta, poi, che non intende la Sofistica, si sente solo circondata da "*figli di puttana*", che lo gridano pure dai palchi delle piazze armati di megafono.

Non sarebbe un male certificare per primi nella qualità i partiti politici: basta stabilire delle procedure (perché non ne esistono ancora), sia per le attività interne che per quelle sociali, così come si sono inventate per le attività produttive. Un partito non è meno complesso di un'Azienda o di una Amministrazione Pubblica. Invece, per le attività prettamente istituzionali le procedure sono già pressoché efficaci, perché codificate. Occorre, dunque, affiancare quelle dei partiti, a cominciare dalla gestione delle campagne elettorali, turbate in vario modo dall'assenza di regole efficaci e ormai troppo vecchie. Un esempio banale è il caos che si crea nell'affissione dei manifesti elettorali in ogni città (vere e proprie resse), per non parlare dei linguaggi inopportuni e violenti, spacciati per propaganda e informazione.

Non meno importante è la sussistenza della Pubblica Amministrazione. Un terzo del personale è improduttivo (almeno al Sud) e grava sulla vita pubblica, essendo stato prodotto dal <voto di scambio>: questo, un altro aspetto di quella delinquenza culturale qui discussa. Licenziare chi è improduttivo nella P.A., però, come proposto da qualche esponente politico, giusto per meglio compiere il taglio dei costi della macchina amministrativa, a parere di chi scrive non è la via maestra. Ha più senso la cosiddetta "qualificazione della Pubblica Amministrazione", sia formando e aggiornando il personale sia certificando la P.A. nella qualità, come previsto dalla legge da anni.

All'interno della P.A. periferica mancano uffici deputati alle fonti rinnovabili e all'energia, nonché allo smaltimento e al riciclo dei rifiuti, che possano dirsi tali, dove il personale possa dirsi opportunamente qualificato e idoneo nel ruolo. In qualche caso migliore esistono dei "poveri disgraziati" (dipendenti pubblici) deputati a fare di tutto, anche il lavoro degli altri colleghi, ai quali si dà il tempo d'imparare una mansione per essere, poi, trasferiti in altre, sempre nel gioco politico dei fiduciari del politico di turno.

Convertire, invece, il personale non specializzato della P.A., adattandolo a più ruoli, è fondamentale più che licenziare. L'esempio della Alessi S.p.A., che ha saputo avviare nel 2014 una *partnership* tra pubblico e privato, preferendo non mandare in cassa integrazione i propri lavoratori, per impegnarli in ingenti lavori di tinteggiatura di scuole ed edifici pubblici, o nel riordino e manutenzione di spazi pubblici, e in altri servizi di carattere sociale (famiglie, anziani, eccetera), in chiari e scritti accordi con la P.A., è significativo. Si è avviata l'idea del <lavoratore jolly>, perché <flessibilità del lavoro> vuol dire <flessibilità nel lavoro>, che vuol dire <flessibilità del lavoratore>. I lavoratori, così, mantengono lo stesso stipendio, facendo però dell'altro, non sprecandosi i fondi di assistenza per i cassintegrati.

Ma ritornando al centrodestra italiano e alla sua peculiare delinquenza culturale (perché ogni schieramento ha la sua), oggi alcuni suoi giovani membri muovono per l'istituzione di primarie (volte alla scelta del premier), anche se timidamente. Questo è un buon segno di democrazia. Difatti, non può esserci Potere Efficace ed Efficiente all'interno di una Democrazia, anche solo agognata, senza un'organizzazione gestionale democratica, trasparente e regolamentata, dei partiti. Non solo, quindi, delle Istituzioni. Questo perché Partiti e Istituzioni, pur non essendo la stessa cosa, sono complementari e reciprocamente integrativi. Lo si è già affermato e tuttavia non basta.

Anche perché questi giovani politici dovranno sapersi riscattare dai loro trascorsi di vessati, puzzolentemente, dal loro stesso leader, così da scegliere in che vesti passare alla Storia nella nuova politica italiana. O passeranno a questa da uomini che hanno subito dei torti, da cui, però, si sono riscattati meglio tardi che mai, così come sta facendo la giovane sinistra (pur senza miracoli e qualche disastro), o passeranno da unte quaglie quaquaraquà, per dirla alla Sciascia, dimostrandosi privi di personalità e incapaci di dire la propria.

E chissà se la vecchia guardia della destra italiana avrà capito che è anche il momento di passare il testimone ai più giovani, così da rimanere in concorrenza. Brunetta non l'avrà capito di sicuro, perché è lui il più "giovane" di tutti (dentro) nel centrodestra italiano.

A ogni modo, la classe dirigente va sempre tenuta fresca e prestante, mentre la <Democrazia Rappresentativa> va quanto più trasformata in <Democrazia Partecipativa>. L'elettore, in pratica, deve essere coinvolto maggiormente nelle scelte politiche del Governo, anche in itinere e non solo per mezzo di referendum (che poi, invece, vengono elusi). Non mancano mezzi per farlo: c'è il web, per esempio, e diverrebbe anche educativo per il popolo.

La Partecipazione, dunque, anche se una tantum, costituisce in sé forma di Democrazia Diretta e andrebbe incoraggiata con agevolazioni da parte dello Stato: da negare a chi mostra disinteresse. In Svizzera, per esempio, si usa il sistema delle multe per chi non va sistematicamente a votare, se non impedito. Ciò è utile anche contro il cosiddetto <voto assistito> dei partiti, e contro la loro brutta tendenza a fare gregge e pascolo, o a sporcare la Politica stessa per allontanare, da essa, i palati più fini.

È più che ovvio, ancora, che il mondo della Scuola e dell'Istruzione devono contribuire molto di più, in termini di ore, alla formazione del cittadino, aldilà della pienezza della struttura democratica operante all'interno del Paese. Senza "démos" (popolo) non può esserci "cràtos" (governo), ma solo pecore e lupi in una giungla d'animali: e a poco serve poi lamentarsi del foraggio scadente, o della violenza degli animi. Forse proprio questo meritiamo; il giustiziarci socialmente e nel welfare (meglio ISU), con le nostre stesse mani!

Il rinnovo della classe politica deve essere inserito nel sistema. Il sistema attuale, invece, è un sistema di "premiavecchio, anziché buono" (intendendo sempre i soliti, più che l'età). Occorre stabilire che stesse cariche non possono essere rappresentate dalle stesse persone per più di due legislature, comprese le segreterie e le leadership di partito (purtroppo, oggi non è così). Inoltre, complessivamente, è saggio che la carriera politica di ciascuno non duri più di 20 anni, logoramento personale, o meno, per quel dolce veleno chiamato potere, perché è bene capire, e fare in modo, che nessuno veda nella politica un mestiere o una carriera per la vita, ma solo un mezzo e non un fine personale.

Chi ne vorrà fare una carriera farà il consulente politico, non il politico attivo, magari a fine ventennio. Chi si avvicina alla politica, invece, deve farlo con l'idea che un giorno dovrà tornare al lavoro dal quale proviene, cosicché il suo obiettivo principe sarà migliorare il sistema entro il quale dovrà ritornare a remare assieme a tutti gli altri. Questa è <Democrazia Partecipativa>. L'unica e sola anti-Casta e anti-melma, al dolce profumo della partecipazione allargata, dove rinnovo e ricambio sono favoriti. Eviteremmo la sedimentazione dei cervelli delle classi dirigenti e il fallimento degli obiettivi di una nazione.

Infine, niente pensioni d'oro, ma solo pensioni da lavoro più un premio per chi ha fatto politica: ciò nel rispetto del reddito medio delle famiglie e solo per pensioni inferiori a un quantum. Mai premi pensionistici ai politici condannati in via definitiva che, invece, oggi godono di scandalosi vitalizi, perché la Casta/Feccia è immune da fallimento. Eppure, questo, è sotto gli occhi di tutti.

L'articolo 1 della Costituzione andrebbe modificato da "*Repubblica fondata sul lavoro*", visto che non si è capito sul lavoro di chi (in ragione delle moderne forme di schiavitù), a "*Repubblica a Democrazia Partecipativa fondata su uomini che lavorano*", ben evidenziando che le Cariche Istituzionali non possono mai costituire un lavoro o una professione, e nemmeno dinastie[19].

Ecco che, quando la Politica diventa un mestiere o una guerra contro qualche altra parte, non avremo più politici ma "politicanti". Questi ultimi saranno i primi ad avere paura dei cambiamenti, quindi non li attueranno, perché preoccupati più per lo status quo: il proprio status quo, ricercando la personale comodità e tremando, tuttavia, per i populismi.

Detto mestierismo, in Politica, opera uno stacco disastroso tra Lavoro, Società e Politica stessa. Come già descritto nei paragrafi precedenti, oggi la politica italiana dista dal cittadino italiano 6 a 1, mentre in Germania 2 a 1 (in riferimento agli stipendi). Studi accreditati hanno evidenziato che i lauti introiti, e l'immunità nei confronti della legge dei "politicanti", hanno attirato verso le Istituzioni, sempre più, figure meno idonee a ricoprire detti ruoli. Sembrerebbe opportuno, allora, indirizzare stipendi e indennizzi verso

---

[19] Il capo dei M5S propone di modificare l'art.1 della Costituzione da "Repubblica fondata sul lavoro" a "Repubblica fondata sul reddito", propugnando il reddito di cittadinanza. Buona cosa il reddito di cittadinanza, per il quale ci si dovrebbe adoperare magari, inizialmente, solo con un sussidio di cittadinanza (o premio) per chi, ad esempio, orbita nel volontariato, ma non ha un lavoro soddisfacente (fondi statali permettendo). Questo perché mettere i cittadini in grado di spendere è buona cosa per l'economia (raccomandazione 92/441 CEE, di tipo keynesiana). Tuttavia non si può fondare una Repubblica sul Reddito, che è un effetto e non una causa. Una nazione si fonda sui mezzi giusti: il reddito proviene dal lavoro e può essere un mezzo (cioè una causa) solo in una seconda fase (quella degli investimenti). Dare al reddito funzione fondante assomiglia alla disastrosa finanza creativa che ha originato la crisi. Diversa cosa, invece, è prevedere politiche di distribuzione del reddito (che potremmo mettere anche in Costituzione; perché no). A ogni modo, il termine "lavoro" non basta. L'Italia va fondata su "Lavoratori, Istruzione e Ricerca" e non sulle cariche istituzionali. Si inizi a pensare, dunque, ad un nuovo ed equo articolo 1.

valori medi europei, magari stabiliti da tutti gli stati in sede comunitaria. E' anche così si combatte la corruzione. Che Merkel &C., dunque, inizino a pensarci.

Invero, dare un valore economico all'attività Politica, quella vera, in termini di stipendi degli attori politici, ha poco senso: poiché questa è da considerare quasi come un bene primario, da incentivare anche con l'attrattiva economica. Ecco che parametrizzare, Stato per Stato, gli stipendi dei politici in ragione dello stipendio medio del cittadino, nei rapporti di 2a1 o 3a1 al massimo, o in ragione della variabilità dell'ISU (Indice di Sviluppo Umano), in modo tale che detto stipendio aumenti o diminuisca in ragione della variabilità di detti indici, sicuramente porterebbe a una classe politica molto di più interessata a migliorare lo sviluppo umano complessivo.

L'esempio è banale, forse estremo, ma non collegare gli stipendi dei politici (o il rinnovo della loro eleggibilità) alla loro efficienza è un errore enorme. Come ogni attività umana anche la Politica ha bisogno d'incentivi, in positivo e in negativo, non avendo in proprio nulla di sacro che non gli sia assegnato dal raziocinio umano.

L'immunità, poi, è cosa buona, ma giudicare un politico a 70 anni di età e condannarlo, magari, a 20 anni di carcere per fatti gravi, quando gliene restano solo 5 o 6 da vivere, non è serio. I processi durano in media dieci anni, così dopo i 50 anni di età è auspicabile che un politico non goda di nessuna immunità e che vi siano dei canali speciali per accelerare il suo giudizio. Ciò tutela anche il politico innocente. È inutile, poi, argomentare sulla Prescrizione, istituto giuridico tutto italiano. Per i reati relativi alla vita istituzionale non può, e non deve, esserci prescrizione.

L'incentivazione sarà fare politica da giovani e oculatamente, svecchiando il paese e la vision politica. Dopo i

60 anni, inoltre, è auspicabile nessuna attività politica, ma solo lavoro, pensione, famiglia e volontariato (anche nei partiti). Favorite saranno famiglia e società, e poi chi vorrà, se proprio deve, sul viale del tramonto potrà anche dedicarsi ai propri bunga bunga preferiti, senza pensieri e senza rendere ricattabile un partito, o mettere una nazione in balia degli speculatori. Per legge, dopo i 60, un politico lo si rimanda a lavoro qualche anno prima della pensione. Come già detto, su lavoro e *lavoratori* deve fondarsi l'Italia o una qualunque nazione, e non su inutili supereroi.

Non è semplice da credere, ma questa è l'unica via per dare la giusta adrenalina al nostro paese e fare in modo che chi opera in politica ben si adoperi, preventivamente, anche nel saper passare il testimone a chi verrà, che è un importantissimo compito-dovere fra generazioni, quasi una missione, anziché, diversamente, cagionare la distruzione del futuro di tutti, così come si sta facendo. Ovviamente, se si è il nulla solo il nulla si può trapassare ad altri, ma pensare che il massimo della saggezza di un uomo la si raggiunga a 70 anni, quando si sta per tirare le cuoia, o quando la malattia ci mette del suo, è da pressappochisti. Vecchio non vuol dire saggio, e a parte il lavoro dei consulenti e della squadre tecniche di cui un politico si circonda, le doti umane di cui quest'ultimo necessiterà non sono strettamente legate all'età, ma principalmente alla sua istruzione ed educazione.

Quindi, di Senatori a vita manco a parlarne. Bisogna avere occhi per ciò che accade in mezzo alla gente per stare in politica, e non solo per quello che accade dentro la politica. L'ossessione per le sole dinamiche dei partiti è perversione. È roba da scimmie malate, da rinchiudere al più presto.

Chi a 100 anni ha ancora tanto da dire, come potrebbe essere, avendone forza, "in San Pietro non mancano finestre da cui parlare": o perché no, che supporti o crei associazioni, o che scriva pure lui un libro: forse migliorerebbe pure l'editoria. Tuttavia, operare in un partito (confronto politico interno), dopo aver concluso l'attività istituzionale per limiti di età, deve essere sempre possibile.

Quanto sopra detto è di una certa importanza, e per attuarlo ci vuole coraggio. Per questo *Vision e Coraggio* (e non sola speranza) sono le parole giuste: perché queste *non sono dirette agli onesti cittadini, ma a quei dubbiosi e titubanti politici oggi in difficoltà*. L'odierna azione partitica, invece, vede soluzioni e strategie solo nelle riforme strutturali delle istituzioni e nella riduzione della burocrazia; problemi, questi, originati dai partiti stessi e, quindi, perché non capire che il vero problema (il peccato originale) sta proprio nella scarsa efficacia ed efficienza dei partiti e dei loro uomini?

Va bene provare una nuova riforma del lavoro, va bene provare una nuova politica energetica, economica e così via, ma queste sono questioni sulle quali si riuscirebbe senz'altro solo copiando dagli altri Stati, con qualche adattamento al caso italiano. Anzi, fare le giuste leggi, poi, pur quanto ottime, potrebbe solo significare fare altra carta da sostituire a carta meno bella, e non applicare la legge con le giuste strutture di sistema (dalla politica alla giustizia). Non c'è bisogno della vana evoluzione di quella burocrazia che si vuole combattere; e cioè del "*tutto cambi affinché nulla cambi*". È in gestione dei Partiti, Politica e P.A., che bisogna iniziare ad agire, riducendo corruzione e delinquenza culturale, inasprendo in ultimo le pene, giacché la gente muore o non prolifera più. Non è la burocrazia il vero mostro, ma il suo papà: la mala-politica e i suoi machiavellici relitti.

- *Machiavelli e i suoi relitti*

Diversamente da quanto sopra auspicato, alla data di queste righe (Settembre 2014) e giusto per fare un altro esempio, accade ancora che bisogna sorbirci il Massimo D'Alema di turno del PD, che "*non dice più una cosa di sinistra*" (cit. Moretti). Questi, durante la Festa dell'Unità del 2014 ha voluto dichiarare (alla faccia dell'unità) di "*credere nei partiti, ma che questi non possono asservire al movimento del Premier, e trovandosi ora il PD senza segreteria e dirigenti, conduce una vita stentata*". Ecco che con queste parole D'Alema ha voluto farci sapere che il PD, da tempo e in modo inaccettabile, sta venendo meno alle proprie funzioni extra-istituzionali. La critica è stata, ovviamente, rivolta alla doppia carica di Renzi quale Presidente del Consiglio e al contempo Segretario del PD. Tuttavia, essa marca e manca, invero, quell'eterno e delicato limite tra Uomini, Istituzioni e Partiti, che si preferisce al solito affrontare sempre e solo a chiacchiere, e mai nero su bianco per mezzo degli atti fondativi di un Partito.

L'atto fondativo del PD, difatti, nulla dice in merito a detta doppia carica. In questo modo (nel modo delle chiacchiere) si può legittimare e delegittimare qualunque accadimento interno, e ci si può anche legittimamente lamentare senza essere stoppati da un regolamento, eventualmente tradito. Così, come ha fatto D'Alema, si può liberamente asserire che il partito soffre e che i fiduciari predisposti dal Segretario Renzi (questi mai votati) non sono idonei. Chi può, per contro, contraddire D'Alema? Quindi, anche con fare signorile, tutti possono dare addosso a chiunque in un partito, anziché esigere il rispetto di uno statuto, o chiedere di fissare delle nuove regole per non sbagliare più. Per non avere perdite di efficienza. Ci si attacca e basta! Tant'è che le correnti d'oggi non adducono più "sano ossigeno" al partito, ma ognuna pensa alle proprie "cricche-masserie", lasciandovi immaginare il "signoril-tanfo" complessivo.

E chi può, poi, senza regole scritte e indicatori sulle attività effettivamente espletate, fare delle constatazioni sull'operato di un pezzo di partito come la Segreteria? Ovvero, in estensione, che un partito sia efficiente o meno nell'attività extraistituzionale? Nessuno! Nelle aziende, invece, attività per attività, gli indicatori si sono creati, mentre gli statuti attuali dei partiti, diversamente, dicono solo cosa fare e nemmeno bene come farlo, nulla predisponendo per la verifica qualitativa di quanto effettivamente svolto. Quindi, guerra delle chiacchiere. Oppure si lanciano allarmi, si fanno dichiarazioni ai giornali, si frantumano i partiti, si danno probabili spallate, e si rallenta o distrugge la vita istituzionale della nazione, magari solo per qualche "ugolino mal di denti" non ancora passato. O solo, forse, per estorcere a fesserie il "sacro consenso" dei propri iscritti al partito.

Sì, perché si è fatto diventare il consenso l'unico indicatore dell'efficienza di un partito, da ottenere nell'insano caos generale, con la speranza che questo porti personale fortuna al primo "furbetto, e quindi cretino, fantasioso di turno".

Non c'è Machiavelli che tenga nel giustificare le scelte e la condotta dei nostri politici. Anzi, da sempre Machiavelli è sistematicamente travisato nei suoi intenti originali, e di fondo ("verità effettuale"), vivendo la politica italiana di mezzucci simili a quelli delle famiglie nobiliari del cinquecento. Queste, nel governare le città di un tempo, col loro fare avevano, invece, lasciato l'Italia in balia delle Monarchie esterne, come l'attuale politica italiana ha fatto con gli speculatori esterni (vedi spread).

Machiavelli (cui si deve giustizia culturale) auspicava per tale motivo l'intervento di un Principe, all'uopo anche molto violento, ma solo nei confronti della poco attenta classe dirigente del tempo. Per Machiavelli la forma di governo che meglio compendiava in sé l'idea di Stato era quella Repubblicana. Il Principato era per lui solo una forma d'eccezione e transitoria, allo scopo di costruire uno Stato sufficientemente saldo nella penisola in subbuglio, agognata dagli altri Stati Europei.

Egli sosteneva che: *"La forma repubblicana è la migliore perché non si fonda su un solo uomo, ma ha Istituzioni stabili e durature, volte al bene dei cittadini"*. Vai a spiegare, or dunque, ai tonti politicanti italiani che Machiavelli non fu machiavellico, e che non possono a lui deviatamente ispirarsi. Non dovrebbero nemmeno ritenere inevitabile atteggiarsi da Principi all'interno di caste varie, a maggior ragione se la sovranità deve essere del popolo. Il danno che per generazioni si è fatto citando Machiavelli nei licei d'Italia e non solo (a sproposito), è stato immane.

La Politica, praticamente, si è oggi convinta che tradimento, menzogna e falsità, e quando va bene ambiguità, siano gli ordinari e normali mezzi a disposizione dei partiti (Cultura Machiavellica). Il passo all'Assassinio di Massa (Guerre Preventive) e all'Assassinio di Stato (Ragion di Stato) è breve. In quest'ultimo caso, si sospetta fondatamente, spesso i governi e gli uomini di potere si sono avvalsi anche della criminalità organizzata. Non a caso Totò Riina, varie volte, ha provato a strizzare l'occhio al Governo Berlusconi (che non ha risposto) autodefinendosi anch'egli vittima dei comunisti, ma invero del 41bis sul carcere duro.

9 Maggio 1978 viene ucciso Aldo Moro e 9 Maggio 1978 viene ucciso Peppino Impastato. Chissà quale delitto fu di Stato e quale di Mafia, vista la commistione sospetta e accertata in casi simili. Mino Pecorelli, Salvo Lima, Giuseppe Fava, Pio la Torre, eccetera, altri morti ammazzati che non

muteranno mai il giudizio storico su quelle anime ignoranti, le quali, convinte d'essere portatori di buona politica, amano invece travisare Darwin e Machiavelli. Fortunatamente, come già detto, anche per l'umana volontà e il sacrificio di qualcuno, con la Seconda Repubblica qualcosa è cambiato, senza che per questo, però, l'animo violento quanto stolto della politica sia cambiato a sufficienza.

Sarà solo superando vecchi timori e brutti costumi, ritrovando unità e distensione, senza cedere ai populismi e alle campagne giustizialiste, nell'abbandono di ciò che è vecchio e sterile, pur quanto cabarettistico e portatore di facile consenso, che si potrà provare a costruire una vera e nuova Terza Repubblica Italiana, pienamente inserita e protagonista di una costruenda Europa Politica. Questa, l'unica via che l'Europa Geo-Economica può oggi intraprendere per non soccombere, non più in guerre classiche o fredde, ma nelle "nuove guerre" per la conquista dei mercati: vere e proprie <guerre trasparenti>, che esistono, ma quasi nessuno vede e capisce.

Il Renzismo e la Logica Europea

Il riscatto italiano è unisono al riscatto europeo. Nel settembre 2014, infatti, anche gli indici economici tedeschi hanno registrato una perdita del PIL dello 0.2%. Nessuno Stato europeo, quindi, è immune dalla crisi o da quegli assalti internazionali definiti errori. Tuttavia gli USA, paese che ha originato la crisi del 1929 e del 2007, sono fuori da quest'ultima già dal 2013. Del resto anche nella corsa a cielo aperto (metafora già citata), che della pioggia naturale, o artificiale che sia, provochi influenza a tutti gli sportivi... conviene più agli sportivi di maggior sana e robusta costituzione (alle nazioni più forti). Non vi è dubbio! Così, prendersi un buon raffreddore è anche accettabile, se è utile a mantenere la posizione: e meglio ancora se si riesce a creare un utile distacco con i concorrenti, nella conquista dei mercati asiatici (il vero traguardo).

Sacrificare del gregge, poi, pure il proprio, è inevitabile anche per il bene ultimo di tutta la mandria, anche solo in previsione della scarsità di pascolo. E le crisi (scarsità di pascolo) sono facili da impiantare. Si possono addirittura "fotocopiare" dalle precedenti! Ed ecco licenziamenti, suicidi e sofferenza, ma poco importa. Sì, perché anche in guerra, spesso, qualche plotone (gregge) va sacrificato per il bene di tutto il reggimento. Nella storia militare si è visto perché lo si è fatto. Ovviamente, è sempre meglio dire al "gregge" che, dietro certe mura (orizzonti/azioni/scelte/necessità politiche), "non ci sono forni ma solo docce": vivendosi, poi, quando tutto è passato, nella comune convinzione che, con l'avvento del Cristianesimo, il rito dell'Eucarestia abbia sostituito in tutto e per tutto l'insana pagana tendenza del sacrificare, su artificiosi e mirabili altari finanziari, vite umane.

Ma ecco che, seppur nel sentore che al secolo qualche vecchio nazista sia sfuggito alla cattura, e che frequenti importanti salotti dell'economia internazionale, dopo il disastro a firma di Bill Clinton del 1999, di cui si è già scritto e che ha portato alla crisi, Wall Street è stata riformata a partire dal 2010. Gli USA hanno sofferto (intendendosi il gregge), fortuna loro, solo tre anni di crisi. Oggi, ai divieti imposti da Roosevelt nel 1933 e cancellati nel 1999 (che ci avevano protetto da nuove crisi come quella del 1929), per contrastare il malcostume finanziario l'amministrazione americana ha schierato un vero e proprio <Atto di Protezione dei Consumatori>. Si sono stabilite, in area USA, nuove regole a favore d'investitori e consumatori, nonché di tutti i partecipanti al mercato. Bisogna solo capire quanto durerà e se qualchedun altro politico, ricattato/ricattabile oppure semplicemente corrotto, o magari veramente solo per del sesso orale, l'abrogherà in futuro.

A ogni modo, grazie alla riforma di Wall Street il "too big to fail" (troppo grande per fallire) non esiste più: il che rappresenta un primo punto di scetticismo nei confronti del lobbismo (quello insano). Dal 2010, poi, la Federal Reserve effettua dei controlli sulle maggiori banche del Paese, richiedendo un più alto livello di capitali per le istituzioni finanziarie. È stato inoltre previsto un accordo per il fallimento controllato delle banche, più la lotta ai derivati, più la tutela dei piccoli investitori, più la tutela dei contribuenti, nonché lo stop dei salvataggi pubblici delle banche in crisi: tutti punti cardine della riforma.

In pratica, a dei divieti abrogati nel 1999 sono stati sostituiti delle sagge procedure nel 2010. Si legge, inoltre, nel report della riforma che:

"La crisi finanziaria ha evidenziato frammentarie e antiquate regolamentazioni che permettevano a una larga

parte della nostra economia di operare senza alcuna supervisione, consentendo ad alcuni irresponsabili speculatori di approfittarsi dei consumatori" (altro che Soros).

Del resto, si fa osservare, senza legge non esiste la violazione della legge: per questo prima l'abroghi (1999) e poi dici che le normative rimaste in vigore erano antiquate. Ipocrisia tutta statunitense, che nulla ha poi operato in ragione di principi tipo <l'indebito arricchimento>, e simili, così da addivenire in aiuto ai principali malcapitati (il gregge, appunto). Nel 1999, l'abrogazione dei divieti del 1933 di Roosevelt fu praticamente unanime; ovvero avvenne con i voti di tutto il Congresso (Repubblicani e Democratici) e, a parere di chi scrive, anche in vista dei numerosi debiti che gli USA devono ancora onorare nei confronti di paesi asiatici come la Cina. Creare un ritardo nell'Europa Politica, infine, poteva essere un bene irrinunciabile all'Economia USA per risollevarsi in futuro, o per meglio radicarsi in nuovi mercati.

Dietrologia o meno, colpe o dolosità, gli effetti pratici sono stati quelli descritti. E la Storia che si ripete, soprattutto quella delle <crisi fotocopia>, è Storia voluta. Se è brutta, poi, è perché è voluta da pochi. L'Europa, diversamente dagli USA, dovrà invece aspettare ancora un po' per uscire dalla crisi. Si è ancora in difficoltà, nonché alle prese con movimenti secessionisti all'interno dei vari stati (compresa l'Italia) e con la poco casuale Crisi Ucraina. Noi italiani, però, abbiamo così tante cose da fare e problemi da risolvere che, anche senza aiuti esterni o isolandoci dall'Europa stessa, tutto ciò che potremmo fare in più rispetto all'esistente sarebbe ugualmente un riscatto: un utilissimo riscatto da noi stessi e dagli sfottò di Casablanca del 1942, mutando probabilmente ciò che è immutato da 70 anni.

Tuttavia, nell'impossibilità di autarchie, è ancor più utile contribuire alla costruzione dell'Europa Politica; o meglio, come affermato da Matteo Renzi a Bruxelles, il 02 luglio 2014 durante il suo discorso d'insediamento alla Presidenza di turno del Semestre Europeo, «*la grande sfida del semestre Ue è ritrovare l'Anima dell'Europa*». Sì: ma che cos'è?! Se non è cosa commestibile lo stolto politicante, poi, non capisce. Che dire?

In genere, durante il semestre europeo, il paese che ha la presidenza di turno coordina le politiche economiche generali dei paesi membri, firma gli accordi internazionali e lavora alla Politica Estera Europea. Approva il bilancio e organizza anche la collaborazione fra polizie e organi giudiziari dei vari paesi; ma fa anche altro, al fine di garantire finanze pubbliche sane, nonché promuovere la crescita economica e prevenire squilibri macroeconomici eccessivi nell'UE.

Renzi, però, con il suo particolare discorso, sottolinea che ciò non può bastare e lo fa, da fiorentino qual è, forse con troppa arte, rivelando sì delle verità, ma ricorrendo a delle astuzie dialettiche non da tutti gradite: per cui metà aula plaude irta in un accenno di standing ovation e l'altra metà no, in uno strano imbarazzo complessivo di tutti gli astanti. Come mai? Cosa avrà detto di così particolare e dicotomico?!

Nel suo discorso egli premette, da maniaco dei selfie e delle cose smart, che "*se l'Europa facesse un selfie di sé apparirebbe un volto stanco, rassegnato e annoiato. Questo perché attualmente si gestisce l'Europa come una somma di burocrazie*". E così, però, continua Renzi, non deve essere, perché l'Europa diventa poco smart (poco comprensibile, poco snella, poco efficace e immediata), ambendo egli alla "Smart Europe". "*E non si può, poi, pensare alla Grecia e all'Italia, giacché il caso aveva voluto il turno del semestre italiano successivo a quello della Grecia, solo in termini di spread e di crisi finanziaria. Certo, detti problemi non sono da sottovalutare"*, aggiunge Renzi, *"ma c'è anche un'altra sfida altrettanto importante da raccogliere"*: ovvero *"ritrovare l'Anima dell'Europa"* (appunto)!

Perché nel pensare a Grecia e Italia, così ebbe a dire, egli penserebbe per forza di cose anche al *"rapporto tra Anchise ed Enea, tra Pericle e Cicerone, tra l'Agorà e il Foro, tra il Tempio e la Chiesa, tutti elementi di una stessa cultura che fa identità europea all'interno di medesimi confini geografici. La generazione Telemaco* (alludendo al figlio di Ulisse e all'Anima dell'Europa) *dovrà saper meritare l'eredità dei padri...".*

Nulla di più esatto! Ma Renzi tralascia di dire, ovviamente, sul quel rapporto tra corruzione e mala-politica molto marcato proprio in questi due paesi dalle antiche tradizioni (Grecia e Italia), non a caso direttamente proporzionale agli effetti della crisi subita, i quali saranno sanzionati se non rispetteranno il Fiscal Compact. Vero è, dunque, che su queste due nazioni si è fondato nei secoli il mondo occidentale moderno, ma è anche vero che, proprio queste due nazioni, sono state oggi superate dalle nazioni barbare di un tempo e che proprio in Grecia s'inventarono, oltre alla Democrazia, pure la Sofistica e le "bibite alla cicuta", alla faccia della verità e nella attualissima masochistica arte, all'interno di uno stesso Stato, di prendersi per i fondelli con le proprie mani.

Noi italiani, poi, fummo i primi a imparare, affezionandoci anche alle congiure a suon di auguste pugnalate: e altro che <taglio cesareo> (in riferimento a Giulio Cesare). Così, che dire? Queste ultime cose Renzi non poteva dirle, né sarebbe servito farlo, ma le si sa!

Dice ancora, invece, che *"l'Italia dà all'Europa più di quanto prende dall'Europa"*, ma senza specificarne il perché, in quanto l'unica motivazione, come già spiegato in altri capitoli, concerne il non saper finalizzare ciò che l'Europa passa a sua volta all'Italia (dei fondi europei riusciamo a spendere solo il 40%). Quindi non è l'Europa che ci costa, ma la nostra inefficienza. Tuttavia il dato è esatto: in termini di flussi di denaro l'Europa riceve dall'Italia più di quanto l'Italia riceve dall'Europa, addirittura al netto dell'attività italiana per il contenimento dell'immigrazione clandestina, che si riversa in tutta Europa e che ha pure il suo ingente costo. Nonostante ciò, Renzi col suo discorso non chiederà di cambiare le regole economiche, bensì di rispettarle, *"perché il Patto Europeo è di Stabilità e Crescita, quindi la crescita è richiesta dall'Europa, non da un singolo paese"*!

Queste sono state le sue palesate parole, affiancate all'implicito senso che l'Austerity non sta portando l'Europa a crescere, richiedendo dunque all'assemblea l'applicazione della Flessibilità al Patto, indipendentemente se la previsione di fallimento dell'Austerity fosse dovuta alla crisi in atto, o ad altri meccanismi. Si ricorda che la Francia annuncerà a seguire il suo fallimento nell'Austerity, precisamente in ottobre 2014.

Renzi, in soldoni, pur senza mai citare il termine di Flessibilità, nel suo discorso la dà a intendere e forse sbaglia. Forse sarebbe stato un pizzico più saggio parlare non tanto di Flessibilità, ma di "Non Omologazione" fra gli Stati membri; perché ogni stato è peculiare avendo un diverso tipo di economia, in altre parole un diverso respiro, una diversa corsa e polmoni, che altro non sono che un diverso indotto d'industria, turismo, terziario, materie prime, eccetera, per i quali occorre un diverso sistema d'investimenti e quindi un diverso debito/PIL.

Immaginare un debito/PIL del 60% per tutti gli Stati non va bene, ubbidendo più alla logica del "devi farcela da solo nella corsa" e non del "dobbiamo farcela tutti assieme".

L'Europa dei tutti uguali, "biondi e ariani", giusto per pizzicare la Germania (ma questo Renzi non lo avrebbe dovuto palesare in questi termini), nel lungo periodo diventa sicuramente penalizzante per la squadra europea, che nella competizione con la squadra USA e le asiatiche non deve di certo muoversi in batteria, veramente come nella corsa. Il movimento deve, invece, avvenire in dinamico concerto con gli altri Stati Europei, nelle medesime logiche economiche: un po' alla stregua di un esercito con diversi reparti, dalle diverse specifiche e potenzialità, e dalle diverse modalità d'azione. Che dire? Non per fare forzosamente il verso alla guerra, ma secoli e secoli di stupide guerre saranno pur servite a qualcosa?!

Ovviamente, in termini umani, arianesimo o meno oggi la Germania è da elogiare perché ha saputo essere multietnica, ospitando altre comunità come quella turca e quella italiana. Lungi, quindi, da accuse di austero-neonazismo a detta nazione, anche se Renzi avrebbe potuto darlo quell'incalzante pizzico della non omologazione, fermandosi al momento giusto. Psicologicamente parlando, chiedere ad altri di <non fare un qualcosa> (come non omologare) è sempre meno sgradito che chiedere di <fare un qualcosa> (come attuare la flessibilità). È nella natura di chi dirige rifiutare ordini o consigli sul fare, com'è nella natura umana oziare. Mentre in Scienza della Comunicazione, analogamente, <è sempre più arduo non tanto far capire un messaggio, ma che esso venga accettato>. Ciò non toglie che Renzi, parlando a braccio, non abbia fatto lo stesso un buon discorso.

Ma che vuol dire, però, <*muoversi come differenti reparti di uno stesso esercito, dalle diverse specifiche e nelle medesime logiche economiche*>? Cosa dovrebbe essere, intanto, questa Europa Economica prima di quella politica? Non di certo che Nazioni come la nostra debbano avere un debito/PIL del 135%, che non è sentore di grandi investimenti in atto, ma indicatore di una cattiva gestione dello Stato: perso in forti costi e ingenti perdite d'efficienza nei vari settori, nonché sintomo di corruzione (vedi anche Grecia).

Infatti l'Italia, avendo una media quinquennale di debito/PIL del 120% e PIL di 1500 miliardi circa, come nel 2014, detiene un debito annuo medio di 300 miliardi circa (20% del PIL), alla pratica corrispondente al sommerso italiano corrente, che è di 333 miliardi circa. Questo significa che in caso di sopravvenuta crisi economica, com'è accaduto, la nazione non ha risorse extra da cui attingere, nemmeno dal sommerso (se crediamo nei miracoli), cosicché le aziende saranno costrette a patire e/o a sparire, comprese le famiglie (emigrazione, perdita della casa, perdite ambientali su patrimoni industriale e commerciale, e quanto altro cui si assiste).

Il debito/PIL italiano dovrebbe, invero, oscillare tra il 75% e il 90%, mentre la ricchezza nazionale esistente dovrebbe essere meglio distribuita. Si ricorda che il 50% della ricchezza è nelle mani del 10% delle famiglie italiane: segno d'una nazione fondata sui privilegi e sulla corruzione, anziché sul diritto. Tuttavia, al di sotto questi valori di debito (90%) un paese come il nostro, non ricco di materie prime, difficilmente saprà collocarsi, sempre che non diventi un'eccezionalità mondiale nei Servizi, a partire dal Turismo o dall'Innovazione Scientifica: oggi poco finanziata a cominciare dalla connessa Istruzione.

Con valori in debito/PIL prossimi al 90%, l'Italia potrebbe essere anche più stabile politicamente, nonché meno vulnerabile alle speculazioni internazionali e alle crisi, riuscendo pure a essere d'ottimo aiuto a quegli Stati Europei cosiddetti forti, come la Germania (oggi in recessione, anche se minima), non solo facendo preventivo scudo alla stabilità economica all'Area Europea, ma soccorrendo anche gli altri Stati per mezzo di migliori e proficui prestiti e/o investimenti. Purtroppo, l'Europa Economica così com'è non può bastare. Lo stesso Renzi e tutti i filo-europeisti intuiscono che è necessaria anche un'Europa Politica, che sappia muovere i "reparti" (le economie) secondo una strategia univoca (fattiva, collaborativa e non aggressiva). Ma quale strategia in particolare e come attuarla? Non è per tutti chiaro e, visti i tanti dubbi sull'Austerity, è invece ovvio che anche L'Europa Economica non c'è ancora (almeno al 100%), dovendosi definire assieme a quella politica (non si può parlare delle attività di un corpo senza definire la mente).

La via probabile per l'Europa politica è però una sola, difficile, individuata da molti e non accettata da tutti, di cui ora si accennerà, con quella premessa che, anche se qui si è abbondantemente parlato di politicante italiano "tecnicamente feccia", pur "senza fasciare l'erba", bisogna pure precisare che nel resto d'Europa la qualità media dei politici nazionali non è poi così tanto superiore alla nostra (noi, però, si è sotto la media). Praticamente, non manca "feccia", né a Bruxelles né nei vari parlamenti nazionali europei, e creature che, attaccate al potere come scimmie alle loro banane, le mangiano poi ammaccate o andate a male perché nella loro rozzezza non ci fanno neanche caso. Non sembrerebbe, ma la mia è una constatazione priva di acrimonia, ridotta solamente ad esempi semplici e finalizzata al bene comune.[20]

---

[20] Un articolo del Corriere della Sera del 06/11/2014 di Giuliana Ferraino, "*Un Mondo multipolare e senza leader*", tratto dal report del WEF (World Economic Forum sulla Outlook Global Agenda) e che ha visto un sondaggio condotto su 1800 esperti, attesta che tra i dieci maggiori pericoli globali (compresi quelli ambientali) al terzo posto si colloca l'assenza di veri leader, che porterà nel mondo l'aumento delle diseguaglianze sociali e l'indebolimento delle democrazie. Affinando la ricerca su quanto sopra, il lettore potrà capire quali caratteristiche negative

- L'Anima dell'Europa

In ragione di quanto fin qui detto, quale probabile via per l'Europa Politica se non quella immaginata da Principi già nel 1400 D.C., e auspicata da Re e Imperatori poi, come anche Napoleone Bonaparte, nonché da studiosi e intellettuali come Immanuel Kant e Victor Hugo, e fatta propria da molti pensatori col medesimo termine di "Stati Uniti D'Europa"? Anche Winston Churchill, guida del governo inglese durante la seconda guerra mondiale, ne auspicò la pacifica realizzazione. Ma finita detta guerra si riuscì solo a fondare l'ONU e subito dopo la NATO (braccio militare dell'ONU), quest'ultima per ovviare alla minaccia sovietica del tempo, da cui la "guerra fredda" e i disastri politici di cui qui si è scritto: con oligarchie comuniste da una parte e oligarchie capitaliste dall'altra, capaci di sedare le nuove e diverse forme sociali e democratiche nascenti, con la strategia della tensione.

Nel 2002, però, in conseguenza alla caduta del Muro di Berlino dell'89, anche la Russia dell'ex Unione Sovietica entra a far parte della NATO (un successo del Berlusconismo antecedente al suo rovinoso fallimento degli ultimi dieci anni), così come pure altri paesi dell'ex blocco lo faranno a seguire: anche se nessuno di questi paesi appartiene ancora all'Unione Europea (UE). Tuttavia, federare gli Stati Europei, cioè unire le nazioni, significherebbe la cessione da parte di

---

un leader non dovrebbe avere, così da meglio riconoscere la cosiddetta "fake leadership" o semplicemente "feccia", come qui la si è chiamata. Sarebbe un bene, poi, che il mondo della Formazione e dell'Istruzione di ogni ordine e grado intervenga su questi aspetti, in autonomia scolastica, allestendo dei progetti con i quali si inizi ad insegnare, prima ancora della matematica o del diritto, i concetti di efficacia ed efficienza, e su come riconoscere gli uomini e i leader dai "fakes".

ogni Stato di una considerevole quota della propria "sovranità nazionale", con perdita di potere da parte dei politici nazionali e riduzione del loro numero (nonché riduzione di quelle "masserie" di cui si è scritto). Diversamente, la Politica Europea arriverebbe nelle case alla stregua delle politiche locali grazie ai Media, e le scelte adottate nel muovere i "reparti" (settori economici) sarebbero per tutti più chiare e meglio accettate.

Se in alcuni casi, per esempio, l'ipotetico Governo Europeo (politico) vorrà favorire l'automotive tedesca o la moda italiana, o i vini francesi e così via, sarà più chiaro e nel beneficio di tutti, secondo un sistema di tassazione unico e tutto europeo, centrale e locale.

Gli attuali ostruzionismi commerciali, occulti, fra Stati Europei, relativi a qualunque mercato, anche extraeuropeo, subirebbero un'efficace riduzione o addirittura cesserebbero (lungo termine), perché molte problematiche sarebbero prima dibattute in sede politica sovranazionale: nell'univoca strategia economica e nella stessa logica sanzionatoria per chi devia. Populismi e Campanilismi all'interno d'ogni nazione perderebbero d'efficacia già nel medio termine, salvo una loro riorganizzazione su scala più ampia, qualora fondata su problemi reali e nella vera tutela delle minoranze.[21]

---

[21] Vi sono molti Stati Federali in tutto il mondo: gli USA, il Canada, la Germania, la Svizzera, l'India, l'Australia, il Brasile e altri ancora. Una Federazione di Stati si qualifica come Unione di Stati con personalità giuridica internazionale univoca, legata cioè a un'unica Costituzione (la Costituzione Federale), e al riconoscimento ai singoli Stati Federati dei poteri Esecutivo, Legislativo e Giudiziario nei limiti previsti dalla Costituzionale Federale. Attualmente l'Europa Economica (aspirante Politica) è una Confederazione di Stati pienamente indipendenti, soprattutto in campo fiscale, che è un campo economico di base fondamentale all'amministrazione politica.

Ciò ribadito, e riprendendo il discorso di Matteo Renzi, egli continua la sua oratoria dicendo che *"il mondo fuori corre al doppio dell'Europa, nonostante l'Europa rappresenti la civilizzazione della globalizzazione, perché siamo indietro sulle ICT per via del capitale umano. Pure i nostri giovani potrebbero usufruire di un servizio civile europeo, come non è"*. Poi parla anche di Ucraina e Palestina, e di diritti umani calpestati nelle varie regioni del mondo, su cui l'Europa non dice ancora unisona la sua. E non sbaglia, Renzi: soprattutto sulle ICT (Information Communication Technology), quali la CT (Computer Technology), le Telecomunicazioni, l'Elettronica e i Media, intendendosi anche quelli che dovrebbero essere al servizio della Pubblica Amministrazione e tutto ciò che comporta, soprattutto, la Sicurezza Militare in territorio europeo.

Difatti, come già accennato in altri paragrafi, dopo le rivelazioni di Edward Snowden e il conseguente <datagate>, l'Europa ha scoperto d'essere spiata dall'NSA americana (National Security Agency) attraverso un super-software denominato "PRISM" (identico a quello decantato nella fiction <Person of Interest> per efficienza e modalità di spionaggio), oltre ad altri sistemi, con i quali si spiavano (e forse si spiano tuttora) anche i centri nevralgici delle attività di ricerca e dell'economia europei; compresi quelli italiani. Dunque, dei nostri alleati NATO, gli USA, non si comportano da alleati ma da tutt'altro, avvantaggiandosi d'idee e informazioni sulle potenziali innovazioni scientifiche e sugli investimenti Europei nel mondo, mettendosi in condizione di anticiparli, rubarli e/o sabotarli, danneggiandoci. Niente glielo impedisce.

In ragione di ciò, il 10 luglio 2014 Angela Merkel ha ordinato l'espulsione dalla Germania dell'ufficiale di collegamento per l'NSA, ospite all'ambasciata americana a

Berlino, dopo la certezza di un terzo atto di spionaggio USA ai danni della Germania, reso di dominio pubblico dai Media. Lo stesso cellulare della "cancelliera" era sotto il controllo dell'intelligence USA già dai tempi di Gerhard Schroeder (2002). Non è chiaro, però, se per il suo atto di protesta la Merkel abbia aspettato il 7 a 1 di Germania - Brasile del giorno prima (relativo ai mondiali di calcio) o ci sia dell'altro, ma nei confronti degli alleati spioni, come lamentato da molte fonti d'informazione, gli altri governi europei sembrano totalmente paralizzati e inermi sul daffare.

Il nostro stesso Renzi qualche mese prima, durante la visita di Obama a Roma del 27 marzo 2014, pur d'incassare politicamente la fiducia di quest'ultimo, non ha voluto manifestare la propria sfiducia o alcuna perplessità a questo fare americano, che va in barba anche ai diritti umani. Infatti, già a quel marzo 2014 gli USA davano la caccia a Snowden (com'è anche oggi), imperversando in tutta Italia, pure, forti dubbi sull'acquisto degli aerei statunitensi F35. Ebbene, Renzi avrebbe potuto porre l'accento che un "amico dell'Europa", Snowden, e quindi dell'Italia, era stranamente un nemico degli USA, chiedendo a Obama, al minimo, di desistere nella di lui cattura e di lasciarlo in pace, giacché con le sue rivelazioni era giunto a informare pure la Presidenza USA (Obama stesso). Inoltre, a proposito degli F35 e della loro tecnologia, Renzi avrebbe fatto bene anche a chiedere, al Presidente in visita, come avrebbero fatto gli USA a garantirci che in essi non fossero ivi nascosti altri sistemi idonei a spiarci. Può una nazione comprare armi e mezzi da chi li spia? O dare in carico alle forze armate nazionali aerei che, alzandosi in volo, comunichino ad altri la propria posizione? Poi, è ovvio, anche Renzi avrebbe potuto confermare la propria fiducia a Obama e agli USA, ma sulla base di successivi e attesi chiarimenti in merito. Ma è anche possibile che ciò che si discute in simili incontri venga dapprima concordato, in sostanza mercanteggiato con i veri valori da tutelare da questo tipo di "politica degli spiccioli", del poco ma subito, contraddittoria rispetto agli obiettivi che ci si prefigge nel lungo termine.

Così, il problema del datagate è ancora vivido sullo scacchiere della diplomazia occidentale e dovrà essere affrontato, si ritiene, anche con toni incalzanti, perché la sudditanza nei confronti degli USA non serve all'Europa Politica, né l'opportunismo del momento serve all'Italia. O si esce da questa logica o saremo sempre in crisi, al minimo d'identità, non solo d'identità europea, ma anche nazionale.

Tuttavia emerge un dubbio: ovvero se l'Europa Economica potrà mai divenire Europa Politica senza una degna autosufficienza in Sicurezza Militare. E la risposta è "NO". Non si può! Chiunque voglia affermare i propri valori e la propria identità (salvo che non voglia mentire a se stesso) deve anche essere in grado di poterli difendere da chiunque in assertività; alleato o non alleato che sia. È una condizione naturale che vale per gli individui come anche per gli Stati, o per qualunque altro raggruppamento ipotizzabile.

Sorge, però, pure un altro dubbio: "Non è che gli USA ci spiano, oltreché per la loro, anche per la nostra stessa Sicurezza?" magari esagerando un po' e ripagandosi rubacchiando qua e là qualche informazione per l'Europa, utile ai loro mercati? Non a caso le basi militari USA in Italia sono 7, mentre altre 8 sono quelle NATO, con circa 15.500 militari USA, oltre ai mezzi. Perlomeno questi i numeri noti, non tenuti segreti dall'accordo del 1954. Altre fonti non ufficiali sostengono, invece, che vi siano 113 basi in totale. In Francia, Germania e in altri Stati Europei, la situazione è analoga: vi sono basi americane. Ecco, quindi, che l'Europa pullula di basi militari a matrice USA, cosicché una terza e una quarta domanda sprizzano spontaneamente: della serie, *"come svincolare il territorio europeo dall'alleato americano?"*, *"ed è conveniente poi farlo?"*

In passato, vien da riflettere, risoluzioni e norme militari NATO e/o ONU sono state sistematicamente ignorate dalle forze americane in azioni da cowboy, così definite dalle cronache del tempo perché repentine e fulminee, quanto spicciole nella logica. Vien da pensare a Tripoli 1986, cioè alla cosiddetta *"Operazione El Dorado Canyon"* per il bombardamento di Tripoli e l'uccisione di Gheddafi. In quel caso Francia, Spagna e Italia, rifiutarono agli Stati Uniti sia il diritto di sorvolo dei propri spazi aerei sia l'uso di basi militari d'appoggio, anche perché i dettagli dell'operazione non vennero preventivamente forniti dagli USA a detti Stati. Addirittura Bettino Craxi avvertì Gheddafi dell'imminente bombardamento: notizia consolidatasi negli anni, proveniente da fonti autorevoli.

Salvatosi, Gheddafi accusò gli USA di arroganza e delirio d'onnipotenza, e di ambire al ruolo di *"gendarme del mondo"*. E avanzò pure l'accusa che *"ogni soggetto non disposto a essere il vassallo dell'America diveniva sol per questo un fuorilegge, un terrorista, il diavolo in persona"*. Invero, il Dittatore Gheddafi finanziava il terrorismo antiamericano e antioccidentale, per il quale nel dicembre 1985 l'Italia aveva pure subito la "strage di Fiumicino". L'attacco USA fu, però, criticato ugualmente da molti paesi (per le tante morti civili) e con 79 voti favorevoli, 28 contrari e 33 astenuti, l'Assemblea Generale delle Nazioni Unite adottò la risoluzione 41/38, condannando *"l'Operazione El Dorado Canyon"* e i suoi autori per violazioni contro il diritto internazionale.

Quanto sopra fa capire che anche la NATO "c'è e non c'è", nel senso che le nazioni che ne fanno parte sottostanno all'egemonia statunitense dal fare ipocrita, ricambiandola al momento opportuno da tutti i fronti, Italia compresa, a turnazione con la stessa ipocrisia. C'è confusione, dunque. Oscurità! Poca chiarezza nei ruoli e nei rapporti. Inghilterra e Russia, per esempio, oggi nella NATO, dovrebbero maggiormente riflettere sul proprio ruolo così da meglio rapportarsi all'Unione Europea (UE), e viceversa: anche perché il mondo evolve in grandi <blocchi commerciali continentali> oltre Europa, in concreto le Americhe, l'Asia, il Medioriente, l'Africa, l'Oceania e le altre zone di libero scambio, dove nulla è purtroppo ancora regolamentato, ed è qui pertanto economicamente pericoloso avventurarsi, soprattutto da parte di quegli Stati più piccoli, con un'economia poco forte. Molti di questi Stati appartengono oggi all'Unione Europea, o con l'UE hanno buone relazioni commerciali e vanno, quindi, tutelati così da non crearsi dapprima instabilità commerciale, la quale, poi, va ad influire a discapito della Sicurezza Militare.

Diversamente, l'Inghilterra (invero UK e Irlanda del Nord appartenenti entrambi all'UE), forte di un passato coloniale creduto eterno, conserva ancora la Sterlina in un'economia interna sempre più orientata al settore dei servizi. La stessa City di Londra è un centro mondiale di servizi finanziari, per cui uscire dall'UE non farebbe bene a tutto l'UK, che tuttavia teme egoisticamente l'Europa Politica rifiutandosi di aderire, per esempio, anche al solo trattato di Schengen, così frenando, se non impedendo, l'indagare in libertà delle polizie d'Europa su quei già tanti reati finanziari provenienti dal suo suolo. Ecco che l'UK presta, in questo modo, il fianco ai tanti delinquenti extranazionali e nazionali nelle vesti di nuovo paradiso fiscale. L'ipocrisia inglese, poi, ha raggiunto il suo apice durante la propaganda anti-secessione contro la Scozia separatista. Fortunatamente, dopo il referendum del settembre 2014, la Scozia è rimasta così com'era, in altre parole europea non appieno come ogni altro Stato dell'UE, in una sorta di "eterno limbo europeo" dalla stagnante attesa.

La Russia non UE, ma solo NATO, invece, da parte sua e a detta dei commentatori economici, da anni ha prerogative orientate ai mercati asiatici sia avviati sia in via di sviluppo, mirando ambiziosamente alla realizzazione dell'Unione Euroasiatica, comprendente Russia, Bielorussia, Kazakistan, Armenia, Kirghizistan e Tagikistan, per poi coinvolgere altri Stati come la Finlandia, l'Ungheria, la Repubblica Ceca, la Bulgaria, la Cina e la Mongolia, al fine di una (come sostenuto pubblicamente dallo stesso Putin) *"comunità armoniosa di economie da Lisbona a Vladivostok complementare all'UE e non in sua opposizione".*

Tuttavia, i recenti fatti di Ucraina e le migliaia di morti sembrano asserire proprio il contrario, ma per le responsabilità di chi?!

Come è noto l'Ucraina, che è anello di congiunzione tra l'Europa e l'Asia, a partire dalla Rivoluzione Arancione del 2004 ha avviato le procedure per l'appartenenza all'UE; processo che dovrebbe ora terminarsi entro il 2017, ma anche in passato sistematicamente rallentato dalle pressioni russe. E le motivazioni salienti, relative allo stallo che si è creato (Crisi d'Ucraina), sono invero le seguenti:

- Il popolo ucraino ha voglia d'entrare nel mercato europeo per intraprendere da subito dei rapporti di libero scambio commerciale verso occidente, volendosi anche staccare (motivo della rivolta del 2004) da quel <polo politico interno filorusso> da sempre corrotto e corruttore;
- La Russia fornisce all'Ucraina il 100% in gas del suo fabbisogno energetico per il riscaldamento a prezzi di favore, poiché buona parte delle condutture per la

fornitura all'Europa dello stesso combustibile (tra cui la fornitura italiana) passano su suolo ucraino;
- Il porto ucraino di Sebastopoli (in Crimea) è base storica, in affitto dal 1997, della flotta russa. Così doveva essere ancora, per contratto, fino al 2017: stessa data per l'appartenenza all'UE dell'Ucraina. Nel 2010, però, il filorusso Viktor Janukovyč, dopo gli insuccessi della Rivoluzione Arancione e l'aver battuto politicamente l'arancione Julija Tymošenko, divenuto Presidente dell'Ucraina ha ulteriormente impegnato il porto fino al 2042. Per la Russia detto porto è necessario al controllo del Mar Nero, senza il quale potrebbe operare solo dal porto di Novorossijsk (Russia Meridionale) e anche male;
- La composizione etnica della odierna Repubblica Autonoma di Crimea, così denominata dopo il referendum del 2014, disconosciuto da Ucraina e Unione Europea, è a maggioranza russa per circa il 58%, mentre la lingua parlata da quasi tutta la popolazione è il russo;
- Circa un terzo delle entrate del Governo Russo (33%) dipende dalle vendite di petrolio e gas all'Ucraina e all'Unione Europea. L'Ucraina, come già detto, riceve il 100% del suo fabbisogno di riscaldamento dalla Russia, mentre l'Europa ha anche altri fornitori, ma più di un 25% della fornitura russa va in pratica all'Europa, che ripaga la Russia in sonante moneta.

Appare chiaro, quindi, che le conflittualità etniche e le contraddizioni politiche ed economiche in cui versa l'Ucraina hanno generato il conflitto militare che tutti conosciamo, per il quale è impensabile una degenerazione ulteriore, soprattutto per le ultime due motivazioni. Prolungarlo nel tempo, invece, significa registrare solo perdite per gli indici di borsa di tutte le nazioni interessate, comprese quelle europee (come sta avvenendo). La via naturale per la Crimea, invece, nel rispetto della sempre poco considerata <autodeterminazione dei popoli>, sarebbe quella russa o, al minimo, quella di facciata intrapresa con l'apparente autonomia di governo successiva al referendum.

Diversamente, tra UE e Russia si è originato da subito un inutile braccio di ferro, in cui l'Europa si è forse lasciata trascinare oltremodo perché aizzata dal sempre vecchio, vicino e pericoloso, spauracchio Made in USA dell'<orso russo>; la Russia. Questa ha anche minacciato, in caso di nuove sanzioni, ripercussioni economiche in tutta Europa e di annullare la sua dipendenza finanziaria dagli Usa, vendendo gli oltre 200 miliardi di dollari di obbligazioni statunitensi, senza restituirne i crediti ricevuti.

Poi, però, dopo i fatti tedeschi del <datagate> relativi al cellulare della "cancelliera" (le notizie sembrano centellinate ad arte), la Germania si è voluta opporre a nuove sanzioni suggerite dagli USA contro la Russia, staccandosi dal coro europeo, anche perché nello stesso periodo una parte del Governo degli Stati Uniti avrebbe voluto comminare multe milionarie alla Deutsche Bank e alla Kommerz bank (quest'ultima controllata al 17% dal governo di Berlino) per aver fatto affari con l'Iran colpito da embargo: o almeno di questo dette banche sono state accusate, grazie alle spie USA. Berlino, ancora, detiene a Mosca molti altri cospicui affari ed è risaputo.

A poco, dunque, serve lamentare che per i fatti d'Ucraina <l'orso russo> abbia violato per primo i trattati internazionali, cercando di annettere territorio per avvantaggiarsi in una tipologia di mercato, come quello energetico, perché nessuna nazione gioca pulito. I mercati, poi, sono tanti e di così tante tipologie che gli eventuali scompensi sui prezzi (di qualunque cosa si tratti) rientreranno sempre da qualche altro mercato: della serie <a chi mi aumenta il gas gli aumento il vino o qualche altra cosa> (tempo al tempo). Quanto testé detto, però, ancor meglio potrebbe essere attuato in un'Europa Politica. C'è solo da capire che Geografia, Sicurezza Militare e Politica, anche se fatte male, non sono inutili ma sono state superate, oggi, dall'Economia e dai Mercati. Si chiama *"interdipendenza commerciale"*: *"non ti sparo perché mi devi dei soldi, non mi spari perché devo venderti qualcosa"*!

Invece, anche per altri motivi che vedremo, quando le cose non vanno bene è perché qualche gruppo di idioti va ad alterare la "interdipendenza commerciale", agendo sulla Sicurezza Militare. Ma intanto, allora, che la Crimea decida in autonomia ciò che vorrà fare, magari con un nuovo e più regolare referendum, senza nessuna paura da parte alcuna su forniture di gas e sui relativi prezzi. Il mondo russo che non vuole entrare nell'UE necessiterà ancora, in futuro, dei capitali europei e statunitensi, o dovrà affidarsi a quelli di paesi con sistemi sociali meno conosciuti e stabili, rischiando di più. Qualora la Russia aumenti il prezzo del gas gli si aumenteranno gli interessi per i futuri prestiti. Essa ha poi bisogno anche della modernizzazione industriale occidentale, aldilà di quella asiatica. La sua cultura, inoltre, è anche europea. I suoi romanzieri, drammaturghi, poeti, musicisti, pittori e scultori, appartengono al nostro mondo e parlano il nostro linguaggio più della Turchia; pure quest'ultima erede dell'Impero bizantino come la Russia, ma nell'UE per convenienza economica più che per cultura.

Che la Russia, quindi, fondi pure l'Unione Euroasiatica, o che ci provi: ha diritto alla sua convenienza economica. E sarebbe un bene anche per l'Unione Europea, creandosi probabilmente più stabilità nel Medioriente, con dei riflessi benefici in Sicurezza e Spese Militari: sempre che qualche

Stato in particolare, a tutti i costi, non prediliga solo vendere petrolio e armi, e così fare affari. Difatti, a proposito di Sicurezza Militare, capita spesso che la Russia si opponga a interventi militari occidentali in dette aeree mediorientali, ivi attestando l'esistenza di suoi interessi economici e non solo. Ecco che un nuovo polo economico euroasiatico, con regole simili a quelle europee giusto per funzionare almeno un po', responsabilizzerebbe meglio quelle aree agitate in ragione dell'implemento dei commerci; aree che la Russia, poi, politicamente non riuscirebbe a egemonizzare più di tanto, per la qui più che documentata natura schizoide dei commerci: incontrollata e incontrollabile, nonostante sanzioni, embarghi e simili.

A ogni modo, ancora, tutti detti intrecci economici evidenziano, a parere di chi scrive, che non è solo l'Europa (quella occidentale) a dover ricercare la sua anima, ma è necessario che tutta l'Eurasia lo faccia e, perché no, a partire dall'idea di Putin sui due blocchi commerciali europei. "Stati Canaglia" come Siria, Iraq, Iran, Corea del Nord, Afghanistan, Pakistan, così definiti dalle cronache nei decenni, migliorerebbero le loro condizioni e istruirebbero anche meglio le popolazioni, intanto nelle materie commerciali. È noto che il buon commercio ha sempre favorito buoni scambi culturali ancor prima del "milionario" Marco Polo. Il problema del mondo, difatti, è sempre stato l'ignoranza e la paura, non i commerci o le ideologie politiche, o tantomeno le fedi religiose. Anzi, Religione e ideologie politiche sono le prime vittime di paura e ignoranza.

A tal proposito, George Bush Junior, presidente USA nei primi anni del 2000 che amò farsi riprendere dalle TV in piena preghiera antiterrorismo, definì addirittura detti Stati Canaglia come *"l'asse del male"*: ovvero Stati che alimentavano il terrorismo, producendo pericolosissime armi di distruzione di massa. Salvo, poi, scoprire che le prove sull'Iraq, relative all'esistenza di armi di distruzioni di massa, al fine di destituire Saddam Hussein con una Seconda Guerra del Golfo (2003), furono inventate ad hoc da agenti USA.

Tuttavia, grazie a detta guerra, il petroliere George Bush Junior vide di nuovo salire il prezzo del greggio, dopo un triste periodo di crollo iniziato verso la fine degli anni '90, del quale nemmeno i fatti dell'11 Settembre 2001 avevano prodotto un'inversione. La guerra, quindi, bisognava farla veramente. Ecco che la menzogna USA delle <Guerre Preventive> del 2003, in opposizione alla menzogna delle <Guerre Sante> mediorientali, aveva vinto.

Con la crisi del 2007 (cagionata dalle lobbie della finanza), invece, ancora una volta il prezzo del petrolio è andato pian piano in crollo a partire dal 2008. Ecco che uomini d'affari del Qatar, del Kuwait e dell'Arabia Saudita, di cui sono note le generalità pubblicate anche su giornali italiani, si sono allora organizzati e hanno reagito versando centinaia di milioni di dollari a favore di "al-Nusra" (Talebani) e "ISIS" (Stato Islamico, oggi stanziato in Iraq e Siria, da cui l'acronimo "ISIS"). Una buona guerra, è noto, fa sempre alzare il prezzo del greggio e, inoltre, con un Dittatore o un Califfo è sempre più facile fare nuovi accordi sui prezzi al barile (che con dei governi democratici), azzerandosi eventuali vecchi contratti con la concorrenza.

È una tecnica oramai: destabilizzare gli Stati produttori socialmente travagliati, per incidere sui prezzi e/o sulle forniture, sembra una nuova materia economica inventata da Lobbie/Stato. Quando il Dittatore non è più gestibile, poi, si fa una nuova guerra e se ne cerca un altro. O magari la guerra contro il terrorismo fanatico di facciata la si fa fare alla disponibile NATO. Ecco che combattere Talebani, ISIS e così via, è come prendere a schiaffi quel coltello che ti ha ferito nell'incuranza di chi lo maneggia (le lobbie del petrolio mediorientali). In pratica, ci si taglia ancor più le mani. Difatti nessuna azione, nemmeno di commando o da cowboy, è stata condotta contro tali società finanziatrici dei gruppi terroristi. Il mandante, dunque, non viene punito. Troppi sono gli intrecci economici di dette società con le società occidentali. Inoltre, alle lobbie occidentali del petrolio e delle armi, che finanziano la politica occidentale (negli USA), la cosa non dispiace. L'instabilità in Medioriente gli è necessaria quando il mercato non va bene: altrimenti la crisi israelo-palestinese sarebbe già stata risolta da decenni. L'Europa, poi, e lo sappiamo anche grazie a Renzi, vale pochissimo: non siamo in grado di pensare nemmeno alla nostra sicurezza, figuriamoci fare la voce grossa in certi contesti. Ci sorbiamo, infine, detta mala politica, cercando di approfittarne all'occorrenza (e vedremo come).

Ma la ciliegina sulla torta occidentale dell'ipocrisia, superiore a qualunque pasta di zucchero colorata al sapor di guerra preventiva, è stata quella dei proclami relativi all'esportazione della democrazia nei contesti mediorientali (e non solo). Cavallo di battaglia in fallimento controllato di molti governi dell'ovest, su versanti come Iraq, Somalia, Afghanistan, eccetera, dette guerre preventive e l'impianto delle democrazie sono tutte fallite. Ma lo si sapeva già anche prima di tentare. In pratica, c'è un'Anima Mundi che non fa schifo solo a chi se ne arricchisce, e che andrebbe rifondata. Almeno, una volta per tutte, i Papi smetterebbero di raccomandare sempre le stesse giuste cose, dalla stessa finestra, per le stesse ridondanti motivazioni. Cambierebbero registro pure loro! E invece, da circa un secolo, le specifiche per una quotidiana preghiera non sono cambiate. Ebbene, se si sta uccidendo il mondo, sicuramente lo si sta facendo anche per noia. Sempre gli stessi finti errori, sempre le stesse finte crisi economiche, nonché sempre gli stessi problemi bellici e sempre la stessa "scimmia egoista" di cui nessuno s'avvede. E allora perché la mala-politica, la corruzione e questo cattivo capitalismo dovrebbero cambiare?!

L'Anima Mundi e i Commerci di Morte

È noto che in aeree governate prima da tribù, lì si sono pian piano formate delle monarchie, poi delle dittature e in seguito delle democrazie; più o meno piene, o degne del termine. Tale mutazione sociale, però, ha significato maggiore stabilità e benessere, e quindi la nuova maggiore forza di un popolo. Nella stragrande maggioranza dei casi è bastato, purtroppo dopo pentimenti e sensi di colpa collettivi dovuti anche a qualche guerra, fare arrivare solo del buon commercio assieme all'alfabetizzazione e all'istruzione, e la vita è migliorata. Il benessere ha attecchito; nonostante le contraddizioni qui esaminate. La stessa cosa, quindi, oggi potrebbe farsi con del buon commercio nelle aree mediorientali: questo in sostituzione delle guerre, che con la loro distruzione sistematica e ripetuta segnano le genti nell'indole, e nella visione di vita, anche quando propagandate nella *<destituzione di regimi autoritari per l'impianto democratico>*.

Le guerre, in pratica, rallentano sempre il processo *<commercio-istruzione-democrazia-benessere>* disseminando sfiducia, con il conseguente (dichiarato sempre inaspettato) ripristino dei sistemi sociali precedenti o, in alternativa, con l'impianto di apparati statali di facciata privi del consenso popolar/tribale del tessuto sociale esistente. Non è ancora chiaro, poi, quanti paesi NATO abbiano veramente creduto alla logica delle <guerre preventive> e <all'impianto delle democrazie>, ma dichiarare alcune azioni belliche, cui il mondo ha assistito, vere e proprie "missioni di pace" poteva anche starci, e ci sta, allorquando non si scavi a fondo su *chi, come e perché* (in termini di Stati), porta scompiglio in certe zone del mondo.

Sarà anche, per caso, che l'allocco della ricostruzione post bellica accechi i molti <fake leader> delle nazioni prive d'oro nero? Difatti, non è un caso che per la ricostruzione di quanto distrutto con la guerra (un po' come amava dichiarare l'ultra studiato e imitato Mussolini) basta essere lì, con utili a spartire in proporzione alla profusione bellica pre-adoperata. Ecco che la primigenia "politica degli spiccioli" a base di salamelecchi, di cui si è detto, si trasforma sempre, fino alla noia, nella "santa mala-politica dei piccioli", con la complicità silente dei numerosi intellettuali occidentali.

Come possono delle democrazie, che non sono esse stesse un granché, pensare d'impiantare la democrazia da qualche altre parte? Detta intenzione allo scrivente risulta dubbia. Difatti le democrazie non si possono impiantare, ma nascono direttamente dal centro di un popolo che prende coscienza di sé, autonomamente, per vicende storico-sociali autoctone, favorite semmai esternamente e indirettamente solo da equi commerci. Cosa che non può accadere quando il sistema sociale è fortemente tribale, a maggior ragione se il Dittatore l'ha lasciato tale per decenni, proteggendo il suo status. In detti casi, se si vuole intervenire, uno Stato Civilizzato che possa dirsi tale dialoga col Tiranno/Dittatore, pazientando e improntando un onesto commercio finalizzato: per esempio, "ti pago il greggio anche di più del pattuito se con i maggiori ricavi s'avviano dei nuovi ed evoluti commerci, costruendo in sinergia pure delle opere". Anche solo scuole per maschi:

tanto quelle per donne verranno poi, ed è sempre meglio del non verranno mai.

Bisogna, in soldoni (quelli non sporchi), favorire in unisono Sviluppo Umano e Commerci che implementeranno da sé in forme più evolute, senza sfruttare le già poco edificanti condizioni delle genti. La <costruzione> del nuovo, da realizzare in tandem con le imprese locali, è sempre più utile della <ricostruzione> di ciò che si è distrutto con la guerra. Non bisogna avere timori né farsi tentare da "colpacci di mano" negli affari, né tantomeno da vecchie e consolidate logiche divenute materie di studio lobbista finanziate all'interno delle università: palliativi rispetto al nuovo da farsi, perché in una <società globalizzata e sempre in evoluzione> come l'attuale, in prima battuta non servono regole e tecniche già viste, ma obiettivi nuovi. Poi verranno le regole e le tecniche nuove adattando le vecchie, rendendole più etiche e universali. Disarticolare a forza le dittature, invece, senza il libero consenso delle frange tribali esistenti e senza fare entrare il benessere nei territori, a nulla conduce se non all'affarismo spicciolo e fugace, simile alla pirateria di un tempo.

Concetti semplici quelli indicati, quasi banali, che buona parte del capitalismo lobbista/egoista elude, vanificando nel complesso anche quel poco (o tanto) che è fatto dalle associazioni umanitarie internazionali, mettendo pure a repentaglio la sussistenza dei popoli, tutti, a partire dalla Sicurezza Militare Internazionale.

Inoltre, quello della conveniente (apparentemente) <ricostruzione> è solo un aspetto di ciò che non va auspicato e fatto. Con la guerra si sa, ovunque essa sia, si vendono più armi. In Medioriente, però, gli stessi Stati occidentali in prima linea come pacificatori sono anche i primi venditori di armi per quegli stessi territori (basta leggere le classifiche), confortati nel bel mezzo delle loro carte costituzionali dal sacrosanto diritto che ha ogni Stato (anche acquirente) alla propria difesa.

C'è l'industria bellica, in primis, oltre a quella della ricostruzione, del petrolio e della finanza, tra i tentacoli del "polpo capitalista", con i tanti amici e compari da fare contenti in patria. Più in uno Stato aleggia la corruzione e più sono gli amici-cuccioli-rissosi da fare contenti su tutti i fronti, perché portatori di voti e/o soldi per le costosissime campagne politiche (che andrebbero calmierate per legge, affidandole sempre di più al web).[22]

Inoltre, non risulta che alcun "capo" o "fake leader" delle qui nominate organizzazioni internazionali (NATO e/o ONU, e simili) pressi affinché <Stati pacificatori> e <Stati venditori d'armi> non siano i medesimi in carico a uno stesso <Stato terzo> in difficoltà, cosicché armi, petrolio e instabilità continuano ad avere, perennemente, un unico filo conduttore: un filo che vede il petrolio essenziale ai mezzi militari, per cui bisogna farne preventiva scorta in caso di disordini importanti (si dirà a seguire su questo aspetto).

Tuttavia, l'agire in sordina di certo capitalismo marcio (che rovina quello sano), nonostante la fondazione dell'ISIS e

---

[22] In ordine all'umana insufficienza della "scimmia egoista" di cui si scrive, basti pensare alle intercettazioni di alcuni Manager italiani (diffuse dai Media), impegnati nella ricostruzione in aree terremotate e alla di questi allegria sopravvenuta alla notizia di un nuovo sisma distruttivo: s'intuisce che non mancano di certo manager simil-deficienti anche in ambiti internazionali, e in tutti campi. Per i disastri naturali, poi, qui in Italia si è arrivati addirittura a fare il tifo! Difatti, dopo i crisaioli e i guerrafondai, mancavano all'appello gli "jettatori", disastrosi quanto i primi, perfino per chi non è superstizioso. Che l'economia, ancora, non sia impostata di fatto come si dovrebbe, da sempre l'hanno lamentato i Papi. Ultimamente Papa Francesco ha pure asserito (febbraio 2015), in un suo più ampio discorso, che *"questa economia uccide"* e che *"fonte di ogni male è l'iniquità"*, a sua volta generatrice di povertà.

il fallimento delle Primavere Arabe, nonché la guerra in Libia del 2012 e la morte di Gheddafi (con l'avanzata del Califfato in Libia), non ha ancora comportato lo schizzare in alto del prezzo del petrolio. Anzi, alla data di queste righe il prezzo al barile è sotto i minimi storici, addirittura sotto i 50 dollari, con trend negativo al 2015. Anche il rublo, poi, si trova ai minimi storici. La minaccia russa sulla vendita dei dollari statunitensi, paventata in questi giorni, si è trasformata in un boomerang. Difatti a comprare dollari sono stati gli stessi oligarchi russi, più timorosi per i loro averi che patriottici, mentre il commercio interno russo sembra impazzito con l'acquisto frenetico, e il relativo aumento dei prezzi, dei molti prodotti occidentali importati.

Che dire? L'orso russo (la Russia) è quindi nazionalista? E' da temere? Non sembra! Sembra, invece, che la crisi economica e petrolifera, più quella energetica di Crimea, siano sfuggite di mano, e soprattutto di testa, quasi a tutti, dimostrandosi che la Russia non può e non deve fare paura. L'interdipendenza commerciale è prevalsa su tutto (o così sembra) e la super trappola delle <guerre preventive-antiterrorismo>, da una parte (stuzzicata dal mondo saudita del petrolio), e "antigelo" (in riferimento al gas russo e all'Ucraina), dall'altra, non è scattata. La prima, almeno, non ancora!

Anche la Svizzera, addirittura, comincia ad accusare dei primi colpi con il crollo del franco svizzero: effetto però voluto dagli stessi elvetici, così da sganciarsi dall'euro nella speranza d'iniziare nuovi cambi con il dollaro (giusto perché gli USA sono in rimonta). In pratica, con la crisi finanziaria del 2007 le lobbie finanziarie hanno avuto la meglio anche sulle lobbie del petrolio, e su quelle delle armi e connesse, queste ultime rimaste tutte in attesa, affermandosi l'arcinota superiorità delle prime. Se "certa mano che dà sta sopra quella che riceve" (come evidenziato da Pietro nella prima parte del libro), allora tagliamola!

Va anche fatto, però, a rigore di quanto scritto, un ulteriore accenno alle Primavere Arabe. Esse sono state pianificate (si mediti) dal Dipartimento di Stato Americano (DSA) ben prima del loro scoppio, attivando i dissidenti dei vari governi arabi. Ovviamente per impiantare la "santa democrazia"! O forse per impiantare nuovi governi più favorevoli agli USA nei commerci? E quindi governi meno favorevoli agli altri Stati? Chi lo sa? Ma con la crisi economica (si ponga attenzione) non è nemmeno difficile aizzare i popoli. Le genti hanno voglia di rivoluzione e dovunque non mancano populisti pronti a cadere in certe trappole: il nostro Matteo Salvini (Lega Nord), onesto perché crede in ciò che dice (anche se sono fesserie), è un altro di questi (populisti antieuropei), il quale non ritiene che ritirarsi nell'Italia dei corrotti è da fifoni, mentre fare l'Europa Politica è essenziale. "Un tempo la lega ce l'aveva duro (così andavano dicendo), ora gli si è ammorbidito" (non di certo il comprendonio). Tempo al tempo e anche Umberto Bossi rinnegherà Salvini, visto che il tessuto industriale del nord è filo-europeista.

Ecco, però, per quanto accaduto in Libia, che un altro successo in politica estera del Berlusconismo, ovvero quello dell'aver instaurato importanti rapporti commerciali, è stato polverizzato con l'uccisione di Gheddafi, anche in danneggiamento di tutta Europa. D'altronde l'agire del Governo Italiano in Libia, diretto alla rivalutazione dell'uomo Gheddafi e all'instaurazione di nuovi commerci (ma anche di nuovi accordi sul fenomeno degli sbarchi di clandestini), non piacque agli USA che ne manifestarono apertamente il dissenso qualche mese prima della scomparsa del Rais Gheddafi. Quale calcolo avrà potuto fare, allora, il DSA (se ne ha fatti)?!

Bisognerebbe chiedere al Senatore statunitense John McCain, che nel 2008 provò le presidenziali senza riuscire, ma che oggi è Presidente DELL'INTERNATIONAL REPUBLICAN INSTITUTE (IRI); ramo repubblicano del NED/CIA, una ONG (organizzazione non governativa) ufficialmente istituita dal presidente Ronald Reagan, per estendere alcune attività estere della CIA, assieme ai servizi segreti britannici, canadesi e australiani. Lo scopo, appunto, era quello di diffondere le democrazie nel mondo. Obiettivo nobile, di cui probabilmente questi Stati hanno abusato e abusano per scopi economici, in un agire fuorviante, segretato e isolato dal resto del consesso internazionale (NATO/ONU), perché indubbiamente losco.

Pure le "rivoluzioni colorate", così chiamate quelle scoppiate in seno a paesi dell'ex URSS (tra cui quella arancione d'Ucraina) sono state fomentate dalla sopra citata ONG statunitense. Ed è anche risaputo che paesi come la Georgia, liberati a mezzo della rivoluzione (o forse solo passati di mano a qualche altro gruppo lobbistico interno), hanno poi subito stretto buoni affari con i loro finanziatori USA. Cosa buona e onesta, questa, quando non si spara un colpo: segno di condizioni mature all'interno di popoli e civiltà. Altra cosa sono le tribù del medio-oriente (dove c'è il petrolio). In questi ultimi casi, invece, non si riesce mai di evitare scontri importanti fra le genti e a peggiorare la situazione. Cosa evidentemente poco importante quando bisogna alterare dei mercati altrui per farli propri. *Divide et Impera*: anche per questo gli USA sono accusati di Imperialismo (finto democratico) da decenni.[23]

---

[23] "Dividi e Comanda" (*Divide et Impera*) è una logica antica (da Impero Romano) di cui anche gli europei di oggi sono vittime, perché non c'è ancora un'Europa Politica. Non può dirsi, però, che sia esclusiva colpa degli USA. Anzi, finita la seconda guerra mondiale, con il Piano Marshall l'Europa fu aiutata economicamente dagli Stati Uniti: piano morto quasi

A ogni modo, mentre gli Stati Uniti D'America crescono economicamente, l'Europa soffre, perché comunque si crei disagio o "pioggia durante la corsa" (la crisi economica vista) chi è più robusto all'influenza distacca sempre tutti e se ne avvantaggia per il futuro. Ne abbiamo già discusso. Creare scompiglio ai confini del vecchio continente (l'Europa), per gli USA (dolo o meno), ha avuto la sua convenienza senza che nulla di nuovo dovesse essere inventato. Gli alibi non mancano ai tanti comportamenti sopra descritti da parte di lobbie e Stati, alcuni dei quali prendono spunto da antiche e profonde dinamiche umane, dalle quali non riusciamo proprio ad affrancarci (se non timidamente e insufficientemente, in seguito a drammi e tragedie intercontinentali). Il lobbismo europeo, illuminatamente, deve invece capire che non potrà mai competere appieno con quello dell'ovest, mutando esso per primo verso un nuovo ordine, e rifiutando gli alibi della vecchia geo-politica economica.

- Primo Alibi: il fanatismo religioso

Un primo alibi delle lobbie e di alcuni governi dell'ovest, utilizzato a giustificazione di certe politiche viste, è relativo alla distribuzione di petrolio nel mondo, di cui alcuni paesi

---

subito, vista la giusta intraprendenza di alcuni Stati (come l'Italia) nel ricercare indipendenza energetica, a partire dagli idrocarburi. Molto probabilmente fu anche per questo che venne ucciso Enrico Mattei. Il suo aereo cadde misteriosamente e solo dopo anni si ebbe la certezza del sabotaggio. Tuttavia, tirando tutte le somme, quei liberatori dal nazismo-dispensatori di cioccolata di ieri, gli USA, non costituiscono un vero muro politico al processo unificatore cui l'Europa è chiamata, ma solo un freno di tipo commerciale, superabile a volontà unificandosi, e basta. A dividere, in Europa, ci pensa la troppa voglia di comando dei troppi <fake leader> delle singole nazioni (tra i quali anche i populisti antieuropeisti), messi tutti in scacco dai lobbisti europei su altri fronti.

medioricntali ne sono ben troppo forniti, come anche altre nazioni orientali a matrice non occidentale. E siccome la potenza dei mezzi militari è legata al petrolio, in virtù della propulsione dei carburanti da questo derivati, permettere oggi lo sviluppo industriale di detti paesi (compresa l'industria bellica), e tantomeno quello nucleare, è considerato alquanto rischioso per la pace internazionale.

Perlomeno, questo è anche il pensiero (o timore) di tanti esperti occidentali in sicurezza internazionale, visti i trascorsi storici di guerra di religione e considerato il loro sentire religioso ostile all'occidente in molti casi, spesso veicolato in seno alle masse da vere e proprie Teocrazie. Anzi, il tipico sottosviluppo sociale di alcuni paesi islamici, che è culturale con capro espiatorio la religione dell'Islam (e forse Dio stesso), in determinate realtà è davvero fermo, da secoli, all'antico e irriducibile, quanto truce, sentire beduino.[24]

L'Occidente, quindi, per le motivazioni sopra esposte, è facilmente incline a fittizie preoccupazioni, celanti d'altra parte un ben preciso buonismo d'opportunità: della serie, *"la guerra di religione è oggi un'aberrazione (giusto) e non la vogliamo fare (giustissimo), vi aiutiamo noi occidentali a fare*

---

[24] Nel VI secolo Maometto, per incrementare il suo consenso e riunire le tribù d'Arabia (interessate solo a combattersi a vicenda e a saccheggiare carovane, con destabilizzazione dei commerci), nonché per aumentare le possibilità di conquista e di non essere conquistati per la sua gente, annoverò nel suo esercito le forti e particolari tribù beduine, audaci e frugali, use alla pratica della razzia: per loro un diritto e un vanto. La religione coranica, dunque, nata dalle visioni angeliche con rivelazione di Maometto, fu il suo strumento unificatore di tribù a partire da Mecca e Medina, al tempo fiorenti città commerciali e crogioli multiculturali. Maometto stesso era un mercante facoltoso. Le due città, inoltre, erano frequentate anche da commercianti non islamici (Ebrei, Cristiani, Pagani, altro), segno che le buone attività commerciali hanno sempre dato pace alle genti, rispettandosi i patti e salvo che non nascano altre problematiche, magari di unificazione e di peculiare identità dei popoli.

le democrazie e anche gli affari (apparentemente), ma in realtà ci facciamo solo gli affari nostri (come già visto)". Difatti, detti affari e/o aiuti, nel concreto, sono privi di offerte reali di sviluppo territoriale laddove serve, e di quello che ne potrebbe derivare nel lungo termine: come pace e/o benessere, e infine democrazia. Valori affermatisi in occidente, nonostante le forti contraddizioni discusse, grazie al sacrificio di qualcuno (apparentemente l'unica arma per combattere gli stronzi che contano, in un mare d'altri che non contano nulla, divenuti gregge. Altro che Montale o Pasolini sulla "società di massa"). Da parte islamica, invece, si lamenta lo sfruttamento occidentale dei loro territori.

Tuttavia, come già auspicato, oggi non dovrebbero esserci timori nel far entrare ancor più e meglio, in dette aree mediorientali, i comuni commerci con la relativa istruzione, creandosi conveniente interdipendenza. Il tutto dovrebbe rasserenare i cuori degli uomini cosiddetti giusti, anche in merito a teorie Jihadiste di guerra santa, portando i popoli a una realtà più benigna. A meno che il cuore degli uomini giusti non possa essere facilmente turbato, pure in regime di convenienza economica, da false divinità o da veri diavoli, o peggio ancora da falsi leader politico-religiosi: fatta salva, ovviamente, la figura di Maometto che ravvisò, secoli fa, una giusta necessità d'unificazione per la sua gente (ma si tratta di circa 1400 anni fa, quando il metodo universalmente condiviso era quello della spada).

A tutt'oggi, in verità, in ogni parte del mondo, quando la gente semplice non è aizzata, questa, è portata a non essere violenta. Anche quando ha troppo da fare, se aizzata, non è portata a essere violenta: preoccupata più a proteggere, egoisticamente e tuttavia in modo sano, i propri personali commerci. Diventa violenta, invece, quando non ha troppo da perdere e la pancia è semivuota.

Ecco che l'interdipendenza commerciale (di cui si discute) deve essere diretta non solo agli affari nel breve termine, o solo a riempire qualche pancia, ma anche allo sviluppo a lungo termine delle popolazioni, e obbligatoriamente teso verso l'istruzione di massa (riempimento dei cervelli). Questo, anche quando il tutto porterà a esborsare, da parte occidentale e fin da subito, di più per merci e commerci. Tanto i rientri verranno dopo, con le maggiori collaborazioni attivate (John Nash, dinamiche dominanti, un gruppo/lobbie ottiene il massimo se pensa a se stesso e agli altri gruppi. E' matematico). Tuttavia, fanno pensare quei casi di giovani istruiti e cresciuti in Europa, oggi militanti fra le file Jihadiste dell'ISIS, per i quali l'istruzione a poco sembra servire a fronte di certi deliri pseudo-religiosi. Ma è così? Le paure occidentali sono più fondate di quanto qui si dica? E quindi l'Islam è una religione violenta e pericolosa più delle altre? Meno efficace nei confronti della pace fra gli uomini e del benessere locale?!

Invero, nell'Antico Testamento caro agli Ebrei (o Primo Testamento, in quanto non gli piace chiamarlo "vecchio") non mancano episodi in cui Dio avrebbe ordinato anche dei genocidi: *"Non lascerai in vita alcun essere che respiri, ma li voterai allo sterminio"*, Deuteronomio 7:16, e l'uomo è costretto a obbedire (ottimo alibi per ammazzare qualcuno!). Oppure, in altri episodi biblici legati alla conquista delle Terre di Canaan (intorno al 1200 AC), contraddittoriamente al comandamento *"non uccidere"* dato da Dio a Mosè 40 anni prima nel deserto, si legge che è lo stesso Dio a ordinare lo sterminio nella città Gerico (Giosuè 6:21). Gerico, cittadina a est di Gerusalemme prima appartenente ad altri popoli, fu presa con la violenza da Giosuè, successore del titubante e timoroso Mosè che aveva lì indicato la Terra Promessa, invero mai voluta prendere con la forza da quest'ultimo (depositario e custode dei 10 comandamenti), nonostante i quarant'anni di vera sofferenza nel deserto. Ecco, però, che è Dio a ordinare a Giosuè di farlo, richiedendogli addirittura di non lasciare in vita neppure gli animali al suo interno.

Così, l'uomo Giosuè obbedisce e chiede pregando a Dio dei prodigi durante la battaglia, mentre Dio, "giustamente avendone avuto l'idea", lo esaudisce pure fermando il sole, fermando lo scorrere dei fiumi (secondo quanto riportato nelle sacre scritture), favorendolo tatticamente nel truce sterminio. Ecco, però, che si delinea in tal modo nella mente degli uomini, dapprima di chi non crede e poi nelle menti semplicemente razionali (favorite in questo, sempre secondo dottrina, dallo stesso Spirito Santo), l'idea di un'indubbia volontà tutta umana (di Giosuè) per un attacco con strage ben giustificato alle milizie del tempo e ottimamente servito alla storia, a tutela della dignità futura di un popolo. Un *popolo eletto* stanziatosi a forza su una *Terra Promessa*, nata nei fatti da un "deserto rosso sangue".

E per non parlare di chi crede, poveretto; per il quale, magari, è più salato accettare un Dio guerriero che negli attacchi degli eserciti mette lo zampino, stancatosi, a differenza della strage dei primogeniti d'Egitto, d'intervenire mortalmente sulle anime dei viventi in modo esclusivo. Anime che, un tale Dio, prima creerebbe e poi distruggerebbe come più gli pare e piace, alla stregua di una delle tante divinità greche/romane ubriache. Millenni dopo, ancora, mai smaltita la sbornia, questo stesso Dio avrebbe abbandonato il proprio *popolo eletto* (gli Ebrei) all'Olocausto Nazista. Che dire? Qualcosa non quadra!

Pare più probabile, invece, che con l'Antico Testamento, vero e proprio manuale militare in alcuni libri (del tutto simile a quello di altri popoli pagani nelle procedure), l'infinito amore di Dio di cui si parla in altri passi della Bibbia abbia subito "sacrilega violenza" (difatti la schizofrenia è una brutta bestia).

Invece nel Nuovo Testamento caro ai Cristiani, e cioè nei Vangeli, non sono riportati e auspicati episodi di "divina violenza" (ordinata da Dio). Anzi, si scrive al minimo di un uomo che sacrifica se stesso per portare un messaggio, questo sì di Speranza, che non amò il "ferir di spada". È vero che una volta s'arrabbiò, ma solo per dei poco rispettosi mercanti che avevano invaso il tempio, rovesciando le di questi bancarelle e facendo pure fuggire dalle loro gabbie gli animali lì rinchiusi (magari per la gioia degli animalisti del tempo). Questo, a proposito dell'aneddoto della *scacciata dei mercanti dal tempio*. Ma chissà cosa penserebbe e farebbe oggi il Nazareno, giacché molti <fake-leader> di cui si è discusso, molti dei quali cristiani, speculando sul "tempio" (cioè sulle Religioni) e su Dio, come sulla Democrazia, provano ancora a farsi in questi i loro insani e fuorvianti mercati, a base di guerre preventive, vendite d'armi, ricostruzioni post belliche, politiche energetiche dubbie e altro ancora. Chissà?! (E quanto mi piacerebbe farmici una chiacchierata!)

Difatti, come la storia della Cristianità dimostra, anche la condotta Cristiana non è stata (e non è tuttora) sempre all'altezza dei suoi Vangeli: a cominciare da Crociate e Inquisizione (in riferimento alle loro devianze) che sono contraddizione e storia, nonché passata e realizzata violenza in nome della solita ignoranza e paura, ma soprattutto dell'avidità per nuove terre (Vecchio Capitalismo), scippando con la violenza gli averi altrui. Obbrobri sanciti al grido di *"Dio lo vuole"*, e quindi che si uccida pure. Tanto pure Dio è un assassino: è riportato nelle antiche scritture! Anzi, forse se non ci ammazziamo a vicenda lo deludiamo pure. Che dire? Sarà che in Paradiso non hanno ancora i cinema?!

Nell'Islam, però, la contraddizione e la violenza storica correlata hanno una matrice un po' diversa da quelle viste: e per capirlo bisogna riferirsi ai Versetti della Spada – Sura 9 – di Maometto, nota anche come *Sura del Pentimento o della Punizione*. In essa un Maometto oramai anziano (difatti è una delle sue ultime Sure) detta cinque versetti per disciplinare lo scioglimento degli accordi commerciali con i pagani/politeisti presenti alla Mecca e dintorni, dal Profeta poco amati e per questo intenzionato a scacciarli. In Arabia, ancora, si erano anche stanziati gli Ebrei e i Cristiani (questi monoteisti), i quali erano stati esclusi da detta Sura 9.

Caso strano, inoltre, è che questa Sura non inizia con il classico "*Nel nome di Allah*", come per tutte le altre 113 Sure, ma direttamente con i versetti: che fanno anche riferimento a una tregua di qualche mese e a un'altra di dieci anni, fra le parti in disputa (islamici e politeisti), perché Maometto mirava sì a scacciare i politeisti, ma anche a salvaguardare i commerci ancora in corso con questi ultimi. Finita la tregua e i commerci, i politeisti dovevano essere poi perseguitati ovunque venissero incontrati.

A ogni modo, Maometto riuscirà a riunire l'Arabia e a convivere con i monoteisti in essa stanziatisi. Addirittura, per vincere le resistenze della vecchia dirigenza araba sulla sua nuova dottrina, si allea militarmente con gli ebrei. Egli vuole che l'Islam sia capito, non avendo al tempo mire e possibilità espansionistiche oltre la Penisola Arabica. Gli interessa l'unità e la consegue. Dopo la sua morte nel 632 D.C., invece, nasce il Califfato e inizieranno a originarsi anche le condizioni militari per le conquiste di altri territori. Così, nel 750 D.C., l'Arabia e parte dell'Asia, l'Africa del Nord, la Sicilia e la Spagna, saranno fatte arabe.

Gli arabi, in pratica, a parte guerre e razzie in stile beduino ai fini della prima conquista di terre, tratteranno poi abbastanza bene le popolazioni conquistate, rispettando sempre i monoteisti e contenendo le tasse: motivi, questi, di molti loro successi militari, per i quali erano visti dalle popolazioni quasi come dei liberatori.

Diversamente, a cominciare dal X secolo D.C. gli arabi inizieranno a perdere territorio. Ciò fu dovuto all'inasprirsi delle lotte interne per la successione al califfato. Difatti l'animo tribale mai sparito (che fino ai giorni nostri gli attanaglia le menti più quanto accade alle nostre "scimmie occidentali") a suo tempo gli impedì di divenire un vero e stabile impero, prestando il fianco alle Crociate.

Durante le Crociate, tuttavia, fino al XII secolo, anche da parte islamica le fedi monoteiste altrui furono tenute ancora in considerazione (Dhimmi) come voluto dal Profeta, anche se sottomesse all'Islam in termini di tributi. Poi, però, in alcuni territori dell'Africa del nord iniziarono (da detto XII secolo) a imporsi le conversioni forzate, ma senza il successo sperato. Le conversioni registrate anche dei secoli precedenti, e volontarie, nei fatti furono solo di facciata: adottate dalle popolazioni giusto per ricevere, con la conversione, gli stessi diritti e benefici dei musulmani. Nell'intimo, molti ebrei e cristiani continuavano a rimanere tali e a professare in segreto i loro culti. Altre sporadiche conversioni forzose, ancora, sono state imposte a comunità ebraiche e cristiane stanziate nel mondo islamico fino al 1839, mentre oggi c'è l'ISIS.

Ma tornando alla Sura del Pentimento, Maometto con il quinto versetto e non Allah (visto che questi viene escluso), comanda agli islamici, scaduti i mesi sacri relativi alla tregua, di *"uccidere e catturare tutti i politeisti ovunque fossero incontrati"*. Di lasciarli andare solo in caso di pentimento (intendendo la conversione) e solo dopo aver pagato questi la decima (le tasse): perché Allah (versetto 3) non può essere ridotto all'impotenza dai politeisti, la cui natura di miscredenti va contro l'essenza stessa del Dio, che è UNO. Queste le personali motivazioni del Profeta.

Nulla è dunque detto sull'assassinio dei monoteisti (ebrei e cristiani), o della loro conversione forzosa (senza che sia per questo una giustificazione l'assassinio dei politeisti). Anzi, ebrei e cristiani sono considerati "gente degna" all'interno dello stesso Corano. Difatti, assieme agli islamici, sono definiti *"figli dello stesso Dio di Abramo"*, nel senso che le rispettive religioni hanno un unico ceppo, quello di Abramo e del figlio Isacco. O meglio, prima ancora di Abramo, Noè ebbe come figlio Sem, da cui derivarono gran parte delle stirpi di popolazioni arabe e mediorientali, definite, appunto, *Semitiche.*

In pratica, l'Allah dell'Islam è lo stesso Dio della Bibbia. Per non parlare di quanto è ben riportato sul Corano di Gesù e di sua madre Maria, nonostante alcune differenze di fondo fra le religioni. È anche vero, però, che Maometto criticò ebrei e cristiani per dei ritenuti errori di comportamento, nonché d'interpretazione di fatti e scritture, già dall'interno del Corano, dove non mancano esortazioni a un ripensamento, al fine di evitare delle pene e dei castighi. Ma non dice mai espressamente, Maometto, di uccidere ebrei e cristiani. Anzi, Sura 2 v. 62: *"In verità coloro che credono, siano essi giudei, nazareni o sabei, tutti coloro che credono in Allah e nell'Ultimo Giorno e compiono il bene riceveranno il compenso presso il loro Signore. Non avranno nulla da temere e non saranno afflitti"*![25]

Appare evidente, però, confrontando le diverse (o forse simili) religioni, che le violenze comandate nella Bibbia si riferiscano a fatti accaduti e a comandi divini dettati per quel presente storico: mentre il Versetto 5 della Sura 9 Coranica,

---

[25] I Giudei sono gli Ebrei, i Nazareni sono i Cristiani e i Sabei erano i seguaci di Giovanni il Battista.

diversamente, dà anche indicazioni per il futuro, sembrando più una dichiarazione di guerra di origine umana (perché il nome di Allah non è citato) della religione islamica ai non monoteisti. E questo fino alla fine dei tempi! Sura che, a detta degli esperti, ha creato circa duecento contraddizioni con le Sure precedenti, in merito alla stessa *"compassione e misericordia di Allah"*, sia all'interno del Corano che della Sunna (la tradizione dei detti di Maometto, cara ai sunniti). Per esempio, ciò è accaduto anche con il Versetto 256 della Sura 2, ove è riportato che *"Non c'è costrizione nella Religione. La retta via ben si distingue dall'errore..."* (e questa è scritta nel nome di Allah).

Per i Jihadisti, però, detta Sura 9 puramente maomettana annulla tutte le Sure precedenti laddove c'è contraddizione, anche se scritte nel nome di Allah. Anzi, per loro il versetto quinto è da estendere anche ai monoteisti (ebrei e cristiani), ritenuti infedeli (o miscredenti) tutti, perché le punizioni per i loro errori nei confronti della religione, accennate da Maometto nel Corano, devono compiersi. E siccome Dio non ci pensa, vogliono pensarci loro![26]

In pratica, è andata a finire che i fondamentalisti si sono dimenticati dei politeisti veri. Eppure al mondo d'oggi non mancano politeisti; se ne saranno accorti i Jihadisti?! C'è da sapere, infatti, che ebrei, cristiani e islamici (monoteisti) costituiscono solo il 50% circa della popolazione mondiale.

---

[26] I cristiani, alla pratica, credendo nella Santissima Trinità, sono visti dai fondamentalisti islamici come dei politeisti che vanno contro Dio, che è uno. L'Uno e Trino è visto come una forzatura, fermo restando che i cristiani sono sempre considerati dai Jihadisti come dei fetidi crociati. Gli ebrei, invece, si sarebbero dimenticati della volontà di Dio (deluso da questi tantissime volte), divenendo Israele un "cane a stelle e strisce" messo di guardia in Terra Santa, sempre dai crociati. Dunque anche gli ebrei, secondo i Jihadisti, devono essere puniti. Anzi, per i Jihadisti lo Stato di Israele va proprio cancellato dalle mappe geografiche.

Quindi l'ISIS ne avrebbe di "lavoro"! E invece i nemici sono i "crociati" (eppur fratelli per via dello stesso Dio di Abramo), perché a parer jihadista le campagne per la conquista reciproca di terre (Vecchio Capitalismo) non si sono mai interrotte, come anche i di questi proseliti religiosi; cioè quella radicale convinzione che l'Islam sia ancora da diffondere con la spada (la forza).

Credere questo, ovvero che ci siano ancora terre da conquistare in modo classico, anziché mercati e nuove tecnologie per lo sviluppo a cui aderire, significa solo collocarsi al di fuori dalla storia e dall'ordine delle cose. Per questo i fondamentalisti islamici sono solo un peso per il mondo islamico. Rifondare il califfato islamico (oggi ISIS) ubbidisce solo a vecchie e nuove frustrazioni mediorientali, fomentati da lobbisti arabi per convenienza spicciola, con la tacita complicità delle lobbie occidentali del petrolio, ma con la mortificazione dello Sviluppo Umano per quei territori.

Per quei giovani fuggiti da paesi europei verso fronti di lotta anti-crociata, poi, vi è stato in patria il fallimento dell'istruzione (perché istruzione non sempre vuol dire educazione), ed anche dell'istruzione religiosa, con conseguente vilipendio di Maometto stesso e del di lui Islam: che non ha niente di più e niente di meno, in termini di pace, violenza e contraddizioni, delle altre storie religiose monoteiste. Lo Sviluppo Umano non è pieno ed efficace nemmeno a occidente. Viene allora anche da chiedersi: cosa fanno in merito le religioni per impedire le violenze nascenti dai cattivi usi delle scritture? La risposta è una sola: "fanno poco"! Anche perché avrebbero un'unica cosa da fare: unirsi e fare pulizia delle loro contraddizioni (prima interne e poi fra dottrine), eliminando tutto ciò che separa e mettendo in risalto ciò che unisce.

Del resto, ciò che separa da queste stesse religioni è chiamato Satana. Ecco che riflettere seriamente su cosa nelle sacre scritture possa ritenersi veramente ispirato dal divino (e su cosa no), sarebbe un buon inizio anche quando significherebbe fare avanzare il dubbio in seno alle fedi: o cancellare varie genesi (di uomini e cose, di popoli biblici, di eletti o non eletti, e così via). Anzi, cosa utilissima il dubbio se si pensa a Cartesio, che del "dubbio metodico" ne fece arte del pensare, o se si pensa allo stesso Gesù nel deserto, o sul Getsemani a sudare sangue: perché è il dubbio che fortifica, mentre la fede rilassa. Questa (la Fede), resa acritica a dismisura ancor oggi e quotidianamente, ci ha lasciato in differita, così come nei primi secoli "d'impianto religioso", pressoché lo stesso mondo lacerato.[27]

Così dubitare dei propri antenati culturali, a parere di chi scrive, non è peccato. Mentre sentire delle voci in testa, intimanti lo sterminio di un popolo e attribuirle al proprio Dio (il riferimento è a Giosuè), dopo che quel Dio ti aveva comandato di non uccidere con le *tavole della legge*, e prima ancora aveva pure fermato la mano di Abramo risparmiando

---

[27] Tralasciando l'enciclica *Fides et Ratio,* con la quale Giovanni Paolo II paragonava la Fede e la Ragione alle due diverse ali di quello stesso spirito a cui l'uomo deve ambire per ricercare la Verità, si porta a conoscenza il lettore che il mondo d'oggi ospita circa 7 miliardi di vite, di cui: il 30% circa sono cristiani (separati in diverse dottrine), il 21% circa sono islamici (separati in diverse tribù o derivazioni), lo 0,2% circa sono ebrei (separati pure questi in ortodossi e non), il 15% circa sono induisti (che non discuto), il 19% circa sono buddisti/taoisti/scintoisti/confuciani, il 4% circa sono di culto/genere animista e/o tribale, il resto sono atei (l'11% circa). Ogni ceppo, nella storia, non si è fatto mancare la propria buona dose di violenza, anche d'ispirazione divina, come non sono mai mancate, e non mancano, motivazioni extra-religiose per tensioni fra gruppi diversi dello stesso ceppo. La guerra fredda ne è stata un esempio. Il mondo è lacerato e la sola fede non aiuta, né la fede può mettersi in pratica senza ragione, pur tuttavia restando gli aspetti misterici di questa.

Isacco, a segno che nessun sacrificio di uomini dovesse mai compiersi in suo nome, o in virtù di qualunque terra promessa, beh, o Giosuè non sentì bene o forse si fece fregare dalla concorrenza di Dio (alle cronache Satana tentatore in persona). O forse Giosuè, come piace fare a tanti capi d'oggi, fece solo il suo comodo mentendo al suo popolo, magari dopo qualche canna di troppo. Il monoteismo ebbe però una patria, anche se non è chiaro quanto ciò sia stato fondamentale, vista la storia tormentata dell'ebraismo.

Tuttavia, accettare le evidenti debolezze dei nostri "avi culturali", servirebbe magari a non ripeterne gli errori e a meglio capirli. E invece, ancor oggi, siamo sempre in guerra reciproca, più o meno in diversa forma rispetto al passato, ma sempre in diffidenza e lotta, in una "nuova economia post terza era industriale che uccide", né più né meno del passato: anche se lo fa occultamente con quei suoi massimi trionfi chiamati crisi e terrorismo.

In pratica la "Parola", o quello che dovrebbe essere la parte buona del messaggio religioso, stenta a diventare "Fatto", cioè comportamento, anche se ci sono stati dei miglioramenti nel mondo dovuti anche alle religioni e non solo al progresso scientifico. Purtroppo, non si riesce a far dialogare troppo le religioni esclusivamente per motivi teologici di "Salvezza", perché queste hanno idee diverse sull'aspetto finale della salvezza dell'uomo (escatologia) per cui, probabilmente, in futuro nessuna religione si salverà: a meno che non si diventi tutti degli oscurantisti, tornando ad incolpare i diavoli per quanto accade, anziché assumerci le nostre responsabilità.

Gli spunti, comunque, per un avvicinamento interreligioso condiviso ci sono. Papa Francesco e altri illustri suoi predecessori hanno lavorato in tal senso, ma si attendono ancora tangibili risultati, così da non dare alibi al capitalismo insano moderno. Le religioni, in definitiva, possono e devono fare di più anche per se stesse. L'istruzione aumenta e le violente contraddizioni di cui esse sono portatrici verranno sempre meno accettate.

- Secondo Alibi: le leggi del capitalismo

Mentre il primo alibi discusso riguardava la potenza dei mezzi militari legata al petrolio, la distribuzione dei relativi giacimenti nel mondo e il fanatismo religioso, il secondo alibi può essere genericamente collegato al Capitalismo e al Capitalista che, com'è noto, per fare, intraprendere, osare e rischiare, necessita di tanto Capitale da accumulare preventivamente. Così è anche noto, giusto per utilizzare una metafora e rimanere in tema di petrolio, che *"come non tutte le ciambelle riescono col buco, allo stesso modo non tutti i buchi riescono col petrolio attorno"*! E siringare madre Terra costa poi tanto, come anche tenere solo fermi i relativi impianti. Le cifre necessarie sono ingenti e le compagnie devono pur inventarsi qualcosa nei periodi di magra per non fallire, o per non vedere ridotto il loro potenziale. Da qui, però, a inventarsi o finanziare anche delle guerre ne passa, ma avendo soldi non manca fantasia (del resto è accaduto anche in passato), e anche l'avidità può camuffarsi da necessità, per poi divenire secolare abitudine.

Vien da pensare, andando molto indietro nei decenni, a quelle compagnie petrolifere denominate dal nostro Enrico Mattei le *sette sorelle*, le quali hanno tenuto in scacco il mondo del petrolio dagli anni venti fino alla crisi petrolifera del 1973. Con ogni mezzo (simili a quelli visti), esse hanno cercato di mantenere il monopolio di detto mercato a discapito degli Stati emergenti, con dissanguamento dei paesi produttori del terzo mondo, e instaurando un certo modo di fare (finanziando guerre e dittature) per il quale, chi è arrivato un attimo dopo, si è dovuto adeguare. Perché non mancano alibi per tenere ben su i conti in banca, o un elevato tenore di vita (oltre al potenziale capitalista), nella logica che "se alla pratica è possibile farlo allora deve farsi". Un po' alla Soros!

Quindi, se oggi la domanda è "si può corrompere la politica?" e la risposta è "sì", allora "deve farsi". Meglio ancora, però, se la si può pre-corrompere quando essa ne ha più bisogno, cioè stringendovi dei patti prima che questa agisca, in altre parole finanziandone le campagne elettorali.

In questo certe lobbie sono molto premurose. E mica, però, il grande Capitalista chiude bottega una settimana o un mese prima del voto, per andare a sventolare bandierine di partito e manifestare, così, il suo sentire e pensiero; ma quale? Oppure perde tempo a telefonare ad amici, conoscenti e soci, proponendo loro un nome e un programma, o una corrente politica, come i comuni mortali; ma quando?! In due minuti da computer versa i suoi milioni a uno o più partiti e poi domanda: "Onorevoli vi è piaciuto? Se in futuro vorrà ripiacervi, dovrò essere in grado di riprenderli con gli interessi: i miei e i vostri, di milioni!". Tant'è che il finanziamento dei partiti, lo si è già affermato, dovrebbe essere solo pubblico, divenendo un reato penale il finanziamento privato (trasparente o meno che sia), a eccezione dei proventi di tesseramento. Anche il finanziamento pubblico va poi calmierato, non tanto per abbatterne gli sprechi, ma a garanzia di un'informazione elettorale semplice e chiara, non incline agli eccessi.

S'intuisce, così, come la corruzione sia di due tipi: una prima operante alla luce del sole (il finanziamento privato) e una seconda operante sottobanco con le truffe di cronaca arcinote, alcune anche tutte interne ai partiti (casi Fiorito, Lusi, Greganti, Belsito, e così via). Ma ecco che con la prima modalità (alla luce del sole) c'è una politica felicemente indotta (per sua stessa colpa) a dover fare differenze fra i cittadini. Ci saranno cittadini di serie A che finanziano bene e cittadini di serie B che finanziano così così, alla buona, con i "nessuno" (poveri) che non potranno mai finanziare alcuno e che rimarranno sempre più dei "nessuno" (sempre più poveri) avendo, invece, alta importanza per il tessuto sociale complessivo (come la classe media, per esempio).

Anzi, con questo primo modo non si può parlare nemmeno di cittadini di serie A e di serie B, ma solo di gruppi. Ci saranno gruppi/lobbie che finanziano bene, e non importa da dove arrivino i soldi, che è meglio non sapere (per la gioia dei paradisi fiscali) e gruppi/lobbie che finanziano così così. Quindi la politica non sarà interessata a implementare e migliorare un determinato settore industriale o commerciale, ma sarà più interessata alla salute di un determinato gruppo economico rispetto a un altro, anche dello stesso settore, fallendo il suo scopo principale di vera e originaria pianificazione economica, secondo un mercato libero e concorrenziale: questo, il vero sale dell'economia.

Difatti, è nel finanziamento privato lobbista che incomincia a morire la tanto ricercata e osannata meritocrazia e libertà dei mercati, per mano dello stesso ipocrita politicante, che dee due obiettivi ne farà pure il proprio cavallo di battaglia.

Dividere il tessuto sociale in gruppi/lobbie, invece, senza pensare al cittadino come cellula significativa e obiettivo ultimo per una società migliore (in termini di Sviluppo Umano), significa nei fatti creare branchi e forme tribali per sistemi sociali dove non può esserci Civiltà, ma solo il trionfo della "scimmia egoista" e una perdita evolutiva. Poi, è anche vero che il Capitalista è indubbiamente convinto che quei soldi versati alla politica siano suoi, potendoci fare ciò che vuole, e che finanziare dei "miseri politici" sia ancora alta libertà, nonché un aspetto profondo quanto misterico della democrazia. Anche per questo al capitalista piace fare il massone/esoterista: mentre di una gran parte delle storie imprenditoriali del passato, legati all'accumulo di capitali, se ne ben conoscono le origini poco etiche e truffaldine, se non criminose anche in riferimento allo stesso periodo storico in cui sono accadute.

Potrebbe essere utile esaminare, per esempio, parlando di storia d'Italia, della FIAT e degli Agnelli, le motivazioni del finanziamento della fabbrica torinese al Fascismo, originatosi, probabilmente, per avere delle commesse di mezzi militari, come anche per ottenere la repressione dei movimenti operai e sindacali da parte delle squadre fasciste (come è avvenuto). Potremmo anche provare a capire la natura delle prime bolle speculative con le quali molti investitori persero i loro capitali e gli Agnelli divennero dei monopolisti nel settore. Sarebbe utile! Faccende poco indagate, se non dimenticate, su cui gli storici italiani farebbero bene a soffermarsi un po' di più, anche solo per capire cos'è l'Italia di oggi.

Oppure, un'altra storia utile da capire avendone tempo, ancora segregata per alcuni aspetti, sarebbe quella del banchiere, poi senatore, Prescott Bush, papà e nonno dei due presidenti USA Bush, inerentemente ai finanziamenti della banca da lui diretta al regime nazista tramite la tedesca Thyssen: sia prima della seconda guerra mondiale sia mesi dopo l'intervento degli stessi Stati Uniti nel conflitto.

Su tutto questo e simili il lettore può indagare di suo, ma è facile capire, in tutti i casi, anche non pervenendo a condanne di fatto, che i molti definibili onesti Capitalisti di oggi sono gli eredi dei molti facili delinquenti di ieri. Che, tra l'altro, nelle loro famiglie hanno pure lasciato in eredità, oltre a una certa visione dell'umanità, anche dei modus operandi diversi da quelli del nostro Pietro Gennaro: nel suo piccolo un modello esemplare d'imprenditore (assieme a tanti altri imprenditori onesti di questa nazione), seppur generato dal capitalismo classico di cui si discute.

In pratica, anche il Capitalismo insano o arrancato ha originato del Capitalismo sano, o quasi sano, ma solo in quei settori definibili più tranquilli, come quelli tipicamente commerciali. Grosse forniture per gli Stati, grandi appalti, energia e finanza, sono ancora oggi inquinati dalla corruzione e macchiati di sangue, in ragione anche di connivenze con la criminalità organizzata.

C'è molto da fare, dunque, come c'è anche da dire che il capitalismo ha avuto una grossa mano da parte dello Sviluppo Scientifico, e che tutto ciò che esso ha recato nel bene, quindi, non è tutta farina del suo sacco. Difatti, il capitalismo di suo non ha mai rappresentato un granché, essendo molto più utile (all'evoluzione umana) l'intelligenza votata all'innovazione scientifica e culturale: questi sì i veri valori da capitalizzare! Nulla è poi il Capitalismo senza i consumatori (Keynes insegna), senza i quali esso non avrebbe motivo d'essere.[28]

---

[28] L'economista britannico Keynes (uno dei più grandi del XX secolo), padre della Macroeconomia, nel 1933 scriveva: *"Il Capitalismo non è intelligente, non è giusto, non è virtuoso e non mantiene le promesse. Non ci piace, ma non sappiamo come sostituirlo"*. Egli, ai suoi inizi, era fortemente osteggiato nelle sue teorie sull'importanza e tutela del consumatore (la classe media). Alcuni suoi successi economici, però, inaspettati dai più, lo portarono all'ascesa. Fu, poi, "profeta in patria" quando nel 1919 si dimise dalla Conferenza di Pace di Versailles (siglata tra Stati vincitori e vinti della prima guerra mondiale), per protesta contro il trattato stesso, ritenuto da lui troppo punitivo per la Germania (che aveva perso) e portatore di nuove guerre (come poi avvenne). Queste le sue parole di dissenso: *"Questa è la politica di un vecchio le cui impressioni sono del passato e non del futuro. Egli vede solo Francia e Germania, e non l'umanità e la civiltà europea, volte verso un nuovo ordine di cose in una nuova epoca. Non si può mettere l'orologio indietro*

Ma allora di chi sarebbero quei soldi in più creduti propri dal Capitalista e deputati al finanziamento lobbista dei partiti? La risposta è ovvia: sono di Gianluca il panettiere, sofferente d'insonnia. Sono di Mario il muratore con la schiena a pezzi. Sono di Enrico il ciabattino, che non vede più bene da un occhio, e di qualche altro suicida per problemi economici piovuti improvvisamente da altre parti del mondo, per non parlare di chi lavora d'ingegno e che porta avanti il mondo, capitalismo compreso, guadagnando da fame (ricercatori, scienziati, ingegneri, insegnanti, e così via). In pratica, sono capitali appartenenti a quella classe media di sempre, che oggi sta sparendo divenendo povera, e quindi della classe povera di oggi (una classe di derubati, oggi anche del futuro).

Dunque, non dovrebbero esserci dubbi sull'odierna utilità di un Reddito di Cittadinanza anche in Italia, come già avviene in Stati meno corrotti, da avviare quanto prima anche solo in modalità sperimentale. Si tutelerebbe il consumo e quindi anche il capitalismo. Invece la classe media, che è quella che ha prima supportato il Capitalismo in termini di manodopera e intelligenze (per decenni, visto che i cosiddetti figli di papà Capitalista non hanno mai veramente studiato, preferendo i circoli di goliardia filo-massonica), soccombe oggi con l'importazione delle intelligenze estere, più a basso costo, o con l'esportazione del lavoro in altri Stati (sempre più a basso costo).

Funziona un po' come quando due grosse navi da carico (le lobbie e i loro complici della politica) si scambiano gli schiavi ai remi come fossero merci. Non a caso Papa Bergoglio, mentre visita Scampia nel napoletano (marzo 2015), lamenta l'assenza di lavoro a causa di un'economia

---

e rimettere l'Europa nel 1870 senza aprire la via al nuovo, ricadendo in vecchie tensioni". Roosevelt adottò la sua politica nel 1933 riportando gli USA fuori dalla crisi del 1929. Il resto lo conoscete.

poco equa, che permette simili cose. In pratica, la classe media è divorata dall'interno da un <Capitalismo Globalizzato Deregolamentato> e da una Politica con le banconote agli occhi a mo' di succulente fette di prosciutto capitalista (come quelle che ogni tanto, anch'io, dò al mio cane. Prosciutto, non banconote! Giusto per dire che i capitalisti, in politica, anche loro hanno dei *pets*).

Ecco che in Civiltà come la nostra, deputate al rispetto dei Diritti Umani, troppi sono gli sconti che la corrotta politica concede al capitalismo corruttore. La migliore politica, addirittura, si sente obbligata dall'ordine delle cose (che ritiene di non saper cambiare) a prodigarsi essa stessa, indefettibilmente, nello stringere affari con le tante aziende partecipate degli altri Stati secondo questo metodo capitalista-scambista, tradizionale e cieco, infischiandosene dei diritti sia umani sia del lavoro (elemento su cui sono fondate le nazioni con le Costituzioni. A questo punto che si scriva fondate sul lobbismo!).

Tuttavia il mondo è migliorato. Prima si uccideva in nome di Dio ("Dio lo vuole"), mentre oggi si uccide in nome del Capitalismo (apparentemente in modo colposo), il quale sacrifica i suoi "moderni schiavi" con modalità poco chiare solo alle vittime, ma evidenti agli addetti ai lavori (nelle vesti di struzzi e di altre belve). Altri passi avanti, poi, si registrano ultimamente (anche se tardivamente) da parte dell'umanità affranta dalla crisi: come per esempio quello fatto dalla Svizzera che, a partire dal 2018 in accordo con l'UE, non terrà più segreti i conti bancari di cittadini UE, divenendo di fatto non più un paradiso fiscale, ma una piazza trasparente e incline alla lotta alla corruzione. E pure lo IOR, cioè la banca del Vaticano (Istituto Opere Religiose), sembra stia rinunciando al segreto bancario, perlomeno nei confronti dello Stato Italiano. A questo marzo del 2015, infatti, data di queste righe, vi sono delle trattative in corso con il Governo Renzi, come annunciato da entrambe le parti. Del resto Papa Bergoglio non può permettersi solo di predicare bene: agisce!

Sembrerebbe, quindi, che anche in Vaticano non siano più i tempi delle collusioni col Banco Ambrosiano di Calvi, trovato impiccato a Londra nel giugno 1982 sotto il ponte dei Frati Neri, e nemmeno i tempi di Papa Luciani (sostenitore del concetto di "banca etica"), trovato morto nel suo letto (1978) il giorno dopo aver ricevuto degli alti esponenti delle finanze vaticane. In tal senso, seri e fondati sospetti circolano sul di lui possibile assassinio, mentre le "parole messicane" di Papa Bergoglio su alcuni suoi presentimenti, concernenti la breve durata del suo pontificato (Messico - 13 Marzo 2015), seguite a quelle sulla cancellazione del segreto bancario dello IOR (7 marzo 2015), scioccano l'Italia alimentando in chi scrive una certa inquietudine.[29]

---

[29] Papa Luciani, fin dai primi giorni di pontificato (durato 33 giorni), aveva espresso la necessità di un ritorno a una Chiesa Povera (Evangelica). Egli affermava di voler procedere a una profonda revisione della presenza dello IOR nei mercati finanziari mondiali, la cui gestione era al tempo affidata all'Arcivescovo statunitense Paul Marcinkus, e di voler devolvere ai paesi poveri l'1% degli introiti del clero. Da un suo discorso, infatti, *"Lo IOR deve essere integralmente riformato. La Chiesa non deve avere potere, né possedere ricchezze. Il mondo deve sapere le finalità dello IOR, come sono raccolti i denari e come sono spesi. Si deve arrivare alla trasparenza..."*. Particolarmente sgradite, inoltre, furono sue idee innovative e riformiste attinenti alla riforma della Curia.

Conclusioni

Scrivetele voi. Qui di fatti e d'idee ne sono state riportate a sufficienza e vi si lascia a tale scopo anche dello spazio libero alla fine del libro: ma non bisogna scordare di scriverle pure nella propria testa e soprattutto nei comportamenti. Come piace sostenere a molti uomini di cultura, "siamo tutti portatori sani di mafia", nel senso che tendiamo a favorire amici e conoscenti non solo <perché non si mai>, ma anche perché attendiamo scodinzolanti qualcosa in ritorno, nell'illusione che proprio noi, in prima persona, si possa fare a meno, sovvertendolo, di quel sistema di regole creato per il largo bene di tutti e non di qualcuno in particolare. Alla fine, invero, si è solo vittime di una strana libido che nasconde frustrazione e incapacità di guardare oltre.

Così, in termini "umani", a parte la diversa entità dei danni cagionati al sistema nazione, non sembra esserci tanta differenza tra i "nessuno" citati prima (il popolo) e la relativa "classe dirigente": tant'è che il problema è solo culturale, tenendoci e santificando la Feccia elezioni dopo elezioni, ingannati da una strana malattia chiamata "tifo-tribale". Meriteremmo da idioti, quindi, questa Feccia che ci idiotizza sempre più, frustrandoci e accecandoci, non sapendo davvero fare distinzioni e cernite all'interno di essa? Il popolo è così troppo impegnato a sopravvivere, e a ingannarsi da solo, che è gioco facile illuderlo, eluderlo e aizzarlo come un cane al guinzaglio, da parte di demagoghi, populisti, politicanti e cricche varie?!

Un po' di risposte si ritiene di averle già date. Ma questa, la Feccia, in realtà è molto difficile da debellare o convertire, anche qualora si riuscisse a rendere perfetto un popolo; sia chiaro. Tuttavia non è impossibile perché in essa c'è chi vuole migliorare, e va individuato e premiato. I tre brevi esempi a seguire sono ancora, in ultimo e in aggiornamento, nel bene e nel male, chiarificatori di quanto ora asserito. Infatti:

1) In questo Aprile 2015, dopo decenni di tensione, Barak Obama riesce finalmente ad appacificare gli USA con Cuba e con "l'atomico Iran" (ottima politica), e la cosa non è vista di buon occhio dai guerrafondai della sua nazione, molti dei quali repubblicani e filoisraeliani. Mi vengono alla mente i sonanti applausi del Congresso USA a Netanyahu (guida Israelita), lì recatosi prontamente per dissentire e bloccare l'accordo con l'Iran. Nel suo discorso Netanyahu si è opposto fermamente a detta tregua, senza degnamente argomentare: tregua che è, invece, utile alla distensione in Medioriente, minacciato dall'ISIS e soffocato dall'assenza di commerci (anche dovuti ad embarghi). Diversamente, è probabile che a Netanyahu la tensione gli sia più utile per conservare ancora a lungo i territori requisiti ai Palestinesi (in violazione degli accordi internazionali di qualche decennio fa - 1967), senza capire quale pericolo in futuro potrebbe bussare pure alla sua porta: e fatte salve, ovviamente, le eventuali bustarelle al suo partito per il commercio con gli USA delle "necessarie" armi alla difesa di Israele, più quelle eventuali provenienti dalle cricche delle costruzioni di nuove colonie in territorio palestinese. Non meno idiota, poi, e corresponsabili di quanto accade, sono le dichiarazioni di parte opposta sulla cancellazione di Israele dalle mappe geografiche. Anche i dirigenti di Hamas, invero, della loro attività ne hanno fatto un mestiere. Tuttavia, questi ultimi e il mondo sono pronti a due stati indipendenti in Palestina, a differenza di Israele al quale interessa lo *status quo*.

2) In Italia, dopo l'estinzione del <patto del Nazareno> nel Febbraio 2015, il Partito Democratico è quasi spaccato come agli inizi del 2014 (avvento di Renzi al Governo - spallata al

Governo Letta). La vecchia e ugolina dirigenza è tornata alla carica accusando la dirigenza renziana di autoritarismo, cercando, come avvisabile dall'intervento dell'ex Presidente Napolitano (sostituito da Mattarella), di comprometterne l'efficacia. L'odierno pretesto sono gli accordi sulla nuova legge elettorale dell'Italicum, che non è perfetta, ma è senz'altro migliore del "cilindrico porcellum". Renzi, in pratica, ha dei freni interni al PD, non riuscendo a rottamare completamente. La solita politica speculativa del "tutto e subito", tipico atteggiamento di bambini e immaturi, resiste.

3) Già visto: il centrodestra italiano non sa trovare unità, non riuscendo a rottamare nemmeno in parte. Fitto, giovane forzista e oppositore di S.B. relativamente ai metodi e alle scelte del direttivo, probabilmente sarà lasciato solo dai quei politici "cacasotto" della sua generazione (solo per dire spaventati dai cambiamenti, e quindi poco attenti e preparati), anch'essi militanti nelle prime linee del centrodestra italiano. Questi ultimi, anziché tentare di costruire nuove e più efficienti, nonché democratiche e meno feudali, forme strutturali di coalizione, alle Istituzioni, alla Politica e ai Partiti, hanno sostituito un fetido Partitismo subordinato all'autoconservazione personale. Da feriti/auto-castrati, ora inneggiano pure al "sistema proporzionale" (vedi Meloni di Fratelli d'Italia), solo perché divenuti piccoli e frammentati, escludendo il "sistema maggioritario" dalla loro prospettiva politica. Addirittura, si dicono scottati dall'esperienza fallimentare del PDL, confondendo opportunamente una <legge elettorale> da una <struttura di coalizione>, che sono aspetti ben diversi. Invero, fanno finta di non capire ciò a cui hanno partecipato e cagionato al sistema Italia (con il porcellum), preparandosi a lunghi periodi di disunità, nella speranza che la scomparsa di Silvio B. ridisegni lo scacchiere

del centrodestra e li riscatti, in qualche modo, dalla loro stessa natura inconcludente.

Sapranno mai mettersi al passo coi tempi questi giovani del centrodestra italiano del 2015? Diverranno mai politicamente concorrenziali agli occhi vigili delle nuove generazioni? (M5S e PD li stracceranno?!) Capiranno mai che il proprio "tappeto di casa" non può nascondere infinita spazzatura, compresa quella che hanno nel cervello relativamente alle "ghiandole della politica"? E capiranno mai che qui li si vuole solo spronare?! Non per simpatie, ma per futura stabilità e alternanza politica.

Che dire? Alfano, Fitto, Meloni e compagnia, in soldoni, avrebbero un duro e impegnativo lavoro davanti a sé, avvincente e serio, ed è un peccato che non sappiano da dove iniziare: cioè da regole scritte e non dalle chiacchiere, che sono state concausa del fallimento del PDL. Delle regole costitutive scritte li potrebbero garantire e aiutare, anche a fidarsi l'uno dell'altro, e invece non riescono a organizzare nemmeno delle primarie, che eppur vorrebbero, crollando agli occhi della storia sulle loro stesse euristiche.

Forza Italia, poi, da parte sua, tenta manovre di rinnovo mettendo avanti altri pseudo-giovani che, facendosi nuovi attori e nuovi portavoce del partito, meditano solennemente se mettere o no la scritta "Berlusconi" sul simbolo, risultando afflitti da tale "puzzolente dilemma"!

Di questi tre esempi, visti gli errori degli "uomini-scimmia" di cui qui si tratta, Obama è l'unico che in extremis si è forse moralmente riguadagnato il Nobel per la Pace a lui già assegnato, nonostante le pecche su Eduard Snowden. Inerentemente all'Iran e a Cuba, si è lasciato andare su ciò che ha ritenuto giusto, sapendosene infischiare del Congresso. Hillary Clinton, invece, prossima candidata alle presidenziali, si dice pronta e si offre agli USA come "campione": anche se il suo messaggio sembra essere rivolto più ai lobbisti, nonostante dica di parlare al popolo americano e alla classe media, probabilmente come "specchietto per le allodole".

E che dire, ancora, sui giochi politici di casa nostra? Certa insufficienza morale dei nostri dirigenti sarebbe da ridestare a schiaffi: ma solo con la speranza che in futuro non sia necessario fare correre del sangue (e non nei Tribunali, come è accaduto in questi giorni a Milano, per via di qualche disagiato nella testa che spara a giudici e avvocati). Quello dei <fakes leader> è il problema italiano maggiore, salvo miracoli, verso il quale, intanto, bisogna divenire più esigenti.

Renzi stesso, il quale ha elementi personali positivi nell'interpretazione dell'azione politica, di tanto in tanto fa però dei passi falsi, interpretando bene il ritmo di marcia, ma non la direzione: gli piace giocare ancora d'azzardo con le sue stessa cervella, sminuendosi l'elettorato per via della sua strana e intermittente ludo-patia. Uno per tutti di questi passi falsi è quello sulla cosiddetta "Buona Scuola" (qui da citare vista l'importanza della Cultura e dell'Istruzione), il cui DDL non ha convinto largamente, riuscendo per contro a unire i sindacati in mega manifestazioni, come non si vedeva da tempo.

Col DDL, a quanto pare, si vuole portare nella Scuola tout court la politica così e com'è (come se questa fosse oggi cosa "buona"), oltre al sistema aziendale, strizzandosi l'occhio a Confindustria con gli stage studenteschi prolungati e gratuiti, privi di controlli sull'eventuale contropartita formativa. Inoltre, Detto DDL mortifica la presenza sindacale all'interno dell'Istituzione Scolastica, abbattendola significativamente, per infischiarsene, poi, dei sacrifici e dei diritti conseguiti dagli insegnanti negli anni, cancellandone le graduatorie. Queste, difatti, anche se ampie e macchinose, sono pur sempre democratiche, trasparenti e anti-cricche, mentre confondere nel settore Scuola il problema del precariato con quello delle graduatorie, non ha attenuanti per il Governo. Basta assumere il personale necessario (cioè abbattere il precariato) per abbattere il duro lavoro necessario all'uso delle graduatorie, portatore di ritardi e inefficienze. Non serve altro e la migliore efficienza verrà!

Rimescolare la carte al solito modo, invece, in un'Italia di truffaldini, non porta bene. Nuovi concorsi, nuovi esami e nuove spese per gli insegnati, per chi ne ha già sostenuto a decine (in decenni) per attestare il proprio peso all'interno delle graduatorie, parlano addirittura di un Governo esattore e non che dà lavoro, se prima non lo toglie o ti vessa. Come si fa a pensare che i molti insegnati precari cinquantenni, con figli piccoli e/o magari genitori ammalati, possano facilmente abbandonare le loro famiglie due-tre mesi per ristudiare tutto nuovamente (e non il programma che sono chiamati a svolgere), divenendo concorrenziali nei confronti di chi è fresco di abilitazione o che ha meno impegni familiari? Certe idee del Governo (vere e proprie perdite di efficienza e di impoverimento collettivo), più che rappresentare nuova meritocrazia, altro non sembrano che "teoria del nazismo applicata alla scuola"!

Infine, il DDL celebrerebbe anche la nascita di un nuovo *utile idiota* - l'S.D.S - ovvero il Super Dirigente Scolastico (qui "battezzato" il classico preside), dal quale si potrà andare con una mazzetta in denaro o con un cappone moderno (prostituta o gigolò che sia) al fine di farsi assumere, oppure con una rivoltella al fine di minacciarlo per lo stesso motivo, visti i nuovi poteri discrezionali che il DDL gli affida.

Renzi, che in altre occasioni aveva mostrato elementi di Democrazia Partecipativa (quasi diretta) tramite la compartecipazione di categoria alle decisioni del Governo (per mezzo del web), stavolta ha toppato. Che rimedi, allora, meditando sulla reale e non immaginaria condizione del tessuto sociale italiano, o si prepari al ritorno di quei populismi antieuropei antecedenti al suo 40,81% di consensi. A ogni modo, ritornando a contesti più ampi, nonostante le idee napoleoniche e il delirio nazista non siano riusciti a unire l'Europa a sufficienza, come nemmeno le ottime teorie dei grandi economisti del XX secolo, lo scrivente da parte sua non può far altro che tifare <Europa Politica ed Eurasia> per una riedizione della *Via della Seta* secondo un Equi-Capitalismo Multifunzionale: non solo alle pance, ma anche ai cervelli. Le individualità e le rivalità delle antiche monarchie degli Stati dell'UE non devono più riflettersi nei governi attuali, oggi somiglianti più a colonie statunitensi.

Assistere all'epopea dei <barconi della morte> e ai <naufragi di massa> è solo l'ultimo dei sintomi più evidenti di una politica internazionale cieca, che propone di affondare i barconi degli scafisti, da una parte, per poi "consegnare direttamente il pesce pescato" alle stesse popolazioni disagiate, dall'altra. Che dire? il ricorrere a dette ipotesi (affondare i barconi) da parte della dirigenza politica anche internazionale (anziché improntare commerci o cooperare con i paesi interessati direttamente sul territorio di questi ultimi), è sintomo d'umano perdimento e di palese confusione mentale.

Ottima, invece, segno che qualcosa inizia a capirsi e a farsi (almeno da parte di buoni suggeritori e consulenti politici economici), è l'implementata alleanza tra alcuni Stati Europei e la Cina, condivisa anche dall'Italia, così da crearsi un "cuscino" contro le <crisi fotocopia> di matrice statunitense. Alleanza che ha tanto irritato i nostri alleati e spioni USA, consistente in partecipazioni azionarie alla A.I.I.B. *(Asian Infrastructure Investment Bank),* promossa dalla Cina a concorrenza della Asian Development Bank: quest'ultima orbitante attorno agli Stati Uniti d'America. Ci sono, però, delle difficoltà tra Europa e Cina legate a vecchie leggi su Sicurezza ed Embargo d'armi che vanno risolte, e l'Italia si è candidata a farlo: cioè a fare da "ponte" per l'UE, abbattendo per quanto possibile altre simili "grandi muraglie". Segno, questo, che una parte di classe dirigente italiana vuole darsi da fare e fa (anche grazie al Governo Renzi), e che dunque non è tutto perso.[30]

L'UE, però, deve porre ora molta attenzione nel non cadere nuovamente vittima dello stesso Vecchio Capitalismo, divenuto ora Rosso-Cina, richiedendo il rispetto dei diritti umani a cominciare dalle condizioni dei lavoratori cinesi all'interno delle proprie fabbriche (inclini al suicidio per il troppo stress). La parola d'ordine oggi deve essere, non finirò mai di ripetere, <Equi-Capitalismo Multifunzionale> (è chiaro: multifunzionale allo Sviluppo Umano), o la solita tipologia di affari dilungherà solo i tempi di una nuova e più pericolosa colonizzazione, rimandando gli eventi ad altre mortificanti crisi economiche, volontarie ad occorrenza. La nuova e utile interdipendenza commerciale che si verrà a creare non potrà mai bastare ad impedire dette crisi, in quanto "il bene deve avanzare bene, altrimenti è un mezzo male".

La Cina, nella quale vigono ancora pena di morte e un'oligarchia politica camuffata da comunismo, soffre più di noi di corruzione interna. Da Asianews del 06/06/2012 si è appreso che nel Partito Comunista quasi 40.000 mila dirigenti sono risultati corrotti, e che 20.000 circa di questi sono

---

[30] Del resto People's Bank of China detiene il 2% di Eni ed Enel, altre quote in Telecom, in Prysmian, in Fca, in Generali, in Mediobanca e Terna. Inoltre è cinese il 35% di Cdp Reti, società che a sua volta detiene il 30% di Snam e il 29% di Terna, per non dire di Shanghai Electric che ha in portafoglio il 40% di Ansaldo Energia. Nell'industria pesante, vi è poi la cessione di BredaMenariniBus a King Long. A marzo 2015 anche la Pirelli è diventata un po' cinese.

riusciti a fuggire in altri Stati. Le triadi (mafia cinese) hanno avuto in tutto questo il loro ruolo; tuttavia in Cina è stata lanciata una vasta campagna anticorruzione. Si spera, quindi, che detti nuovi soggetti bancari adottino un'opportuna trasparenza bancaria, eventualmente da richiedere da parte dell'UE, e da utilizzare, tassativamente.

La questione è dunque politica, oltreché morale, e delle preoccupazioni restano; ma vanno superate. Non c'è solo da allargare gli orizzonti per l'Europa o da diversificare i partner commerciali: il nuovo a oriente va impostato senza gli errori caserecci dell'occidente. Mario Draghi, Governatore della BCE (*Banca Centrale Europea*), ha già fatto i suoi possibili miracoli, che non vanno vanificati. L'Europa Politica, non ci sono dubbi, va creata. Così, ritornando alle ultime due domande lasciate in sospeso, ovvero "*come liberarsi dall'alleato americano*" (che ci spia) e se "*è conveniente poi farlo*" (per chi ricorda), la risposta è "lo stiamo già facendo in parte" con detti nuovi accordi (e solo in parte dovrà farsi), ma a poco servirà senza mutare, soprattutto, in un nuovo Capitalismo equo e multifunzionale.

Ecco che la "*generazione Telemaco*", citata da Matteo Renzi durante il discorso del suo semestre europeo, solo in questo modo saprà valorizzare se stessa, senza affannarsi nel meritare "l'eredità dei padri corrotti" (ovviamente non i filosofi, a cui si riferiva strumentalmente Renzi, ma i dirigenti), da rottamare assieme al Capitalismo corrotto. Così facendo, nel contempo, ci si eviterà anche d'affannarsi nella "*cacciata dei Proci a stelle e strisce*" dalle basi europee, per via militare o politica.

Nuovi equilibri si ridesteranno gradualmente, divenendo le nazioni europee più concorrenziali grazie all'UE Politica che, indefettibilmente, dovrà prodigarsi ad avere un'Intelligence tutta europea per la protezione delle informazioni e dei suoi mercati, oltreché per la Sicurezza degli Stati membri, giacché gli USA non vogliono condividere le loro tecnologie.

Bisogna poi convincersi che le crisi economiche non arrivano mai per vie misteriose, esistendo solo crisi di tipo morale veicolate ad arte, pronte a colpire a morte le democrazie economicamente meno forti laddove esse sono impreparate.

Per tutto ciò e relativamente alle masse, *"l'istruzione è l'arma più potente per cambiare il mondo"* (cit. Nelson Mandela), intendendo un'Istruzione che diventi Educazione e poi Cultura, *"cominciando a cambiare se stessi"* (cit. M. Gandhi), tendendo a una visione di vita collettiva e non personale/egoistica (non cito a caso i miei due anti-lobbisti preferiti!). Guardare al passato pienamente, nulla trascurando (nemmeno la psicologia dei gruppi), e al futuro con occhi nuovi, è un buono inizio per provare a cambiare e riuscire. Formatori, storici e divulgatori in ogni ambito, dalle piazze alle chiese, come anche dalle pizzerie (visto che per qualcuno sono sempre piene), hanno un duro lavoro davanti a sé: scontrarsi con la Feccia sottraendo loro il "prodotto uomo potenziale", tenuto, invece, in uno stato di "semi-scimmia". Quindi, buona riflessione e tanti auguri a noi, nella speranza che queste tipologie di fatti, appartenenti al passato recente e al presente che viviamo, non diventino oggi il nostro destino per troppi secoli.

Torino, 25/4/2015   *(nel 70° anniversario della Liberazione d'Italia, perché ancora liberi non siamo)*

Note:..
....
....
....
....

"Il lavoro rende liberi"
(dott. Salvo Andrea Figura)

Questa scritta, vera ma beffarda, campeggiava più come un monito che come un valore da esaltare, all'ingresso del campo di sterminio di Auschwitz.

"L'Italia è una Repubblica fondata sul lavoro".
Così recita il primo articolo della Costituzione.

Eppure? Eppure sia Auschwitz sia la Repubblica Italiana (la Politica) negano il valore di quella parola e il "valore Uomo".

Il lavoro, da sempre mezzo di sopravvivenza e orgoglio di chi lo esegue, dal minatore del Sulcis a Tronchetti Provera, è quanto Dio offrì ad Adamo dopo la cacciata dall'Eden. Sudore e sangue per averlo e mantenerlo, gioia quando, al denaro che lo ricompensa, si aggiunge il sorriso del bimbo che anche per quel giorno verrà sfamato: grazie al lavoro.

Di questo ci parlano i due amici Pietro Gennaro e Salvatore Ignaccolo, in questo bel trattato. Libro per tutti e per gli addetti ai lavori. A volte elaborato nell'esposizione e nel linguaggio ma mai incomprensibile. Semmai da memorizzare e farne tesoro.

Pietro Gennaro – Salvatore Ignaccolo

Biografia d'Impresa – Storia d'Italia
Una storia internazionale
(Considerazioni del Brig. Gen. AAran Natale Figura)

Con questi tre titoli, che racchiudono in sé la sintesi di tutto il testo che compone questo libro, i due Autori e amici Pietro Gennaro e Salvatore Ignaccolo hanno voluto affrontare temi diversi, ma connessi strettamente tra di loro, che spaziano ampiamente nel mondo del lavoro, inteso come base di vita.

E questo mondo particolare, che ha tanta importanza per l'esistenza stessa dell'Umanità (senza il lavoro l'uomo non sopravvive degnamente), viene rappresentato nella sua concretezza e studiato anche negli aspetti psicologici di contorno, in riferimento all'epoca che viviamo, complicata sotto certi aspetti ma anche entusiasmante.

Proprio mentre traccio queste poche righe la nostra Astronauta, Cap. Samantha Cristoforetti, ha toccato di nuovo la terra dopo una permanenza nella Stazione Spaziale Internazionale di quasi duecento giorni. Ma nel frattempo piccole e anche medie Ditte nel nostro Paese sono scomparse, altre le hanno sostituite, cosicché molti lavoratori hanno perduto la possibilità di sbarcare il lunario, mentre altri hanno trovato un'altra strada.

Questa è la vita nel mondo del lavoro, da quello più entusiasmante di Samantha a quello più triste del disoccupato-esodato che in qualche modo deve pur poter sopravvivere.

Di questo si tratta nel libro dei due amici, in una esposizione avvincente e attualissima, che prescinde da inutili e artefatti tecnicismi, preferendo mostrare realisticamente, appunto, le linee guida necessarie per comprendere nel proprio intimo significato gli aspetti peculiari di una Società, la nostra, fondata sul lavoro e sugli indirizzi che la Politica ne traccia.

È vero, questo libro non è sempre agevole da leggere, poiché talvolta gli argomenti trattati risultano complessi da comprendere appieno, e subito, in quanto nella loro concatenazione spazio-temporale portano lontano dal filone attuale, ma basta ragionarci un poco sopra, proprio come ciascun Autore ci spinge a fare, per ritrovare la via che ci porta a conclusioni valide, volute e perseguite.

Un bel libro, insomma, che consiglio di leggere alle giovani generazioni con attenzione, sia per capire qual è l'ambiente in cui dovranno muoversi sia per pensare come affrontare la sfida lavorativa che li attende.

Ringraziamenti

Si ringrazia per il supporto tecnico e l'incoraggiamento il pregiatissimo Gen. Brig. AAran Natale Figura, autore di molti libri di narrativa, e il carissimo dottor Salvo Andrea Figura, Medico Anestesista Rianimatore. Inoltre si ringraziano la prof.ssa Maria Di Noto, la prof.ssa Maria Ruffinengo, il gruppo di lettura nelle dott.sse Lucia Aprile, Maria Elena Lorefice, Fiorenza Emmolo, Flavia Terranova, Andreina Lorefice, Laura Amore, Daniela Fava, Margareth Fava, nell'ingegner Claudio Andriolo, nell'avvocato Maria Lupo.

Si ringraziano, ancora, i ragazzi della classe VA-SIA dell'Istituto Tecnico Economico Statale "Russell Moro" di Torino, per l'aiuto informatico, e i ragazzi della classe VG dell'Istituto Professionale Statale "Albe Steiner" di Torino, per l'aiuto nella grafica. Grazie.

Autori

Pietro Gennaro, imprenditore oggi in pensione e membro attivo dell'Associazione Culturale Rosolinese "Cultura e Dintorni", nasce a Rosolini nel siracusano nell'Aprile del 1943. Diplomato Perito Elettrotecnico, nel 1967 sposa Maria Giusto, con la quale ha due figli, Elio e Dino. Egli ha pubblicato alcuni libri: un saggio, due gialli, uno di poesie. Sua Opera Prima è un *"Un Pioniere a Rosolini"*. Segue un secondo libro di poesie dal titolo *"Nato nel '43"* e altri due del genere giallo, dai titoli *"Il messaggio nella notte"* e *"Adelaide"*. *"Biografia d'Impresa – Storia d'Italia..."* conclude al momento la collezione.

Contatti: gennaro2243@hotmail.it

Salvatore Ignaccolo, ingegnere e insegnante, nasce a Rosolini (SR) negli anni settanta. Laureatosi in Ingegneria Civile presso il Politecnico della Città di Torino, saltuariamente esercita anche l'attività di insegnante. "Scrittore per necessità anche altrui", così come egli ama simpaticamente definirsi, sua Opera Prima è stata *"La Cena – Quella sera di Primavera"*, doppio Premio Chiese Storiche (assoluto e della critica) – Palermo, Novembre 2010. Anche per lui *"Biografia d'Impresa – Storia d'Italia – An International Story"* termina al momento il suo impegno nel sociale affidato alla carta stampata.

Contatti: ing.ignaccolo@gmail.com

Pietro Gennaro – Salvatore Ignaccolo

www.ingramcontent.com/pod-product-compliance
Lightning Source LLC
Chambersburg PA
CBHW060451290526
45791CB00001B/63